■ 成果辑要·2012

CHENGGUO JIYAO·2012

U0658401

十七大以来
中国特色社会主义文化建设
研究述评

教育部高等学校社会科学发展研究中心 编

教育科学出版社
·北 京·

出 版 人　所广一
责任编辑　宋崇义
版式设计　贾艳凤
责任校对　贾静芳
责任印制　曲凤玲

### 图书在版编目（CIP）数据

十七大以来中国特色社会主义文化建设研究述评／
教育部高等学校社会科学发展研究中心编. —北京：教
育科学出版社，2013.7
（成果辑要·2012）
ISBN 978 – 7 – 5041 – 7788 – 9

Ⅰ.①十… Ⅱ.①教… Ⅲ.①中国特色社会主义—文
化事业—建设—研究 Ⅳ.①G12

中国版本图书馆 CIP 数据核字（2013）第 152372 号

十七大以来中国特色社会主义文化建设研究述评

SHIQIDA YILAI ZHONGGUO TESE SHEHUI ZHUYI WENHUA JIANSHE YANJIU SHUPING

| | | | |
|---|---|---|---|
| 出版发行 | **教育科学出版社** | | |
| 社　址 | 北京·朝阳区安慧北里安园甲 9 号 | 市场部电话 | 010 – 64989009 |
| 邮　编 | 100101 | 编辑部电话 | 010 – 64989436 |
| 传　真 | 010 – 64891796 | 网　址 | http://www.esph.com.cn |
| 经　销 | 各地新华书店 | | |
| 制　作 | 北京金奥都图文制作中心 | | |
| 印　刷 | 北京中科印刷有限公司 | | |
| 开　本 | 165 毫米×230 毫米　16 开 | 版　次 | 2013 年 7 月第 1 版 |
| 印　张 | 16.25 | 印　次 | 2013 年 7 月第 1 次印刷 |
| 字　数 | 236 千 | 定　价 | 36.00 元 |

如有印装质量问题，请到所购图书销售部门联系调换。

# 目　　录

# 第一章　关于文化建设的重要
# 地位和作用研究

　　中国共产党，既是中华优秀传统文化的忠实传承者和弘扬者，又是中国先进文化的积极倡导者和发展者。在领导人民群众进行革命、建设和改革的九十多年里，中国共产党历来高度重视文化建设并在文化建设方面取得了巨大成就。改革开放时期特别是党的十七大以来，党对文化在中国特色社会主义建设中的地位与作用的认识不断加强，逐步明确了社会主义文化建设的目标，逐渐深化了对社会主义文化建设规律的把握，制定了更加完善的社会主义文化建设政策和措施，开辟了一条中国特色社会主义文化发展道路。正是在这样的时代背景下，国内学术界出现了研究我国社会主义文化建设的热潮，涌现出大量研究成果。全面梳理和总结十七大以来党关于文化建设重要地位和作用的研究成果，有助于我们全面把握其主要观点和基本趋向，以引导中国特色社会主义文化建设研究及其实践发展走向深化。

## 一、文化建设在综合国力竞争中的地位和作用

　　进入 21 世纪后，人类社会正经历着前所未有的大发展、大变革和大调整。虽然和平与发展仍是当今世界的主题，但世界范围内的激烈国际竞争从未停止，只是竞争的形式和手段悄然发生了巨大的改变。人们逐渐意识到，与传统的军事和经济较量相比，文化在国际竞争中蕴藏着

更多、更大可供挖掘的能量。胡锦涛同志指出，当今时代"综合国力竞争的一个显著特点，就是文化的地位和作用更加凸显，经济较量中的文化因素日益突出，越来越多的国家把提高文化软实力作为重要的发展战略"。① 在这一科学论断指引下，学术界围绕文化建设在综合国力竞争中的重要地位和作用问题展开了广泛而深入的研究。

### （一）文化已成为当今综合国力竞争的重要因素

"当今时代，文化在综合国力竞争中的地位日益重要。谁占据了文化发展的制高点，谁就能更好地在激烈的国际竞争中掌握主动权。"② 胡锦涛同志的这一判断是基于对人类社会发展历史的深刻了解、对当代世界发展最新特征的准确把握而作出的。理论界对此展开了更为广泛深入的研究。

有学者认为，文化越来越明显地表现为当今世界综合国力的重要组成部分，因为文化实力不仅从总体上反映着综合国力的强弱，还影响着综合国力中物质实力的形成与发展，同时还是物质实力发挥作用的重要条件。③ 有学者认为，文化不仅是国家生存力的重要条件，还是国家发展力的动力源泉，其作为一种主体力量，始终对一个国家的政治力、经济力和军事力起着重要的作用，并断言以知识创新为核心的文化力将成为未来社会的重要战略资源。④ 有学者强调文化力虽然无形，却是一种客观存在的力量，并在当代世界综合国力竞争中表现出强劲的势头。作为文化范畴的科学技术在综合国力诸要素中具有基础性地位；作为文化范畴的教育在综合国力构成诸要素中具有前导性作用；民族精神在综合国力竞争中起着鼓舞民心军心的强大作用；来源于文化积累的制度建设

① 胡锦涛. 在全国宣传思想工作会议上的讲话［M］//论文化建设——重要论述摘编. 北京：学习出版社，2012：12.
② 胡锦涛. 在中国文联第八次全国代表大会、中国作协第七次全国代表大会上的讲话［M］//十六大以来重要文献选编（下）. 北京：中央文献出版社，2008：752.
③ 沈壮海. 软文化　真实力——为什么要提高国家文化软实力［M］. 北京：人民出版社，2008：7－9.
④ 王桂兰. 文化软实力的维度［M］. 郑州：河南人民出版社，2010：26－28.

和管理理念成为影响现代生产力发展的越来越重要的因素。① 有学者认为，以科技和教育为核心的文化力是综合国力的强大动力源，也是增强综合国力的基础和保障，以物质文化和科技文化的方式直接推动生产力的发展，直接为增强综合国力奠定物质基础，同时又以政治上层建筑和制度文明的方式为增强综合国力提供政治制度保障。②

有学者基于历史考察指出，如果说 20 世纪上半叶国际竞争的主流是以两次世界大战为代表的军事竞争，20 世纪下半叶的主流是以欧洲、日本等国家和地区的崛起为代表的经济竞争的话，那么 21 世纪国际竞争的主流极有可能是文化的竞争。③ 另有学者分析指出，大国崛起的三大基础分别是政治基础、经济社会基础和文化基础，其中文化基础是"国家竞争的最后一役"。④ 更有学者强调，21 世纪综合国力竞争的胜负将在很大程度上取决于各国间文化力的较量，今天的文化即明天的政治，当一种文化被世界普遍接受的时候，代表这种文化的利益的实现过程也将变得更加顺畅，这正是当前这场激烈的全球文化竞争背后的真正的动力所在。⑤ 有学者认为，在我国经济建设取得巨大成就的背景下，文化实力的提升应与经济实力的提升、政治文明建设的推进等一起，构成我们努力提升综合国力的基本战略举措。⑥

## (二) 文化建设为提升国家软实力提供关键支撑

按照传统观点，文化不同于经济基础，它只是反映一定经济基础的上层建筑的重要内容；文化也不同于人类改造世界的物质力量——生产力，它只是对一定生产力和与之相适应的生产关系的能动反映，它对生

---

① 俞思念，魏明，等. 当代中国文化发展战略 ［M］. 武汉：华中师范大学出版社，2010：86 - 89.

② 覃正爱. 文化建设论 ［M］. 北京：研究出版社，2008：16 - 19.

③ 郭建宁. 关于当代中国文化建设的思考 ［J］. 学术探索，2008 (4).

④ 艺衡. 文化主权与国家文化软实力 ［M］. 北京：社会科学文献出版社，2009：92 - 93.

⑤ 陈正良. 中国软实力发展战略研究 ［M］. 北京：人民出版社，2008：13.

⑥ 沈壮海. 文化软实力的中国话语、中国境遇与中国道路 ［J］. 马克思主义研究，2009 (11).

产力的发展所具有的促进作用，仅表现为它能够为之提供一种"精神性"的动力。但是，随着新世纪新时期世界经济的发展和我国社会主义建设实践的推进，人们逐渐认识到，文化不仅仅是一种作为意识形态的"精神性"存在，文化还可以是一种商品，具有经济属性；作为商品或产品的文化，它不再仅是一种"精神性"的力量，它还是一种现实存在的"生产力"或"软实力"①。

随着国内外学界对"软实力"研究的不断推进，"软实力"一词逐渐进入国人的视野。"软实力"的概念最初是由国际关系理论中新自由主义学派的代表人物、曾任美国助理国防部长和哈佛大学肯尼迪学院院长的约瑟夫·奈提出的。他把"一个国家对于其他国家所具有的以吸引为手段，以同化为目的的影响力"称为"软实力"（soft power）。虽然这一概念最初是霸权主义国家为推进其极端的单边主义而提出的，是冷战思维的产物。但是从它着力探究与传统的军事、经济和科技实力相区别的新的实力源而言，"软实力"概念的提出仍然具有相当的意义。学界普遍认同，各国间软实力的较量已成为当今世界综合国力竞争中越来越重要的表现形式。有学者认为，当今社会已经开始从传统的经济型社会逐渐向文化型社会转化，文化软实力已经成为"国家综合国力的重要支柱"②。甚至有学者断言，文化软实力已逐渐取代"资本"，而成为国家间的"核心竞争力"③。

那么软实力从何来？软实力强国正在拿什么吸引他国、同化他国？约瑟夫·奈认为，"软实力"由"软实力资源"转化而来，而"软实力资源"主要蕴藏在文化、价值观和外交政策之中。国内学界普遍认为，文化是历史的沉淀、民族的灵魂，它渗透到社会生活的各个领域，是软实力的核心，是推动社会前进的原动力。如有学者提出"文化力是软实力的核心"的命题，强调文化力推动着政治、经济协调进步，民族复兴

---

① 叶启绩. 全面建设小康社会的文化自觉 [M]. 广州：中山大学出版社，2008：171 - 172.

② 李昆明，王缅. 大国策：通向大国之路的中国文化发展战略 [M]. 北京：人民日报出版社，2009：22.

③ 王景云. 对国家文化软实力的再认识 [J]. 学术交流，2008（4）.

要以文化复兴为前提和基础。① 有学者鲜明指出："软实力的核心是文化，而且主要是文化中的核心即价值观。"② 还有学者从探究"软实力"的概念入手，揭示了软实力竞争与文化实力竞争之间的内在关联，认为"软实力竞争的核心是文化软实力的竞争……软实力竞争的本质是价值观的较量"③。有学者更加直接地指出，文化是贯穿软实力的经纬，是维系软实力的灵魂；缺少文化高度的软实力是短视的，缺少文化深度的软实力是肤浅的，缺少文化包容的软实力是狭隘的，缺少文化创新的软实力则必然会逐渐僵化和萎缩。因此，从根本上看，软实力之所以关乎民族兴衰、国家强弱、人民贫富，主要是由其中的文化软实力因素决定的。④

另有学者认为，国家文化软实力可以从内外两个维度加以衡量。一方面，国家通过核心价值观念的塑造、伦理原则与规范的确立、哲学思想体系的建构、意识形态的选择、政治制度的设计安排等方式，形成整合社会、动员社会力量、凝聚民族精神、提升国民素质等方面的能力；另一方面，国家的文化软实力还体现在其核心价值观念、伦理原则、哲学思想、意识形态、政治理念与制度设计在国际上的渗透力、影响力、吸引力，国家整体形象对其他国家产生的亲和力。⑤

对于如何实现文化的软实力化，有学者认为，当前国际局势复杂，不管是国家还是个人，价值认同都呈现多元，西方的个人中心主义难以解决多元之间必然存在的矛盾，而中华文明中的仁、德、和等元素为寻求世界不同文明以及人与人之间的和谐相处提供了一种途径；中国向来有着以"文"同"化"天下、"协和万邦"的和平外交传统，如果充分挖掘儒家思想中所蕴含的与现代人权、民主思想相融相通的因子，张扬人的主体自觉性和创造性，促进儒家思想的现代化转型，就可以大大增

①　高占祥. 文化力 [M]. 北京：北京大学出版社，2007：2.
②　俞新天. 软实力建设与中国对外战略 [J]. 国际问题研究，2008 (2).
③　沈壮海. 软实力的价值之轴 [J]. 高校理论战线，2010 (8).
④　张国祚. 中国文化软实力研究大有可为 [G]. 2009 年中国文化软实力研究学术研讨会论文，湖南大学.
⑤　肖永明，张天杰. 中国文化软实力建设视域中的对外文化传播 [J]. 现代传播，2010 (5).

强中华文化的吸引力。而我国要推进以"和"为核心的、既具备民族特性又拥有世界普适性的文化价值体系的建设，必须以"友好型""合作型"，而非竞争性或对抗性的文化为切入点。① 因此，汲取优秀传统文化的精髓，坚持社会主义先进文化的前进方向，加强社会主义核心价值体系的建设，促进社会主义文化大发展大繁荣被认为是增强国家软实力、全面提升我国综合国力的关键举措。有学者指出，正是基于对"文化"本质属性认识的飞跃，我们党开始自觉从"文化兴国"和增强"国家软实力"的高度，部署社会主义文化建设工作，将之摆在了前所未有的战略性位置。②

### （三）文化建设是全面树立我国大国形象的重要着力点

全面走向复兴的中华民族，不仅需要强大的物质根基，同样也不能缺少强劲的精神动力与智力支持。然而当前我国经济和文化的发展并未呈现出均衡发展的局面。一方面，随着改革开放事业的纵深推进，国家经济实力大幅提升；另一方面，与我国的经济成就在国际上的广泛影响力相比，我国文化的吸引力和竞争力则根本不能望其项背。相对落后的文化发展现状，使我们在文化领域的国际竞争乃至综合国力的全面竞争中处于不利地位和被动局面。不少学者亦通过生动形象的例子展示了我国在文化贸易方面存在巨大逆差的惊人现实。在这种形势下，党和国家高度重视文化建设、大力发展文化事业和文化产业，对于我们今后在国际竞争中占领文化制高点、扭转被动落后的局面、掌握主动权并夺取国际竞争的胜利，具有十分重要的意义和作用。③

有学者指出，近年来，国外仇视社会主义的顽固势力，常常借着各种国际事由，在文化上对我国进行疯狂攻击和诋毁。如中国经济实力增强时他们抛出所谓的"中国威胁论"，世界经济低迷需要中国引擎挽救时他们又抛出所谓的"中国责任论"，至于"中国崩溃论"的预言和

---

① 刘舸. 软实力的提升与中国对外文化传播 [J]. 求索，2010 (5).

② 沈壮海. 软文化　真实力——为什么要提高国家文化软实力 [M]. 北京：人民出版社，2008：6.

③ 沈壮海. 软实力的价值之轴 [J]. 高校理论战线. 2010 (8).

"中国傲慢论"的呓语等更是数不尽数、层出不穷。① 对此我们应该清醒地看到，敌对势力的这种妖魔化图谋之所以常常得逞，能够蛊惑国外民众并拥有一定的市场，一方面是因为他们牢牢把握住了舆论传播的制高点和文化宣传的话语权；另一方面是因为他们充分利用了西方国家普通民众对中国文化相对隔膜、了解甚少的特点。② 针对这种情况，国内学者普遍认为，加强中国社会主义文化建设，加大文化走出去的步伐，主动抢占国际文化宣传的话语权，向国外普通民众积极展示中国文化的特色和魅力，对增强中国文化的对外亲和力以及提升国家的良好形象具有非常重要的意义。具体而言，有学者从"权利""权力"和"能力"的角度，对"文化话语权"概念的本质进行了三重解读，着重指出我们在国际文化交锋中提高文化斗争的能力、强化文化自主的权力，对捍卫民族文化权利所具有的重要作用和意义。③ 也有学者从加强文化的对外交流、积极主动地展示中国文化的亲和力的角度展开了研究，认为我们应向世界充分阐释党和国家所主张的"以人为本"的"科学发展""和谐发展"等重要发展理念的人文意蕴，向世界准确传递我们永不结盟、永不称霸的"和平发展"战略所包含的人文关怀。④ 当我们以开放、包容的文化心态和文化理念向世界展示我们国家的亲善、友好形象时，我们必然会逐步赢得他国多数民众的理解、认可和支持。

也有不少学者指出，在对外文化交流上，我们的基本目标是要树立良好的国际形象、增强我国文化对他国民众的亲和力；更高的目标是力图提升中国文化对他国民众的吸引力、感染力，从而能够使我们的主流文化走出国门，在世界其他国家和民族中推广、传播开来，真正具有强大的国际影响力。具体而言，有学者认为，我们应该把提升国家文化的国际影响力、推动中国文化在域外的传播和发展，确定为一项重大的文

---

① 骆郁廷. 综合国力竞争中的软实力建设［J］. 武汉大学学报（哲学社会科学版），2010（6）.

② 张骥，等. 中国文化安全与意识形态战略［M］. 北京：人民出版社，2010：56－103.

③ 骆郁廷. 提升国家文化话语权［N］. 人民日报，2012－02－23.

④ 上海市邓小平理论和"三个代表"重要思想研究中心. 提高国家文化软实力［J］. 求是，2008（6）.

化发展战略，并在实践中认真部署、长期坚持、努力贯彻。① 还有学者分析文化的"民族性"与"世界性"辩证关系，认为中国文化只有在与世界各种文化的交流激荡中，保持个性并增强话语权，才不仅是民族的，而且是世界的，不仅是自赏的，而且是共享的，因此加强文化建设、提升我国国家文化和民族文化的对外影响力和传播力，具有重大战略意义。②

## 二、文化建设在促进人民群众自身发展中的地位和作用

文化建设不仅是中华民族伟大复兴和社会主义现代化建设的有机组成部分，也是其建设主体——人民群众自身发展的重要条件。正如胡锦涛同志指出的，"随着经济社会持续快速发展，特别是随着人民生活水平不断提高，我国进入了文化消费的快速增长期，人民精神需求更加旺盛，文化已经成为衡量社会文明程度和人民生活质量的显著标志"③，"始终高扬引导中国社会前进的社会主义文化旗帜，不断发展社会主义文化，我们才能不断丰富人民群众的精神世界，不断增强人民群众的精神力量，也才能有力地抵御各种腐朽落后的思想观念对我国社会的渗透和侵蚀"④。围绕社会主义文化建设对于丰富人民的精神世界、增强人民的精神力量、促进人的全面发展之重要意义，国内学术界展开了进一步的探讨。

### （一）文化建设是重建当代中华民族的精神家园、增强人民精神力量的基石

学界认为，随着我国经济社会改革和对外开放的不断推进与深化，在全球化浪潮影响下，我国目前处于多元文化并存的境遇之中，中华民

---

① 程新平.论胡锦涛同志中国特色社会主义文化发展观 [J].毛泽东思想研究，2012 (2).
② 郭建宁.关于当代中国文化建设的思考 [J].学术探索，2008 (4).
③ 胡锦涛.论文化建设——重要论述摘编 [M].北京：学习出版社，2012：13.
④ 同③：11.

族的文化认同危机不断加深，民族精神家园的重建工作势在必行。从
20 世纪 80 年代我们实行改革开放政策、向世界敞开国门以来，从西方
发达国家蜂拥而至的，不仅仅是资本、技术和各类器物，还包括形形色
色的思想、理论和文化。可以说，当代西方文化流传至中国的规模、速
度及其范围影响力，均创"西学东渐"百余年来之最。从古希腊的奴
隶制文明到今天的发达资本主义文明，在西方发达国家和民族曾经出现
过及正在流传的每一种有代表性的文化思潮、理论学说和思想体系，几
乎都在被我们的知识分子们研究着和探求着；当代西方国家所流行的每
一种通俗文化和时尚潮流，几乎都在被我们的国人模拟着和效仿着。有
些学者就此认为，在这种多元文化交织的背景下，我们民族的传统文化
在逐步衰落，我国社会主义文化的主流地位所受到的挑战也愈加严峻。
这种现象直接弱化了传统文化对一个国家和民族所固有的凝聚人心、整
合社会、安顿灵魂的积极作用，从而致使中华民族作为一个整体缺乏坚
强有力的文化认同感和文化归宿感，甚至在某种意义上出现"普遍的精
神漂泊和深刻的精神危机"①。

　　有学者强调，文化是民族的"灵魂"，文化蕴含着一个民族的精神
记忆，代表着一个民族的精神家园，文化是能够聚合人心、安顿心灵、
增强民族的认同感和归属感的核心要素。② 如果一个民族失去了自身的
文化传统，则就如同一片没有"根"的"浮萍"，如同一具失去了"灵
魂"的躯壳，如同一个失去了"家园"的"流浪者"③。另有一些学者
指出，文化是民族的"基因"，它深深地熔铸在民族的"血脉"之中。
一个民族只有在文化的不断积累和文明的持续传承之中，才能确立自身
的特色与存在。④ 还有学者认为，文化是一个民族的"名片"，是一个
民族区别于其他民族的"身份证"与"识别卡"。因此，一个丧失了自

---

① 李丽. 文化有序与有序性文化建设 [J]. 学术交流，2008（11）.

② 俞思念，魏明，等. 当代中国文化发展战略 [M]. 武汉：华中师范大学出版社，
2010：84.

③ 郭建宁. 马克思主义中国化与建设共有精神家园 [J]. 北京大学学报（哲学社会科学
版），2011（4）.

④ 吕有志. 推进中国特色社会主义文化建设的四个"点" [J]. 思想理论教育导刊，
2012（4）.

己的文化传统的民族，就是一个丧失了表征其独特身份的民族，这样的民族在其自身发展中将逐步丧失自身的特色，并最终蜕变为一个真正的"他者"①。

另有一些学者在细致归纳我国现阶段所具体面临的文化认同危机的各类表征的基础上，深刻揭示了导致文化认同危机的主客观两方面原因。认为目前我们的文化形态里交织着传统文化与现代文化之间的碰撞、中国文化与西方文化之间的碰撞、社会主义文化与资本主义文化之间的碰撞、理想文化与现实文化之间的碰撞、个体文化与社会文化之间的碰撞以及理性文化与信仰文化之间的碰撞。深入分析其中诸要素可知，我国的文化领域之所以陷入这种多元对立、无所适从的迷茫境地，不仅是由西方文化的侵入和渗透这一客观的外在因素所造成的，更主要是由我国近代以来因积贫积弱而产生的"文化自卑心理"这一主观的内在因素所导致的。②

面对当今我国多元文化并存、主流文化缺乏认同而势弱、人们精神家园缺失的形势，学界疾呼要加强社会主义先进文化建设、共建民族精神家园、增强人们的精神力量。但问题是，该以什么样的文化为主导来引领我们的文化建设？对此，学界的回答并不完全一致，其中有两种极端的思潮值得我们警惕并予以批判。其一是主张彻底打破中华民族的文化传统，全盘学习和借鉴西方文化，这种"西化派"观点继承了"五四"新文化运动的思想，并将之推到了极端。其二是主张我们应以中国古代的传统文化为主体，从中开出现代化的路径，这种观点本质上坚持的是"向后看"和"往回走"的复古立场。可以说，"西化论"和"复古论"都体现了单向度思维方式的局限，这两种文化心态都无助于我们破解文化多元冲突的难题。因此，在国内学术界，更多的学者主张和谐文化的理念。具体而言，有学者从和谐文化所具有的"先进性"的角度来论证其对民族文化复兴的重要作用，认为中国的传统文化与现今西方的资本主义文化虽然都有其优秀的、值得学习和借鉴的成分，但

---

① 郭建宁. 提高文化软实力与建设共有精神家园 [J]. 中国特色社会主义研究, 2008 (1).
② 王立洲. 当代中国人的文化认同危机及其重建——兼论社会主义核心价值体系建设的路径和方法 [J]. 求实, 2011 (4).

总体而言它们都不是真正能够引领我国未来发展的先进文化。而我们当前社会的主流文化——社会主义和谐文化，才是真正具有"先进性"的文化。因为：第一，与中国传统的封建主义文化和西方当代的资本主义文化相比，社会主义和谐文化是先进制度的体现，它完全有能力领导中华民族文化的复兴和繁荣；第二，社会主义和谐文化以马克思主义理论为指导，是顺应中国时代发展的、具有高度"科学性"和"与时俱进"品格的文化，它能够为民族文化的复兴提供科学的指导；第三，社会主义和谐文化代表着人类社会先进文化的发展方向，它能够为民族文化的复兴提供有力的支撑。[①] 也有一些学者从和谐文化所具有的"开放性"与"包容性"的角度来论证其对民族文化复兴所具有的重要作用，认为和谐文化的本质理念是"和而不同"和"以和为贵"。也就说，和谐文化能够充分尊重差异性的文化，和谐文化建设，不是要取消差异性，而只是要将相互不同的文化观念加以合理、有序的引导和规范，使多元文化能够在社会主义主流文化的引领下和谐共生。[②] 同时有学者强调，和谐文化虽然是"尊重差异、包容多样"的文化，但这并不意味着和谐文化不会去抵制多元文化中那些错误的和腐朽的成分。因为，这些错误的和腐朽的文化思想，从根本上而言只能给社会和民众带来冲突和纠纷等不和谐因素，而这恰恰是背离"和谐文化"追求社会和谐的应有之义的。[③]

　　在当今中国，多元文化并存是一个客观存在的事实，而且每一种文化都有一定的合理成分，所以，要想在这种文化多元交织的时代背景下真正有效地促使各种文化思潮由相互对抗转向相互融合，并在这种交融中凝炼、升华出一种博采众长、独具特色的新文化体系，从而最终实现民族文化复兴和重建民族精神家园的夙愿，我们就必须坚持和贯彻具有"先进性""开放性"和"包容性"的社会主义和谐文化

---

　　① 周波.社会主义文化建设与中华民族复兴［J］.科学社会主义，2010（6）.
　　② 陈松林.中国特色社会主义文化建设前沿问题探讨［J］.长江大学学报（社会科学版），2011（8）.
　　③ 杨凤城.积极推动社会主义文化建设新高潮［J］.当代中国史研究，2009（1）.

的主流引领作用。①

### (二) 文化建设是促进人的全面发展的重要途径

加强社会主义文化建设不但对经济的发展、社会的进步、民族文化的繁荣和综合国力的提高等具有不可替代的作用，而且对促进"人的全面发展"具有不可替代的作用，这也是文化建设和文化发展所指向的根本目的之一。胡锦涛同志在党的十七届六中全会第二次全体会议上提出："推动社会主义文化大发展大繁荣，必须坚持以人为本，以满足人民精神文化需求、促进人的全面发展为根本目的。"② 从"以人为本"和"人的全面发展"的角度科学阐述了发展社会主义文化的基本原则和根本目的。这一论断，是对马克思主义人学理论的继承和发展。围绕这个问题，学者们就社会主义文化建设对促进人的全面发展的作用进行了细致的阐释和论证。

有学者认为，社会主义和谐文化建设有助于促进经济社会的全面、协调和可持续发展，从而为人的全面发展提供了重要的成长环境。马克思主义理论是从社会关系的角度来理解和定义"人"的。由于人是社会性的存在，因此任何人的生存和发展都离不开社会环境的支撑。也就是说，落后的经济社会发展水平是不可能把人从受他人的奴役与受物的奴役中解放出来，从而实现其自身的自由和全面发展的。所以，加强社会主义和谐文化建设，促进经济社会的健康持续发展本身，就有助于实现人的解放和全面发展。③ 有学者从提高人民群众的科学文化素质角度阐述了社会主义先进文化建设对实现人的全面、自由发展的积极意义。科学文化知识的教育和普及能够使人们摆脱愚昧无知的状态，能够引导人们逐渐揭开自然界和人类自身的奥秘，能够"教化、启发、影响大众心智"，增强人改造世界和人自身的物质力量与精神力量，从而有助于把人从客观世界的束缚当中解放出来，有助于把人从人自身的束缚当中

---

① 黄祖军，邱仁富. 社会主义和谐文化研究述评 [J]. 学术论坛，2008 (12).

② 胡锦涛. 坚定不移走中国特色社会主义文化发展道路　努力建设社会主义文化强国 [J]. 求是，2012 (1).

③ 龚钢，朱仁宝. 建设和谐文化，促进人的全面发展 [J]. 高校理论战线，2009 (1).

解放出来，并最终实现人的全面、自由发展。① 有学者从促进道德素质
发展的角度，论证了社会主义先进文化建设对于实现人的全面发展的重
要价值。改革开放以来，经济全球化不仅给我们带来了文化的多元共生
现象，而且也给国人带来了多元化的价值选择。西方资本主义社会所奉
行的个人主义、利己主义的道德原则和价值观念，随着发达国家的物质
产品和文化产品而涌入我国，改变着人们的思想观念和精神追求，物质
主义和享乐主义腐蚀着青年人的心理和灵魂。在这种背景下，加强以社
会主义核心价值体系为主导的和谐文化建设，有利于帮助人们破除资本
主义腐朽价值观念的影响，养成以集体主义、利他主义等品质为表征的
社会主义道德观念，帮助人们培育一种高尚的品格和积极、健康、昂扬
向上的精神风貌，从而推动人的全面、健康发展。② 也有学者从提高人
民群众的审美趣味和审美格调方面，强调了社会主义先进文化建设对实
现人的全面发展的显著作用，认为文化建设不仅有助于提高人的科学文
化素质和思想道德素质，而且有助于提高人的审美趣味和审美格调；不
仅有利于帮助人们识别真与假、善与恶，而且有利于帮助人们识别美与
丑、雅与俗，帮助我们自觉抵制庸俗与低级趣味的休闲方式，强调文化
建设在智育、德育功能之外的美育的功能。③ 也有学者指出，对美的拥
有使人在特定个别存在中获得超越有限自我的喜悦和乐趣，认为文化建
设的美育内容能够使人的心灵世界得到涤净和美化，从而有助于实现人
的全面、自由发展。④

　　概言之，文化所固有的"以文化人""向文而化"的功能决定着
文化与文化建设的繁荣对人的全面发展具有巨大的促进作用。⑤ 正如
有学者所指出的："人的全面发展以先进文化建设为基础，先进文化
建设离不开对人的全面发展的追求，人的全面发展水平是衡量文化先

---

① 李艳萍. 改革开放 30 年与我国社会主义文化建设的发展 [J]. 云南社会科学, 2008
(1).

② 文化部党组. 更加自觉，更加主动地建设社会主义文化强国 [J]. 求是, 2011 (21).

③ 傅华. 文化建设中的三个基础性问题 [J]. 红旗文稿, 2010 (8).

④ 张亚伟. 文化软实力的价值解读 [N]. 光明日报, 2012 – 03 – 27.

⑤ 孙伟平，张明仓. "人化"与"化人"——现代视野中的新文化 [M]. 哈尔滨:
黑龙江教育出版社, 2010: 291 – 293.

进性的重要尺度。"①

## 三、文化建设在推进经济发展中的地位和作用

"一定的文化（当作观念形态的文化）是一定社会的政治和经济的反映，又给予伟大影响于一定社会的政治和经济。"② "一个没有文化底蕴的民族，一个不能不断进行文化创新的民族，是很难发展起来的，也是很难自立于世界民族之林的。要提高发展水平，增强发展后劲，提高群众生活质量，必须高度重视并全面推进文化建设。"③ 文化建设与经济发展素来有着十分密切的内在联系，前者被视为后者的重要精神支撑及内在动力，相当程度上决定着后者的进程快慢与质量优劣。进入信息化时代，文化与经济相互交融的程度不断加深，与科学技术的结合更加紧密，经济的文化含量日益提高，文化的经济功能也越来越强，经济较量中的文化因素显得尤为突出。

### （一）文化建设为我国经济发展提供坚强的思想保证、强大的精神动力及可靠的智力支持

处于社会主义初级阶段是我国现今以及以后一段时期最大的基本国情，毫不动摇地坚持以经济建设为中心是我们的基本路线和方针政策。在坚持以经济建设为中心的同时，我们也应该毫不动摇地建设中国特色社会主义文化。有学者指出，如果我们忽视社会主义文化建设的重要性而片面强调经济建设和经济发展，那么我们难以确保现代化建设不会偏离社会主义的方向。④ 因为，市场经济体制在促进我国经济大发展的同时，也不可避免地会给我们带来一些消极的不良影响，如个人主义、享

---

① 李建国. 先进文化建设与人的全面发展关系辨析 [J]. 江苏大学学报（社会科学版），2010 (5).
② 毛泽东. 毛泽东选集：第二卷 [M]. 北京：人民出版社，1991：663－664.
③ 胡锦涛. 论文化建设——重要论述摘编 [M]. 北京：学习出版社，2012：(10).
④ 郭建宁. 关于当代中国文化建设的思考 [J]. 学术探索，2008 (4).

乐主义、物质主义等不良思潮。甚至有学者认为，由于市场经济体制和理念本身的核心价值就是个人主义、私有权利的保障和自由、形式法治、形式平等等资本主义基本价值观，片面强调和追逐资本效益的最大化是市场经济自身的内在逻辑，这一逻辑会不可避免地导致社会财富向升值潜力大、增长速度高的地区、领域和个人流动、积聚，从而导致社会的贫富分化和地区的发展不平衡。① 事实上，这些消极现象已在我国现阶段的经济社会发展过程中浮出水面，并形成了制约我国经济体制改革与发展的重要因素。面对这一困境，重视社会主义文化的建设和发展，大力弘扬积极、健康的社会主义核心价值观念，无疑可以为我们深化社会主义市场经济体制改革、推动社会主义经济建设的良性发展提供坚强的思想保证。② 有学者指出，与宣扬个人主义、享乐主义和物质主义的资本主义腐朽文化和价值观不同，社会主义先进文化强调和鼓励的是集体主义、利他主义的价值观念。社会主义经济的发展，不是为了单纯满足个体的物质欲望，而是为从根本上实现所有人的全面发展而奠定物质基础。因此，在我国当前的社会主义现代化建设征程中，加强中国特色社会主义文化建设，可以凝聚人心、提振精神和鼓舞士气，使全国人民以更加昂扬的斗志和动力，推动社会主义经济建设的繁荣发展。③

　　有学者认为，现代中国经济问题的解决，必须跳出经济视野的局限，在人文的视野中寻求突破，这种人文视野的基本方面，就是伦理与政治。经济、伦理、政治，是研究中国经济持续发展的三维坐标，在这里，不仅可以找到中国经济发展的后力所在，也可以发现中国经济发展的源头活水。中国传统社会曾经成功地建立了一个经济—伦理的有机生态，以伦理文化为核心的人文精神体系，对自然经济的维系与发展，发挥了巨大的人文力作用，在这个生态中，经济运营与伦理精神体系不仅匹合，而且富有动力源泉。道德力作为经济发展的内驱力，具体表现为

---

① 陈红太. 中国特色社会主义新文化建设任重而道远——防止马克思主义工具化 [J].
中国特色社会主义研究，2011 (6).
② 韩美群. 和谐文化论 [M]. 北京：中国社会科学出版社，2010：172 – 187.
③ 沈壮海. 文化之髓　兴国之魂 [N]. 光明日报，2011 – 11 – 02；陈国栋. 关于我国文
化软实力建设问题 [J]. 山东社会科学，2010 (6).

作为资源配置软调节力的作用、作为经济运行导向力的作用、作为激发经济主体活力的催化力作用和作为经济组织凝聚力的作用。①

邓小平同志早在改革开放初期就深刻地认识到科学技术对于推动生产力发展所具有的极端重要性，提出了"科学技术是第一生产力"这一著名论断。正是在这个意义上，我们党在社会主义先进文化建设中，历来注重培养国民的科学文化素质和创新精神。学界指出，随着"知识经济"时代的到来，一个国家、一个民族要想获得经济领域的持续发展，就必须重视背后的知识、文化所发挥的强大的智力支持作用。有学者甚至认为，文化是经济发展的"内在驱动力"，我国经济建设可持续发展的目标本身，内在地要求我们重视发展和繁荣社会主义先进文化。②

**（二）发展文化产业是促进我国经济发展方式转变、落实科学发展的重要着力点**

李长春同志曾深刻指出："当今时代，文化与经济日益交融，在为经济发展提供强大精神动力的同时，文化的经济功能明显增强，经济的文化含量不断提高……文化产业对促进经济增长和经济发展方式转变的贡献越来越大。"③ 国内学者在考察和借鉴当今西方发达国家实践经验的基础上，对文化产业在促进经济发展方面所具有的重要作用进行了进一步的思考和研究。有学者指出，与传统的工业相比，文化产业具有资源消耗少、环境污染低、科技含量高等突出特点和优势，因此文化产业有"低碳经济"和"朝阳产业"之称，逐渐受到人们的青睐，成为实现经济健康、协调、可持续发展的新的有力增长点。④ 因此，大力发展

---

① 祝成生. 和谐文化与伦理秩序的当代重建 ［M］. 北京：群众出版社，2008：109、115－120.

② 颜旭. 改革开放与中国特色社会主义文化理论的形成 ［J］. 扬州大学学报（人文社会科学版），2008（6）.

③ 李长春. 正确认识和处理文化建设发展中的若干重大关系 努力探索中国特色社会主义文化发展道路 ［J］. 求是，2010（12）.

④ 本刊评论员. 把文化体制改革引向深入 大力兴起文化建设新高潮 ［J］. 求是，2010（17）.

文化产业，不仅可以直接推动经济的发展，而且可以实现经济发展的方式和机制由硬驱动向软驱动的转化，可以真正实现经济的良性、协调、优质和可持续发展。① 在此基础上，有学者指出，文化产业充分体现了文化与经济相互交融的状况和特征，文化的经济化、经济的文化化和文化经济的一体化趋势愈加显著，从而使得文化的经济功能越来越突出、经济的文化内涵越来越丰富。②

有学者指出，从经济学角度来看，随着文化日益成为生产要素以及现代产业的不断演进，文化和经济正在以前所未有的速度和方式在融合，人类社会已经从产品的时代、服务的时代，开始步入文化的时代。并进一步根据理论实证的方法，提出文化要素、文化产业与经济增长之间关系的假说，然后通过建模和经验实证，对假说进行验证，从而进一步深化了文化要素影响经济增长机制的学理探究。③

还有学者从我国的实际国情出发，论证了文化产业作为战略性新兴产业在加快我国经济结构调整、转变经济发展方式、建设创新型国家中将发挥重要作用。其主要观点是，金融危机使我国传统制造业产能过剩、资源消耗过大、污染严重、结构不合理的问题充分显现，依靠投资和外需的粗放式发展的回旋空间日益逼仄。而文化产业是典型的绿色产业，也是现代服务业的核心产业，发展空间广大，具有大容量和灵活就业的特点，符合我国的国情特点，有利于发挥我国的比较优势。加快发展文化产业，不仅可以大幅提高文化产业的经济总量及其在国民经济中的比重，优化经济结构，推动经济发展方式转变，还能通过发挥文化产业作为创意和内容产业对相关产业的诱导作用、溢出效应和引领作用，有效促进经济结构调整和经济发展方式转变。④ 有学者认为，以科学发展观为导向，以实现最广大人民的根本利益为最高标准，发展文化创意

---

① 中共中央宣传部《党建》杂志社．文化中国［M］．北京：红旗出版社，2011：3.

② 程新平．论胡锦涛同志中国特色社会主义文化发展观［J］．毛泽东思想研究，2012
（2）.

③ 胡惠林，陈昕．中国文化产业评论：第9卷［M］．上海：上海人民出版社，2009：
48－63.

④ 齐勇锋．论文化产业在促进经济发展方式转变中的地位和作用：30位著名经济学家
会诊中国经济发展方式［M］．北京：中国友谊出版公司，2010：325－330.

产业将极大地促进先进文化转化为先进生产力,从而真正落实城乡发展、区域发展、经济社会发展、人与自然和谐发展、国内发展和对外开放的五个统筹,对我国的新一轮经济增长极具战略意义。①

## 四、文化建设在促进社会发展中的地位和作用

作为社会发展的重要内容和社会全面进步的重要依托,社会主义文化建设对于促进社会全面、协调和可持续发展,夺取全面建设小康社会的新胜利、开创中国特色社会主义事业的新局面有着重大的意义。党的十七届六中全会指出:没有社会主义文化繁荣发展,就没有社会主义现代化。在新的历史起点上深化文化体制改革、推动社会主义文化大发展大繁荣,关系实现全面建设小康社会奋斗目标,关系坚持和发展中国特色社会主义,关系实现中华民族伟大复兴。从此角度切入,近年来理论界展开了进一步的探讨。

### (一)文化建设是中国特色社会主义事业总体布局中的重要组成部分

十六大以来,以胡锦涛同志为总书记的党中央,继承了我党改革开放以来提出的经济建设、政治建设和文化建设全面推进的"三位一体"总体布局思想,在大力推进中国特色社会主义建设事业的伟大实践中,还十分重视社会主义和谐社会的建设,将"三位一体"的总体布局发展为包括经济建设、政治建设、文化建设和社会建设在内的"四位一体"的总体布局。学界认为,虽然在"四位一体"布局中经济、政治、文化和社会四大要素相互影响、相互依赖、相互协调、相互促进,但其中文化因素对其他三方面的影响与以往相比更加突出。胡锦涛同志指出,当今时代,文化越来越成为民族凝聚力和创造力的重要源泉、越来越成为综合国力竞争的重要因素、越来越成为经济社会发展的重要支

---

① 章铮,等. 中华人民共和国经济发展全记录:第5卷 [M]. 北京:中国社会出版社,2010:1899.

柱，丰富精神文化生活越来越成为我国人民的热切愿望。① 学界认为，胡锦涛同志的"四个越来越"充分体现了文化建设在社会主义事业总体布局中的地位和极端重要性。没有先进文化的核心引领，我们的国家和民族就缺乏凝聚力、感召力和战斗力；没有强大的国家文化软实力的支撑，我们在激烈的综合国力竞争中就难以取得胜利；没有科学文化事业的进步和文化产业的发展，我国转变经济增长方式、实现经济社会的科学发展的设想就难以实现。所以，在"四位一体"的总体格局中，文化建设的地位不容忽视。②

有学者指出，虽然我党历来重视社会主义文化建设的作用和地位，但与"四位一体"格局的其他三项要素相比，我国文化建设的成就相对不高，"与物质类产品的丰富程度相比，我国精神文化产品的生产和供给能力已经大大落后于人民群众日益增长的对精神文化产品的需求，我国文化产品出现'结构性短缺'"③。在这种"结构性短缺"的基础上，不少学者用"短板""短腿"等词语来形容社会主义文化建设在我国"四位一体"总体布局中的尴尬境遇。显然，这一发展现状不仅与文化建设本应具有的重要地位不相符合，而且与科学发展观所强调的经济、政治、文化和社会诸要素协调发展的理念不相符合。有学者认为，物质文明和精神文明"一手硬，一手软"现象，曾经直接导致党风、社会风气在一段时期里出现不少问题，导致社会主义精神文明的发展滞后于物质文明的发展，造成两个文明建设互不适应、互相制约的局面。这种反差如果长期得不到克服，不仅会影响经济的发展，而且对我国整个现代化建设和改革开放事业、对我国的社会发展也会造成严重后果。并认为在当代中国共产党领导人关于精神文明建设和关于文化建设的思想中，无不体现着对文化建设滞后的深切忧患。④ 有学者指出，为了扭

---

① 胡锦涛. 坚定不移走中国特色社会主义文化发展道路　努力建设社会主义文化强国 [J]. 求是，2012（1）.

② 施芝鸿. 准确把握文化改革发展面临的机遇和挑战 [J]. 求是，2011（21）.

③ 傅才武，陈庚. 论文化创新战略的确立与文化管理体制的转型 [J]. 华中师范大学学报（人文社会科学版），2010（6）.

④ 朱有志，贺培育，等. 当代中国共产党人的忧患意识 [M]. 北京：红旗出版社，2009：237-238.

转这一形势，为了充分发挥社会主义先进文化的各项社会功能，我们需要切实加强对文化建设工作的重视程度，需要切实领会文化建设在国家整体发展中所处的战略地位。①

**（二）文化建设是维护国家意识形态安全，坚持中国特色社会主义道路的重要保障**

客观而言，因地域、环境、风俗和传统的差异，不同国家和民族间的文化自然各有其独特的形式、风格和内容。因此，当不同文化在民族间的交流中相遇时，它们内在固有的差异就会产生一种自发的碰撞和交锋。历史证明，只有经过这种不可避免的冲突和碰撞之后，不同文化间的融合才会最终产生。有学者指出，当今时代，不同国家间的文化碰撞表现出更趋复杂的现状，准确地说，全球化背景下的这种文化冲突，并不单纯是异质文化间所自发产生的现象，更重要的是，在文化冲突的背后隐藏的是西方发达资本主义国家在全球谋取文化霸权的野心。② 有的国内学者指出部分西方学者其实早已洞察到了当代资本主义强权国家以文化谋求霸权的做法，并以"文化帝国主义"来命名这一行为。③ 针对西方资本主义国家在文化领域所推行的扩张、侵袭和渗透等文化霸权政策，不少国内学者提出了"文化主权"的概念，呼吁我们积极采取保护民族文化的措施，加大社会主义文化建设的引导力度，以增强国家文化安全。

全球化背景下国家之间在文化领域内的关系，已经不仅仅是文化产品和文化商品的贸易竞争或综合国力竞争的问题，更为重要的是国家之间文化范畴里的深层价值观与意识形态的斗争问题。国内众多学者都深刻意识到了这一点，并对之做出了深入的分析和研究。有学者指出，当今世界，不同的民族文化或国家文化之间"有吸纳又有排斥，有融合又

---

① 程新平. 论胡锦涛同志中国特色社会主义文化发展观 [J]. 毛泽东思想研究, 2012 (2).

② 张杰. 文化自觉、文化战争、文化立国——世界"现代性"进程中的文化三部曲 [J]. 南京社会科学, 2008 (2).

③ 康凤云, 张艳国. 当代中国文化发展论 [J]. 当代世界社会主义问题, 2010 (2).

有斗争，有渗透又有抵御"。① 这里的"斗争""渗透"和"抵御"六个字，生动展示了国际文化领域内的激烈对抗态势。有学者认为，国家间文化领域的对抗，是一场"没有硝烟"的战争，这场战争在全球化过程中"不仅从未停歇，而且愈演愈烈"。②

随着经济实力的增强，我国的国际地位逐步提高、国际影响逐步增大。学界指出，西方少数霸权主义国家将不断壮大的新中国视为其原有地位和军事力量的潜在挑战者，它们不断鼓吹"中国威胁论"，并打着人权的幌子，以文化输出为手段，加紧对中国进行意识形态渗透，试图用"和平演变"的方式分化、瓦解中国，并最终颠覆中国的社会主义政治制度。③ 有学者据此指出，面对这一局势，我国在致力于经济社会建设和发展的同时，应时刻警惕国家意识形态领域的安全问题。④

有学者指出，在当代中国，文化安全问题的核心是意识形态安全，具体来说就是"谁来领导中国人民"以及中国该"举什么旗、走什么路"的问题。当今西方发达资本主义国家对外奉行文化霸权或"文化帝国主义"政策，最突出的表现就是对社会主义国家尤其是中国从文化上不遗余力地进行意识形态渗透，秘密甚至公开地宣扬资本主义政治制度的优越性，企图从思想上和观念上主导或控制一般民众；它们甚至"打着'保护人权'的幌子公然支持民族分裂分子干涉中国内政"。⑤ 从实际效果上看，国际敌对势力的渗透、演变政策确实麻痹了一部分人，使其丧失应有的思想警惕性和政治辨别力，甚至使一部分人的思想观念和政治信仰发生动摇。这种情况反映在学术领域，就是近年来"新自由主义"思想的流行及"科学社会主义"与"民主社会主义"问题之争。有学者认为，当今敌我之间的文化斗争，从根本上而言就是"意识形态斗争"，是尖锐复杂的"政治斗争"⑥，它直接关涉到党、国家和民族的

① 郭建宁. 关于当代中国文化建设的思考 [J]. 学术探索，2008 (4).
② 张杰. 文化自觉、文化战争、文化立国——世界"现代性"进程中的文化三部曲 [J]. 南京社会科学，2008 (2).
③ 韩永进. 新的文化自觉 [M]. 北京：文化艺术出版社，2008：68-72.
④ 徐光春. 正确认识积极推进社会主义文化建设 [N]. 人民日报，2012-03-21.
⑤ 刘纪兴. 论中国特色社会主义文化建设的内涵与途径 [J]. 江汉论坛，2009 (4).
⑥ 冯天瑜. 中国特色社会主义文化建设研究 [M]. 武汉：武汉大学出版社，2008：30.

生死存亡，我们对之决不能麻痹大意，必须高度重视，应像胡锦涛同志所强调的那样，做到"警钟长鸣、警惕长存"①。理论界认为，加强社会主义文化建设，在当前我国政治意识形态多元化的背景下，有助于发挥社会主义政治制度的主流引领作用，有助于巩固和提升中国共产党的执政地位，有助于在确保政治稳定的大局下稳步推进社会主义民主政治建设。②

部分学者还专门从社会主义文化的内核——社会主义核心价值观所面临的危机角度探讨了加强文化建设的作用和意义。有学者指出，当代西方国家奉行文化霸权政策，在对我国进行文化侵袭时，十分重视资本主义核心价值观的输出，它们往往凭借其强大的经济、科技实力，运用其语言和信息网络的优势，"掌握文化传播的话语权，占据文化传播的制高点，通过各种方式，把本国的价值观念、道德标准、生活方式强加给发展中国家"。③ 这一做法严重危及我国社会主义核心价值观的主流引领地位，使一部分人的心智及道德判断能力陷于迷惑之中，以致盲目信奉以个人主义和利己主义为标志的资产阶级道德原则与价值标准。根据《人民论坛》2009 年 12 月发表的《未来 10 年 10 大挑战》的千人问卷调查报告，"主流价值观边缘化"位列其中。有学者指出，社会主义核心价值体系是社会主义核心价值观念或主流价值观在思想上层建筑中的对象化或具体展开，因此"主流价值观边缘化"必然意味着核心价值体系边缘化，据此认为社会核心价值体系边缘化的危机在当前的确存在，不容忽视；同时强调，核心价值体系边缘化危机尽管存在种种外在因素，但根据"内因是根据"的辩证法基本原理，这一危机还是由自己本身的"弱化"造成的。④ 针对社会主义核心价值所面临的认同危机，有学者痛心疾首地指出，如果我们不加强社会主义文化建设工作，如果我们跌入"道德失范、价值失迷、文化失衡、社会失信、人文精神

---

① 胡锦涛. 坚定不移走中国特色社会主义文化发展道路 努力建设社会主义文化强国 [J]. 求是，2012 (1).

② 陈国栋. 关于我国文化软实力建设问题 [J]. 山东社会科学，2010 (6).

③ 周春燕. 论社会主义核心价值体系的文化价值 [J]. 理论学刊，2008 (9).

④ 陈新汉. 警惕核心价值体系"边缘化危机" [M]. 北京：社会科学文献出版社，2011：10 – 11.

失落"的困境，那么，我们不仅会丧失掉民族的精神家园，而且会丧失掉我们已取得的发展成果，会动摇甚至破坏整个社会的稳定与和谐状态。因此，加强以社会主义核心价值为重要内容的社会主义文化建设工作势在必行。①

### （三）文化建设是促进社会安定团结、构建社会主义和谐社会的重要举措

首先，加强社会主义文化建设能够增强人们的政治认同感和政治凝聚力，有助于确保国家政治稳定的大局。有学者指出，当前，在"解放思想、实事求是"精神的感召下，我国的改革开放事业稳步推进，深入发展。但与此同时，一部分普通民众和少数知识分子在盲目崇拜西方国家发达的科技和经济的同时，经受不住资本主义国家对我们所进行的文化渗透和意识形态侵袭的考验，受其蛊惑，在内心动摇对社会主义政治制度的认同和信仰，对社会主义制度的前途产生了悲观迷茫的情绪，并逐渐迷信西方资本主义国家和政府所鼓吹的政治理念和政治学说。目前国内的自由主义思潮和"西化论"观点就是这一不良现象的直接反映。无可否认的是，这种现象削弱了我国先进的社会主义政治制度所本应具有的凝聚力和整合力，给国家的政治稳定大局带来了潜在的不利影响。针对这种情况，有学者指出，加强以社会主义核心价值体系建设和社会主义意识形态建设为重要内容的社会主义文化建设，有助于彰显社会主义政治制度的先进性和优越性，从而在全国范围内增强人民群众的政治认同感，增强社会主义政治制度的凝聚力和向心力，确保国家政治稳定的大局。②

其次，加强社会主义文化建设能够更好地满足人民群众的精神文化需要，体现社会主义的优越性。当前和今后相当长的一个时期内，我国正处于并将继续处于社会主义初级阶段。社会主义初级阶段的基本矛盾，就是人民群众日益增长的物质文化需要同落后的社会生产力之间的

---

① 郭建宁. 关于当代中国文化建设的思考［J］. 学术探索，2008（4）.

② 李昆明，王缅. 大国策：通向大国之路的中国文化发展战略［M］. 北京：人民日报出版社，2009.

矛盾。不少学者指出，我们以前在理解和对待这一基本矛盾时，总是从人民群众的"物质"需求与满足这一角度出发，采取优先发展社会生产力的做法。我们党带领全国人民进行改革开放，经过三十余年的艰苦奋斗，已经在经济建设领域取得了辉煌的成就，人民的生活水平已总体达到小康。但是，我们的文化建设却相对落后，成了社会整体发展中的"短板"或"短腿"①。有学者在借鉴西方发达国家的发展历史和发展经验的基础上，结合我国社会主义现代化建设的实际，指出随着人民的物质生活水平从温饱达到总体小康，群众对文化消费与精神生活的关注和要求在逐步提高并将会继续提高。因此，我们现在谈论"民生"问题时，不能仅仅关注人民群众在物质生活上的需求和权利，还要关注人民群众在精神文化生活上的需求和权利，"文化民生"概念逐渐受到人们的重视。②学界认为，繁荣发展社会主义文化以满足人民群众日益增长的对更高水平的精神文化生活的要求和期待，是当前阶段我国现代化建设的重要内容和迫切任务。

再次，加强社会主义文化建设有助于我们缓解经济社会高速发展中所产生的矛盾和冲突，促进社会和谐。当前，我们的改革开放事业进入到攻坚阶段，伴随经济的长期高速增长发展，出现了一定的社会问题和社会矛盾。在解决社会矛盾与问题、构建社会主义和谐社会的伟大实践中，文化建设的重要作用不容忽视。有学者认为，社会主义先进文化与和谐文化具有凝聚人心、化解矛盾、整合社会关系的作用。③有学者指出，文化是国家协调力的关键杠杆，其协调能力主要来源于国家文化中的道德、社会意识等因素，它通过文化的教化作用，形成被国民共同认可的社会价值体系。一方面，以共同认可的社会价值体系引导、约束国民，使之自觉地调整自己的行为，与之相符合；另一方面也促使国民的社会实践活动按照同一价值体系有序地进行，从而促进社会整体效率的提升。再者，它还会通过国家文化自身的维护功能，即价值认可和舆论维护来确保国家文化的激励作用，从而进一步强化国家文化对国民个体

① 袁贵仁. 关于社会主义文化建设的思考 [J]. 中国检察, 2009 (1).
② 中共中央宣传部《党建》杂志社. 文化中国 [M]. 北京：红旗出版社, 2011：3.
③ 王少安, 周玉清. 社会主义和谐文化建设论 [M]. 北京：人民出版社, 2010：68.

行为的协调力。①

　　有学者指出，改革开放初期，我们党结合当时国内经济发展的实际情况，提出了"一部分人先富起来"和"效率优先、兼顾公平"等旨在刺激和提高人民群众生产积极性的方针和政策。这些方针政策在鼓励一部分人发挥创造性和主动性上无疑达到了非常好的效果，有效地促成了我国经济的长期高速发展。但是，这些方针政策在执行和实践过程中，也不可避免地产生并积累起一些社会问题和社会矛盾，突出的表现就是地区发展不平衡、社会收入差距逐渐扩大和贫富分化日趋严重、社会公平公正问题有所凸显等。加之目前我们正处在"社会利益深刻调整、社会结构深刻变革"时期，这些问题和矛盾无疑都直接影响着我国社会稳定的大局，间接影响着国家的长治久安。② 有学者提出，现阶段我们所面临的既是"发展机遇期"，又是"矛盾凸显期"；既是"黄金发展期"，又是"风险高发期"。③ 学界认为，加强社会主义和谐文化建设，可以在一定意义上帮助我们缓解和消除这些问题与矛盾。有学者指出，和谐文化建设有助于培养和引导人们用宽容的态度来对待各类社会问题，用求和谐的眼光来看待事物，从而"避免认识上的片面化，培育经济社会协调发展的思维模式"。因此，社会主义和谐文化建设能够帮助我们调节社会关系、化解社会矛盾。④ 有学者认为，用"和谐"的思维方式和心态看待现阶段我国经济社会中出现的问题和矛盾，意味着我们不能简单地把问题和矛盾的原因归结到改革开放的政策上，从而否定改革开放；而是应该在和谐文化的指引下，形成积极向上的道德观念和价值原则，并以一种理性的和整体的眼光来正确看待前进中的问题，从而在人与人之间、人与社会之间建立起良好的关系，最终促进社会的融合。⑤

　　此外，加强社会主义文化建设有利于促进民族地区的社会稳定，加

---

① 王桂兰. 文化软实力的维度 [M]. 郑州：河南人民出版社，2010：30.
② 黄祖军，邱仁富. 社会主义和谐文化研究述评 [J]. 学术论坛，2008（12）.
③ 郭建宁. 关于当代中国文化建设的思考 [J]. 学术探索，2008（4）.
④ 李艳萍. 论和谐文化建设与民族地区的发展 [J]. 云南民族大学学报（哲学社会科学版），2009（1）.
⑤ 严书翰. 建设和谐文化是一篇大文章 [J]. 新视野，2010（6）.

强民族团结。我国是一个多民族国家，在构建社会主义和谐社会的过程中，维护少数民族地区团结稳定的任务既极其重要，又极其艰巨。有学者认为，由于各少数民族均有自己的传统文化和价值信仰，要想在各民族之间形成统一的价值标准或价值原则，就必须在少数民族地区积极构建社会主义和谐文化，培育和弘扬社会主义核心价值体系。只有这样，我们才能有效"调节民族地区的社会矛盾"，并为民族地区的社会稳定和社会发展"提供坚实的思想道德支撑"。① 还有学者从"主流引领"与"多元并存"的角度，充分论证了少数民族区域进行文化建设的重要性和可行性。所谓"主流引领"，指的就是社会主义和谐文化与社会主义核心价值体系对少数民族地区文化建设的引领作用；所谓"多元并存"，指的就是在少数民族区域进行文化建设的过程中，应注重继承和发扬当地少数民族的特色文化传统，并使之与当代社会主义主流文化相适应相融合。② 之所以在文化建设中强调"多元并存"，是因为"和谐文化"本质就在于强调差异之下的共处和共生，也就是说，"和谐"并不意味着要取消"多元"和实现"单一"化。而之所以在文化建设中强调"主流引领"，是因为和谐文化本身代表着不同民族之间所具有的"共同利益"和"共同奋斗目标"，没有"主流引领"的"多元"文化只能是一盘散沙，甚至是彼此对立和相互冲突的；只有在"主流引领"之下的"多元"文化才能真正实现"共存"和"共生"。因此，发展社会主义和谐文化，对于我国少数民族地区的社会稳定与社会和谐具有极其重要的意义和作用。③

## 五、文化建设在加强党的建设中的地位和作用

文化建设不仅为社会主义现代化建设和中华民族伟大复兴提供强劲

---

① 李艳萍. 论和谐文化建设与民族地区的发展 [J]. 云南民族大学学报（哲学社会科学版），2009（1）.

② 徐魁峰. 主流引领与多元共生：民族地区和谐文化建设的关键 [J]. 前沿，2011（14）.

③ 徐魁峰. 文化自觉缺失与民族地区和谐文化建设 [J]. 前沿，2011（16）.

动力，在中国共产党的发展历程中也被证明是保持党的先进性，不断提升党的生命力、战斗力，永葆生机与活力的力量源泉。正如邓小平所指出的："过去我们党无论怎样弱小，无论遇到什么困难，一直有强大的战斗力，因为我们有马克思主义和共产主义的信念。有了共同的理想，也就有了铁的纪律。无论过去、现在和将来，这都是我们真正的优势。"① 学术界也普遍认同，文化建设在加强党的建设中具有无可取代的重大意义。

**（一）社会主义文化建设是保持党的先进性、提高党的执政能力的基础性工程**

从文化与政党的关系角度切入，学术界充分肯定了文化建设对于我们党的关键意义。如有学者指出，文化不仅是民族的灵魂和血脉，而且是"一个国家、一个政党的精神旗帜"。② 有学者认为，"文化软实力"这一概念本身，就是产生于政党的"政治竞争"，政党政治与文化软实力关系密切。③ 有学者指出，从文化视角认识和加强党建工作，有利于从文化本质认识马克思主义的科学性，从文化特征践行马克思主义政党的先进性，从文化内涵把握党建工作的时代性，从文化信仰增强党建工作的针对性。④ 有学者认为，我们党是用先进文化武装并以此为引领而发展壮大的马克思主义政党，先进文化是中国共产党的根基、灵魂和精神旗帜。高度注重先进文化对于基层党建具有的软实力功能，坚持先进文化与基层党建的有机结合，充分发挥先进文化对基层党建的引领作用，既是当代中国先进文化建设的重大价值维度，也是中国共产党在新时期加强基层组织建设和全面持续推进党的建设新的伟大工程的优选之路，更是中国共产党"始终代表中国先进文化的前进方向"的重要体现。⑤ 也有学者指出，历史证明，中国共产党从来就与先进文化血脉相

---

① 邓小平. 邓小平文选：第三卷［M］. 北京：人民出版社，1993：144.
② 巩章义. 推进政党文化建设的思考［J］. 人民论坛，2011（2）.
③ 陈元中. 执政文化与文化软实力［J］. 马克思主义与现实，2009（5）.
④ 汪洋. 从文化视角认识和加强党建工作［J］. 思想政治工作研究，2011（8）.
⑤ 方世南，曾德贤. 先进文化是引领基层党建的精神旗帜［J］. 中共云南省委党校学报，2012（5）.

连，甚至可以说党本身就是先进文化的产物；中国人民之所以长期追随中国共产党，是从党倡导的先进文化理念中看到了自己美好的未来。先进文化是我们党保持先进性的重要思想资源，是发挥党的组织能力和动员能力的重要智力资源。离开了先进文化，党的先进性就要受到削弱，因此党必须高举先进文化的旗帜。①

从政党内部文化建设的角度，学术界也给予了积极的关注。有学者提出，对于执政党，党建文化直接关系到其能否保持先进性，党建文化是我们党作为一个社会中相对独立、自成体系的政治组织，其内部形成的精神文化，从其奋斗目标、指导思想、价值观念、纲领路线、思维方式、行为作风、制度特征等方面体现出来，从党在理论和实践中的精神作风上体现出来。它是党员在党的政治生活中所表现出来的政治心理、政治意识和政治价值的总和，包括政治情感、认识及评价等；它是党的政治生活观念或精神的反映，是政治精神的总和与过程，是社会政治意识形式。② 有学者也提出，党内文化在政党政治中是一个最为深层和最为本原的要素，一个成熟的政党都有属于自己的文化形态与文化个性，这是政党凝聚力、战斗力和亲和力的重要源泉，可以说，没有形成独立文化形态的政党不能算是一个成熟的政党、先进的政党。③

### （二）社会主义文化建设是增强党的拒腐防变能力、营造和谐党际关系的有效措施

关于文化建设与政党的廉政建设，学术界不少研究都表明，两者存在十分密切的联系。很多学者试图从文化层面探究党员干部腐败的深层原因，并认为文化是加强党的廉政建设的重要切入点。如有学者认为，腐败现象滋生蔓延的一个重要原因就是腐朽文化在作祟，廉政文化承担的正是摧毁个人利益至上、奢靡享乐等腐朽观念，抨击腐朽行为，给腐败分子以巨大的社会舆论压力和社会心理压力，培育以廉洁为荣的社会

---

① 杨腾. 新时期党建思想研究 [M]. 沈阳：辽宁大学出版社，2010：194－195.
② 刘新力. 现代化进程中党的领导制度与执政方式新论 [M]. 北京：中央编译出版社，2008：282－283.
③ 赵刚印，袁峰. 执政党建设理论前沿问题研究 [M]. 北京：三联书店，2009：23.

氛围的历史任务。在反腐倡廉建设过程中发挥着指导与教化功能、规范
与监督功能以及批判和创造功能。① 有学者认为，对于党风廉政建设和
反腐败工作，开展反腐倡廉教育和廉政文化建设是一项治本之策。实践
证明，开展反腐倡廉教育是引导广大党员干部不断改造主观世界，以树
立正确的世界观、人生观、价值观的过程，对于广大党员干部牢固树立
正确的权力观、地位观、利益观，牢固构筑抵御各种腐蚀的思想道德防
线，都有着不可替代的作用。② 有学者指出，加强以社会主义核心价值
体系为主导的文化建设工作，可以在思想道德上提高党员的修养和觉
悟，可以在一定意义上遏制党内存在的腐败风气，有利于保持党的先进
性和有效提升党的执政能力。③ 还有学者提出文化反腐，即通过先进文
化建设，确立社会主流价值的主导地位，借以去除落后价值观的影响，
不断提高人们反对腐败、预防腐败的自觉性、主动性。并且认为文化反
腐是构筑制度反腐的重要基础，它能够弥补制度反腐的先天缺陷，培育
廉洁健康的社会心理，并提供广泛持久的反腐动力，对于反腐倡廉有着
极其重要的作用。④

　　还有学者从文化建设与党际和谐关系的角度切入展开研究。如有学
者认为，加强和谐文化建设，有助于化解我国作为执政党的中国共产党
与作为参政党的民主党派之间的矛盾，从而在党派之间营造和谐的文化
氛围和政治氛围。和谐的党际关系不仅可以提高执政党的亲和力和感化
力，而且最终有利于巩固和发展中国特色的政党制度。⑤ 也有学者认
为，"多元统一、和谐共生"是我国多党合作制度产生的文化根源，
"尊重差别、和而不同"是我国多党合作制度存在的哲学基础，"和为
贵、普遍和谐"是我国多党合作制度的价值理念，因此充分发挥和合文

---

① 张李军. 反腐倡廉视域中的文化抵抗力探析 [J]. 云南行政学院学报, 2011 (4).
② 孙宏典, 李俊. 马克思主义理论与党的执政能力建设研究 [M]. 郑州: 河南人民出
版社, 2009: 341.
③ 张丽红. 不能忽视反腐倡廉文化建设 [J]. 理论前沿, 2009 (22).
④ 黄少平. 论文化反腐 [J]. 中州学刊, 2011 (3).
⑤ 丁俊萍, 程铁军. 政党关系的和谐与党际和谐文化建设 [J]. 教学与研究, 2009
(1).

化的基础价值作用，对于构建和谐政党关系有着极其重要的意义。①

## 六、中国文化建设在构建和谐世界中的地位和作用

新中国成立以来，我国在对外交往过程中始终奉行"和平共处""平等互利"的基本理念，始终坚持不结盟、不称霸的交往原则。在处理国际事务中，我们历来主张在相互尊重国家主权的基础上以协商的办法解决国家间的冲突。可以说，中国是维护世界和平的一支重要政治力量。十六大以来，以胡锦涛同志为总书记的党中央在继承我党历来奉行的以"和平相处"为代表的对外交往原则的基础上，创造性地提出构建"和谐世界"的伟大设想。"和谐世界"理念倡导国家间友好相处、平等对话、共同发展和共同繁荣。"和谐世界"的思想基础是"和谐文化"，因此，中国文化建设是反对文化霸权、倡导世界文化多样化的重要积极力量，对于"和谐世界"战略设想的实现具有不可忽视的价值。

早在20世纪70年代末，邓小平同志在带领全党和全国各族人民在中国大地上披荆斩棘、开创轰轰烈烈的改革开放伟业时，就以高瞻远瞩的战略家眼光洞察到，和平与发展是当时及以后数十年间国际社会的发展主流。直到今天，除少数奉行霸权主义和强权政治的国家外，求和平、谋发展，仍是全世界大多数国家，尤其是广大发展中国家的真诚愿望。但问题是，和平相处、共同发展的世界秩序究竟该依靠什么样的理念和原则来建立呢？西方少数霸权主义国家抛出"普世价值"论，希望新的世界秩序能够在所谓"普世价值"的指导下建立起来。这种"普世价值"论的实质究竟是什么？在它们的基本原则指导下，追求和平与发展的世界新秩序果真能够顺利建立起来吗？西方资本主义强权国家抛出"普世价值"论的真实意图究竟是什么？国内学者围绕上述问题，对西方强权国家所谓的"普世价值"及其与世界和平的关系做了深入的探究。

---

① 刘菊香，农林. 和合文化与党际和谐 [J]. 中央社会主义学院学报，2009 (3).

有学者指出，首先，西方资本主义国家所谓的"普世价值"本身并不真正具有"普世性"，其实质不过是资产阶级所奉行的个人主义、利己主义等核心价值理念。霸权主义国家将这些极具阶级性、毫无普世性的狭隘道德原则改头换面地包装成"普世价值"的做法，直接暴露了资本主义文化的自私性和虚伪性。其次，这种所谓的"普世价值"不利于构建以和平与发展为主题的世界新秩序。因为，极力奉行这些价值原则的西方资产阶级政府在处理本国事务时，尚不能有效解决统治阶级与被统治阶级之间的政治经济矛盾，不能有效解决统治阶级内部相互之间的利益矛盾，不能真正构建一个安定有序、和谐发展的整体社会，我们难道还能指望以这些"普世价值"原则为指导来有效解决国家间、地区间和民族间的经济矛盾、文化碰撞和政治冲突吗？西方霸权主义国家抛出所谓"普世价值"的真实意图，并不是要在国家间建立和平相处的有序格局，而是以此为幌子，积极推行价值观输出，从而在全球图谋文化霸权或文化统治权，这就是我们前面述及的西方强权政府所奉行的"文化帝国主义"政策。[①] 总之，西方资产阶级的"普世价值"原则带给我们的并不是和平而是斗争，并不是稳定而是动荡，并不是社会发展而是文化压迫。

透过西方强权国家所谓的"普世价值"之狭隘性，国内学术界认为，加强我国所积极倡导的和谐文化建设对有效构建和谐世界具有重要价值和意义。学术界认为，与西方资产阶级鼓吹的"普世价值"的"唯我独尊"心态不同，我们倡导的社会主义和谐文化追求平等精神，这种"平等精神"的具体表现是：社会主义和谐文化强调"以人为本"，充分尊重每个平等主体的基本权利，在国际事务中，我们则高度重视国家间和民族间相互平等的权利和尊严。与西方资产阶级鼓吹的"普世价值"的"自私性"不同，我们倡导的社会主义和谐文化追求互助精神，这种"互助精神"的具体表现是：我国的外交文化中充分体现着"共同繁荣""维护全人类共同利益"的基本价值追求。与西方资

---

① 张杰. 文化自觉、文化战争、文化立国——世界"现代性"进程中的文化三部曲 [J]. 南京社会科学，2008（2）.

产阶级鼓吹的"普世价值"的"狭隘性"不同，我们倡导的社会主义和谐文化崇尚包容精神，这种"包容精神"的具体表现是：我国传统文化历来倡导"和而不同""以和为贵"的价值理念，在对外交往中，我党历来重视"求同存异"的开放、包容原则。社会主义和谐文化并不否认不同文化间所具有的差异，社会主义和谐文化更不会挟一己之原则排挤、打压其他标准和模式。相反，和谐文化是在充分尊重差异、特色和多元的基础上，积极倡导这些互不相同、各有特点的文化、国家与民族能够互不侵犯、和平相处、和谐共存的理想。有学者指出，加强社会主义和谐文化建设、对外积极弘扬和谐文化的基本价值和核心理念，对构建以和平相处、共同发展为主题的当代世界新秩序具有十分重要的作用和意义。①

## 七、简要评析

遍览十七大以来国内学术界围绕文化建设的地位和作用所进行的研究，我们可以明显地看到，在这一研究领域，研究成果更趋丰富深化，研究的广度、深度得到进一步拓展。

首先，学术界在文化建设问题的研究上热情高涨、成果丰富。党的十七大召开后，国内学术界围绕文化建设问题掀起了理论研究的热潮，形成了非常丰富的研究成果。从数量上看，自 2002 年 11 月 8 日党的十六大召开至 2007 年 10 月党的十七大召开之前的五年当中，国内各类公开报刊（包括硕士、博士论文数据库）上共刊发了以"文化建设"为主题的研究文章四万余篇。自 2007 年 10 月 15 日党的十七大召开以来至今的不足五年当中，国内各类公开报刊（包括硕士、博士论文数据库）上共刊发了以"文化建设"为主题的研究文章近十万篇，与之前的五年相比，呈现出快速增长的态势，其中关于文化建设的地位和作用的研究成果十分丰富，充分显示了理论界对文化建设重要地位和作用的

① 李丹. 文化全球化的前景与和谐世界的构建 [J]. 中国人民大学学报, 2008 (1).

高度认同，一定程度上也反映了全社会对中国文化发展的高度关注。

其次，学者们更加注重从多维度、多视角展开更全面，更深入的研究。理论界关于文化建设的地位和作用的研究，既有从增强综合国力的视角切入进行研究，也有从改善民生、更好地满足人民群众需要的角度进行探讨；既有以促进经济发展的眼光来看待文化建设的地位和作用，也有从社会全面协调和谐发展的角度进行的研究；既有从坚定中国特色社会主义道路的高度强调文化建设的地位和作用，又有从维护世界文化多样化发展、促进实现和谐世界愿景的层面进行探究。在探讨文化建设在促进经济发展中的地位和作用时，学者们分别从思想、技术和产业结构等不同维度进行了研究；在探讨文化建设在推进民主政治建设和党建中的地位和作用时，学者们分别从政治认同感、政治凝聚力和向心力的增强，国家政治稳定大局的实现，政党的执政能力建设和党际和谐关系的建设等角度展开了分析；在探讨文化建设与构建社会主义和谐社会的关系时，学者们分别从解决落后的文化生产力同人民群众日益增长的精神文化需求这一社会基本矛盾的角度，从解决随着经济发展所产生的贫富分化问题和利益分配问题等社会主要矛盾的角度，从化解少数民族地区所具有的不稳定因素实现少数民族地区稳定、和谐发展的角度做了细致的研究；在探讨文化建设与我国的对外关系问题时，学者们则分别从国际文化产业竞争、综合国力竞争的角度，从国家文化安全、意识形态安全、国际文化领域的政治斗争的角度，从积极提升国家的对外形象、增强国家的对外影响的角度，从构建和谐世界的角度等展开了全方位的探讨。

但是，我们同样应当看到，就当前研究的质量而言，算得上高水平的研究成果较少，对现实的有效回应有待加强。在笔者搜集查阅的十七大以来关于文化建设的地位和作用的大量文献中，研究成果质量参差，相当部分的研究成果未表现出深入的学理探究和显著的理论创新，有较高学术价值或广泛社会影响力的研究成果并不多见。对有些问题的研究还停留在诠释、嫁接和追随外来概念的理论层面，对有些问题的研究无法体现理论的前瞻性和现实的指导意义，对有些问题的研究中不时出现重复、陈旧或泛泛而谈的论述，对有些问题的研究视域较为狭窄，欠缺宏阔的思维，对有些问题的研究（如比较研究、机制研究等）鲜有涉及，相当薄弱。学理分析上的不够深入造成大量研究成果缺乏可借鉴的学术价值。

此外，尽管学术界对加强文化建设的作用和意义具有比较准确的理解和普遍的认同，但在文化建设的作用机理及如何应对文化建设的现实困境等问题上还缺乏充分深入的思考。如不少学者已经认识到，在多元文化的冲击下，中国的传统文化和民族文化出现了严重的认同危机。为有效化解这一危机、重建中华民族的精神家园，我们就需要加强社会主义文化建设，并努力弘扬传统文化。但是，面对中国传统文化与现代文化之间的深刻冲突、面对文化领域的"复古论"与"西化论"之争，我们应该如何发挥社会主义先进文化的主流引领作用，批判继承优秀传统文化，大胆吸收西方文化的有益成分，有效克服它们之间的对立和冲突，真正建立起具有民族认同感和社会凝聚力的和谐文化？许多学者对此问题的研究还仅停留在简单引用或转述党的十七大报告中"弘扬中华文化，建设中华民族共有精神家园"两句的阐述上，缺乏具体而深入的分析。自1840年鸦片战争以来，中华民族就面临着激烈的中西文化之争。20世纪80年代，我们不仅在经济领域展开了轰轰烈烈的改革与重建，我们的知识分子也在自觉地思考中国现代文化的重建工作。现阶段，我国在文化领域内的重建工作中至少面临着三重矛盾，分别是中国文化与西方文化之间的矛盾冲突（中西之争）、传统文化与现代文化之间的矛盾冲突（古今之争）、社会主义文化与资本主义文化之间的矛盾冲突（社资之争）。可以说，自从中华民族步入近代社会以来的一百七十多年间，先进知识分子就如何重建民族的新文化和新文明而进行的探索从来没有停止过。直到今天，各种文化因素之间的冲突和碰撞愈加激烈，如何以社会主义先进文化融汇各文化要素之中的积极成分，进一步焕发民族精神和文化的活力，如何以社会主义先进文化引领社会全方位地进步、促进人民全面而自由地发展，实现社会主义文化强国战略目标，是值得理论界长期关注并努力破解的重大现实和理论课题。

此外，就当前的研究方法而言，总体上显得单一陈旧，亟待丰富和创新。研究方法是决定研究成果质量的重要因素，是评价研究成果水平的重要指标，可以说，研究成果的质量很大程度上取决于其研究方法。百花齐放、百家争鸣的学术氛围离不开丰富多样和不断创新的研究方法。然而就国内关于文化建设的地位和作用的现有研究而言，研究方法总体上较为单一陈旧。运用逻辑思辨、文献分析、经验总结和初步的数据分析等人文社会科学的传统研究方法的占到绝大多数，也有一部分文章运用了学科交叉研究方法，而理论模型建构、数据统计分析、实地调查研究等实证的研究方法，在当前研究中尚未得到充分运用，研究方法创新和多样化趋势尚未体现。笔者认为，这与当前人文社会科学研究方法多样化和科学化的发展趋势不相适应，在某种程度上，这也是造成当前此领域研究成果整体创新能力不足、实践指导意义不强的重要原因。因此，文化建设的地位与作用的相关研究应紧跟时代发展和技术进步的趋势，准确反映和及时跟进国内外文化发展环境的快速变化，真正体现出理论研究的前瞻性和指导性，以适应人文社会科学研究方法更趋多样化和科学化的整体态势。这需要更多学者跳出陈旧的思维模式，开拓更广阔、丰富和有效的方法空间。

　　总而言之，党的十七大胜利召开以来，国内学术界以极大的理论热情积极响应中央号召，掀起了研究文化建设问题的新高潮，在其地位和作用的研究领域取得了一定的进展，为进一步加强中国特色社会主义文化建设工作，深入推动社会主义文化大发展大繁荣，奠定了初步的理论基础。面对全球文化发展和传播的深刻变化，面对新世纪国内文化建设面临的一系列新形势、新课题、新考验，面对人民群众对建设社会主义文化强国的新期盼，拓展研究领域和方法，丰富研究层次和视域，增强创新意识，深化学理研究，密切关注现实、回应现实，更好地发挥理论研究对现实的指导作用，应该成为今后文化建设理论研究的发展方向。

# 第二章 关于文化建设的指导思想和基本方针研究

文化建设离不开宏观思想理论和基本方针的指导，党对文化建设的领导也主要体现在这个方面。文化建设的指导思想和基本方针，是在总结文化建设实践和发展经验、科学把握文化发展特点和规律的基础上提出来的，是我们站在时代发展和战略全局的高度，规划文化改革发展基本思路、进一步推进文化建设的行动指南和根本原则。只有坚持科学的指导思想和基本方针，才能确保文化改革发展的正确方向，文化建设才能真正实现大繁荣大发展。十七大以来，学者们从不同的角度和层次，对新中国成立以来特别是改革开放后社会主义文化建设的历程进行了概括，对其基本经验也做出了仁者见仁、智者见智的归纳总结。对于文化建设的指导思想和基本方针，重点围绕某些重要理念和思想观点进行了专题研究或辩证分析，推动了这一方面研究的深入。

## 一、加强文化建设的历程与经验

党的十七大以来，学术界对社会主义文化建设问题的研究，因为关注点或研究角度不一样，研究成果和思想认识还存在着诸多差异。

### （一）关于文化建设的历程

有学者侧重研究新中国自成立以来半个多世纪的文化发展历程，有学者侧重研究改革开放三十多年的文化发展历程，回顾文化发展历史，总结文化建设经验，得出不少有价值的认识。

### 1. 关于改革开放三十多年来中国文化建设的历史进程

**"三阶段"说**。有学者按照党的中央领导集体更替的时间脉络，用三个阶段来划分改革开放以来中国特色社会主义文化建设的历程。认为：改革开放以来，以邓小平、江泽民为核心的两代领导集体和以胡锦涛为总书记的党中央特别重视文化建设和文化创新，不断地发展与完善社会主义文化。在改革开放初期，邓小平提出了社会主义精神文明建设理论，制定了物质文明和精神文明"两手抓"的战略方针，丰富了社会主义文化建设理论。进入20世纪90年代，江泽民系统阐述了中国特色社会主义文化建设的理论。他从两个文明建设的角度出发，反复强调要"坚持两手抓，两手都要硬"的方针；他从经济、政治、文化协调发展的角度出发，对中国特色社会主义文化建设的性质、内容、基本原则和基本方针做了全面论述，并且把建设中国特色的社会主义经济、政治、文化列为党在社会主义初级阶段的基本纲领；他从贯彻"三个代表"重要思想的总体要求出发，提出要用"三个代表"重要思想统领社会主义文化建设，指明了社会主义文化建设的性质、方向和任务。党的十六大以来，以胡锦涛为总书记的党中央，把中国特色社会主义先进文化建设与时代赋予党的使命结合起来，鲜明地提出和确立了社会主义核心价值体系建设任务。党的十七大报告指出，社会主义核心价值体系主要包括马克思主义指导思想、中国特色社会主义共同理想、以爱国主义为核心的民族精神和以改革创新为核心的时代精神、以"八荣八耻"为主要内容的社会主义荣辱观。这四个方面的基本内容相互联系、相互贯通，共同构成辩证统一的有机整体，为新世纪新阶段的文化建设提供了理论指导。①

有学者以党的文献和若干重要论断为依据，把改革开放以来的文化建设分成三个阶段，并做了简要的论述。第一阶段：十一届三中全会到

---

① 尚九宾. 改革开放以来我国社会主义文化建设的发展历程与经验总结［J］. 北京教育学院学报，2008（4）.

十四届六中全会，这是党对社会主义文化建设的探索时期，党明确提出了建设社会主义精神文明的任务，并创立了完整的社会主义精神文明建设理论。1979年9月，叶剑英在十届四中全会首次提出了"社会主义精神文明"这一概念。同年10月，邓小平在中国文学艺术工作者第四次代表大会的祝词中明确指出要"建设高度的社会主义精神文明"。在党的十二大报告中，单独出现了一个部分，即"努力建设高度的社会主义精神文明"，论述了党在这个问题上取得的理论成果。此后，党中央先后在十二届六中全会和十四届六中全会上分别通过了《中共中央关于社会主义精神文明建设指导方针的决议》和《中共中央关于加强社会主义精神文明建设若干重要问题的决议》，对社会主义精神文明的战略地位、指导思想、主要内容、奋斗目标等做了系统阐述。至此，党形成了完整的社会主义精神文明建设理论，并成为邓小平理论的重要组成部分。第二阶段：十四届六中全会到十六大，这是社会主义文化建设全面付诸实践的时期。在第一阶段已经形成的有关社会主义精神文明建设的理论和实践成果基础上，江泽民在十五大报告中提出了建设中国特色社会主义文化的构想。报告将建设中国特色社会主义文化与建设中国特色社会主义经济和政治一起，作为党在社会主义初级阶段的基本纲领提了出来。2000年2月，江泽民在广东考察时提出了"三个代表"的思想，谈到党是先进文化的代表。在庆祝建党80周年大会上的讲话和党的十六大报告中，这一思想得到了丰富和发展。第三阶段：党的十六大召开之后，我国的文化建设和文化体制改革全面铺开，取得了一系列重大成果。在党的十六届六中全会上，把建设和谐文化作为构建社会主义和谐社会的重大任务之一提了出来，将文化和谐与经济和谐、政治和谐作为社会和谐的综合体现和必要条件提了出来。与此同时，大会还对和谐文化的作用、指导思想、原则、内容等做了详细论述。胡锦涛在十七大报告中再次重申了"推动社会主义文化大发展大繁荣"的新目标，确立了以社会主义核心价值体系建设为根本，以培育文明风尚、弘扬中华文化、推进先进文化创新、增强文化发展活力为内容，以建设和谐文化为奋斗目标的建设任务。至此，我国改革开放30年来的文化建设经历长期的探索，形成了科学、系统的社会主义文化建设理论体系，并在30

年的实践中得到了验证。①

**"四阶段"说**。有学者从文化建设的重点内容出发，将改革开放以来的文化建设划分为四个阶段，即"探索起点""继续推进""深入发展"和"新的突破"。（1）探索起点：从"真理标准"大讨论到强调坚持"四项基本原则"。1978 年真理标准问题大讨论，重新确立了实事求是的思想路线，为探索中国特色社会主义文化建设营造了良好的国内环境。1979 年召开的理论务虚会及随后邓小平提出的"四项基本原则"，保证了社会主义文化建设的正确方向。（2）继续推进：从提出"两个文明一起抓"到"精神文明重在建设"。十一届三中全会以来，邓小平一直强调在建设社会主义物质文明的同时，努力建设社会主义精神文明。邓小平提出的"两个文明一起抓"的重要思想，是中国特色社会主义文化理论的重要组成部分。在十四大报告中，江泽民明确提出了"精神文明重在建设"的方针，为精神文明建设进一步指明了方向。十四届六中全会通过的《中共中央关于加强社会主义精神文明建设若干重要问题的决议》强调，精神文明建设要坚持重在建设的方针。党的十五大把此方针作为建设中国特色社会主义文化的一项基本政策，写进了党在社会主义初级阶段的基本纲领。（3）深入发展：从"中国特色社会主义文化纲领"到"先进文化的前进方向"。以江泽民为核心的第三代中央领导集体，在继承和发展邓小平关于社会主义精神文明建设理论的基础上，提出了建设中国特色社会主义文化的理论。江泽民在庆祝建党 70 周年大会上的讲话中，明确提出"有中国特色社会主义的经济、政治、文化，是有机统一、不可分割的整体"②。江泽民在十五大报告中以"有中国特色社会主义文化建设"为题，提出了中国文化事业跨世纪发展的战略，构成了中国特色社会主义文化纲领，实现了从社会主义精神文明理论向中国特色社会主义文化理论的转变。2000 年 2 月，江泽民在广东考察工作时提出了"三个代表"重要思想，指出党要代表先进文化的前进方向，把文化建设的先进性问题提升到党的性质、宗

---

① 李艳萍．改革开放 30 年与我国社会主义文化建设的发展 [J]．云南社会科学，2008（1）．

② 江泽民．江泽民文选：第一卷 [M]．北京：人民出版社，2006：161．

旨和任务的高度。江泽民在十六大报告中向全党提出了推进社会主义文化建设的任务，突出强调实现这一任务必须"牢牢把握先进文化的前进方向"。(4) 新的突破：从"构建和谐文化"到"建设中华民族共有精神家园"。构建和谐文化，是十六大以来以胡锦涛为总书记的中央领导集体提出的战略任务。党的十七大报告强调，"和谐文化是全体人民团结进步的重要精神支撑"①，要"建设和谐文化，培育文明风尚"②。党的十六届六中全会提出了"社会主义核心价值体系"的科学概念，指出："建设和谐文化，是构建社会主义和谐社会的重要任务。社会主义核心价值体系是建设和谐文化的根本。"③ 社会主义核心价值体系是社会主义意识形态的本质体现，在整个文化建设中居于统摄和支配地位。推动文化大发展大繁荣，必须把社会主义核心价值体系建设作为第一位的任务，努力在全社会形成统一的指导思想、共同的理想信念。党的十七大报告指出："中华文化是中华民族生生不息、团结奋进的不竭动力"④，要"弘扬中华文化，建设中华民族共有精神家园"⑤。弘扬中华文化是推动社会主义文化大发展大繁荣的重要内容，是提高我国文化软实力的重要源泉，也是新时代的重要使命。弘扬中华文化、建设共有精神家园，是参与世界文化交流与竞争的内在需求。增强中华文化的吸引力和感召力，必须以中国传统文化为根基，以中国特色社会主义文化为主体，以外来健康文化为补充，大力弘扬具有中国风格、中国气派的优秀文化，不断增强中华文化的民族性、包容性和时代性。⑥

还有学者抓住几个重要的理论命题和重要文献，勾勒了改革开放后文化发展脉络：新中国的建立和社会主义改造的完成，为社会主义文化发展提供了制度基础。改革开放的伟大革命，开创、坚持、发展了中国特色社会主义道路，包括作为其有机组成部分的文化发展道路。改革开

① 十七大以来重要文献选编（上）[M]. 北京：中央文献出版社，2009：27.
② 同①：174.
③ 十六大以来重要文献选编（下）[M]. 北京：中央文献出版社，2008：660.
④ 同①：27.
⑤ 同①：177.
⑥ 柳礼泉，张红明，黄艳. 主导与多元激荡下的调适与发展 [J]. 湖南师范大学社会科学学报，2009（4）.

放以来，我们党对文化建设的认识不断发展，在文化发展实践上不断开拓创新。邓小平、江泽民、胡锦涛先后提出了"社会主义精神文明""中国特色社会主义文化""先进文化""和谐文化"等重要理论命题。①

### 2. 关于新中国成立以来社会主义文化建设理论的发展历程

有学者对新中国成立以来的文化建设进行了梳理，认为：六十多年来，社会主义文化建设理论经历了酝酿、发展、成熟三大阶段。（1）从新中国成立到十一届三中全会，是社会主义文化建设理论的酝酿阶段。在这一时期，以毛泽东为核心的党的第一代中央领导集体在领导全国人民进行社会主义经济建设的过程中，先后概括、提炼出"古为今用，洋为中用""百花齐放，推陈出新""百花齐放，百家争鸣"等社会主义文化建设思想。遗憾的是，由于国际形势的复杂多变和我们党在社会主义建设指导思想上的偏差，从20世纪50年代后期开始直到十一届三中全会前，我国的文化建设是以阶级斗争为纲的，要求文艺为政治服务，使得上述关于社会主义文化建设的思想和方针未能在具体工作中得到实质的贯彻，"文化大革命"对社会主义文化事业更是造成了灾难性的损害。（2）从十一届三中全会召开到20世纪80年代末，是我国社会主义文化建设理论的发展阶段。以邓小平为核心的党的第二代中央领导集体在继承党的正确的文化建设思想的基础上，把马克思主义基本原理与当代中国文化建设的实际相结合，在文化建设的方向、内容等方面进行大量的创新性探索，创造性地提出了以精神文明建设为核心内容的具有中国特色的社会主义文化建设理论。具体而言，包括明确了文化建设要"为人民服务，为社会主义服务"的正确方向；提出建设高度的社会主义精神文明的文化建设新内容；确定了"两手抓，两手都要硬"的新的文化建设战略方针。（3）20世纪90年代，我国经济开始进入到一个新的快速发展阶段。我们党从全面建设社会主义全局出发，更加重视社会主义文化建设，更加自觉地探索社会主义文化建设理论，从明确文化

---

① 陶文昭. 关于中国特色社会主义文化发展道路的若干问题［J］. 思想理论教育导刊，2012（1）.

建设的首要任务、前进方向等角度进行研究，推动我国社会主义文化建设理论日趋成熟。具体体现在：其一，发展先进文化是深化社会主义文化建设理论探索的崭新起点；其二，建设社会主义核心价值体系是社会主义文化建设新的首要任务；其三，建设和谐文化是社会主义文化建设新的前进方向。总而言之，新中国成立后，我们党带领全国人民在逐步清除半殖民地半封建文化，在新民主主义文化建设的基础上，建立和发展社会主义文化方面取得了巨大进步。特别是党的十一届三中全会以来，社会主义文化建设走上了健康发展的轨道，成果丰硕，体现了我们党对文化建设重大地位和作用的认识的深化，形成了具有中国特色的社会主义文化建设的理论体系。这一理论体系，充分表明我们党有关文化建设的一系列方针政策和几代领导人对文化问题的看法是一脉相承和与时俱进的，体现了党的政策的先进性。①

还有学者把中国特色社会主义文化建设放在党成立九十多年来的历程进程中进行考察，认为：中国共产党是在体现民主、科学、爱国、进步的文化精神的新文化运动中诞生的。从诞生之日起，我们党紧密结合中国革命、建设和改革的时代特征和实践要求，探索出一条独具特色的中国先进文化发展道路，建构了中国特色社会主义文化建设的理论。这一理论具体地体现在毛泽东思想、邓小平理论、"三个代表"重要思想和科学发展观等马克思主义中国化的理论成果之中。毛泽东文化思想的核心是发展中国先进文化，把一个被旧文化统治因而愚昧落后的中国，变成一个被新文化统治因而文明先进的中国。邓小平文化建设思想的核心是建设社会主义精神文明。"三个代表"重要思想关于文化建设的核心是中国共产党要始终代表中国先进文化的前进方向，用"三个代表"重要思想统领社会主义文化建设，建设中国特色社会主义文化。新世纪新阶段以来，党的文化建设理论进一步得到了发展。以胡锦涛为总书记的党中央把文化建设摆在更加突出的位置，提出要推进社会主义文化大发展大繁荣，提升国家文化软实力；要牢牢把握社会主义先进文化的前进方向，兴起社会主义文化建设新高潮，使人民基本文化权益得到更好

---

① 郭艳. 党的社会主义文化建设理论的发展历程 [J]. 上海党史与党建，2009 (9).

的保障，使群众文化生活丰富多彩，使人民精神面貌昂扬向上；要建设
社会主义核心价值体系，增强社会主义意识形态的吸引力和凝聚力；要
建设和谐文化，培育文明风尚；要弘扬中华文化，建设中华民族共有精
神家园；要解放和发展文化生产力，推进文化创新，增强全民族文化创
造活力。①

### （二）关于中国特色社会主义文化建设的基本经验

对于中国特色社会主义文化建设基本经验的概括，学者们在时间节
点的选择上大致分成两种，一是对新中国成立以来六十多年间文化建设
经验的总结，二是对改革开放以来三十多年间文化建设经验的总结。

有学者把新中国文化建设的历史经验概括为以下四点：（1）坚定
不移地以马克思主义为指导，牢牢把握社会主义先进文化的前进方向。
这一点是建设社会主义文化的思想保证和路线保证。（2）遵循文化发
展规律，努力实现文化的和谐发展。遵循文化发展规律是社会主义文化
建设取得良好效果的前提。在文化建设实践中，我们党在曲折中探索前
进，不断发现总结文化发展的客观规律，认识到：尽管经济在根本上决
定和影响着文化的性质和发展的面貌，但文化的发展会深刻地影响社会
经济的发展，忽视文化建设，经济发展不可能持续；文化创造是充满强
烈个性精神的活动，必然要求与之相适应的宽松自由的环境；文化创造
需要借助特定的思想文化资源，资源越丰富，文化创新的条件就越充
分；文化通常与一定的物质媒介相结合，以文化产品的形式传播，市场
环境中文化产品具有精神产品和商品的双重属性，等等。实践证明，遵
循文化发展的客观规律，文化建设事业就兴旺发达；违反规律，文化建
设事业就会停滞甚至倒退。（3）坚持"为人民服务，为社会主义服务"
的方向，坚持"百花齐放，百家争鸣"的方针，以及"古为今用、洋
为中用"的政策。把握先进文化的前进方向，遵循文化发展规律，要靠
科学制定并贯彻发展文化的方针政策，以真正保证文化的健康发展。

---

① 陈松林.中国特色社会主义文化建设前沿问题探讨［J］.长江大学学报（社会科学
版），2011（8）.

"二为"方向，纠正了我国长期存在的文艺与政治不正常的关系，体现了我党对文化的社会职能及服务对象的正确认识；"双百"方针既充分体现了党对发展繁荣当代文化的正确领导，又表现出对文化发展规律的尊重和对文化民主、艺术自由的倡导。实践证明，实行这个方针，文化建设事业就繁荣发展；背弃这个方针，文化建设事业就停滞甚至倒退。"古为今用、洋为中用"政策体现出马克思主义的科学精神，要求我们批判地继承和借鉴古今中外的一切优秀文化成果。（4）充分认识文化的地位和作用，不断提高文化自觉意识。新中国成立以来特别是改革开放以来，党中央高度重视文化的地位和作用，不断提高文化自觉意识，使得文化建设取得了令人瞩目的成就。从新民主主义文化建设到社会主义精神文明建设，再到中国特色社会主义文化建设，从建设和谐文化、建设中华民族共有精神家园，到更加自觉、更加主动地推动文化大发展大繁荣，文化发展实现了从重革命到重建设，从服务于阶级斗争到服务于经济建设，再到保障人民群众基本文化权益、提高国家文化软实力的重大战略转型。党的十七大对兴起社会主义文化建设新高潮作出全面部署，充分反映了中国共产党对当今时代发展趋势和我国文化发展战略地位的科学把握，体现了中国共产党在新的历史条件下的高度文化自觉。①

有学者认为，新中国成立六十多年来，中国共产党在领导文化工作上取得了伟大成就，也走过曲折的道路，积累了丰富经验：第一，始终坚定不移地坚持以马克思主义为指导，坚持改革开放，坚持走中国特色社会主义道路，这是建设社会主义文化的思想保证和路线保证。坚持正确的思想领导，社会主义文化事业就发展繁荣，否则，就会遭受失误和挫折。第二，坚持实事求是思想路线，按照社会现实的要求制定切实可行的方针政策，及时改革那些已与现实不适应的体制和机制，把社会主义文化建设工作落到实处。第三，尊重文化发展的客观规律，尊重人民群众在实践中的创造，不断创新思想、创新制度，不动摇、不懈怠、不折腾，使社会主义文化建设事业遵循客观规律健康发展。第四，坚持党

---

① 樊锐. 新中国文化建设的主要成就和历史经验［J］. 党史研究与教学，2009（6）.

在文化领域的各项方针政策，坚持"为社会主义服务，为人民服务"的方向，努力创造一个宽松和谐、团结进取、健康繁荣的文化氛围，把社会主义文化建设事业全面推向新阶段。①

有学者在梳理中国共产党文化建设思想的基础上，概括出中国共产党文化建设思想演进的经验：（1）文化建设必须以马克思主义为指导。马克思主义是党的文化建设思想的催生婆。正是有了马克思主义，中华民族的优秀文化才被注入先进的时代内涵，形成了中国共产党文化建设思想。回顾中国共产党文化发展的历史实践，我们发现，什么时候坚持了马克思主义中国化理论成果的指导地位，文化建设就能取得巨大成就，并为社会进步提供精神动力；什么时候以僵化的、教条的、歪曲的马克思主义作指导，甚至放弃马克思主义的指导地位，文化建设就会遭遇严重挫折。因此，推动文化建设最根本的一条，就是必须坚定不移地巩固马克思主义的指导地位，用发展着的中国化马克思主义引领文化发展。（2）文化建设必须以人的自由而全面发展为旨归。人的自由而全面发展是人类社会发展的目标导向和必然趋势。马克思主义经典作家构想的未来美好社会是自由人的联合体。在那里，每个人的自由发展是一切人的自由发展的条件。人的自由而全面发展具有极为丰富的内涵，但都离不开文化的支撑。从新民主主义文化观，到"双百"方针、"二为"方向、先进文化、和谐文化等，中国共产党文化建设的历程，就是对人的自由而全面发展追寻和观照的过程。（3）文化建设必须与时代发展和历史任务相适应。文化建设与政治生活、经济发展密切关联。在不同时代，我们党总是从当时的中心任务出发，把握时代主题，紧扣时代脉搏，高举先进文化旗帜，以思想文化凝聚力量，推动党的事业健康发展。在经济全球化、信息网络化的今天，文化对政治、经济的反作用更加明显。必须站在时代的前列，用与时俱进的态度不断推进文化建设实践，使之适应新形势、满足新要求。（4）文化建设必须充分利用中国传统文化资源。源远流长、博大精深的传统文化是中国共产党文化建

---

① 刘忱．建国以来中国共产党领导文化建设的历史经验［J］．科学社会主义，2009
（2）．

设思想的母体。讲仁爱、重民本、守诚信、崇正义、尚和合、求大同等思想代表着传统文化的价值取向，为当代社会主义文化发展提供了丰厚的物质资源和精神滋养。只有充分利用中国传统文化资源，才能使马克思主义的普遍真理与中国文化建设的具体实践结合起来，才能使我们的文化建设具有中国特色、秉承中国作风、彰显中国气派。必须用辩证的态度、全面的思维、批判的眼光看待传统文化，剔除糟粕，吸取精华。

（5）文化建设必须合理借鉴国外先进文化经验。文化具有融通性，任何一种文化都不可能与世隔绝。我们党的文化建设思想从萌芽时期开始，就以海纳百川的胸襟、博采众长的态度学习西方先进文化。文化具有多样性，各种文化良莠不齐、优劣并存，必须认真鉴别、有所取舍，科学地汲取不同文化的养分。夜郎自大、故步自封，敝帚自珍、盲目排外，不利于文化事业的发展繁荣；妄自菲薄、崇洋媚外，不加选择、照单全收，更会带来麻烦和祸害。优秀文化是人类共同的精神财富，能够为中国特色社会主义文化发展提供借鉴和滋养。必须以中国的实际需要为立足点，以乐观自信的态度，合理借鉴国外先进文化，使其融入我们的文化建设，以我为主，为我所用。①

有学者把改革开放三十多年来党领导人民在中国特色社会主义文化建设中形成的宝贵经验概括为四条：（1）坚持马克思主义在文化建设中的指导地位。以马克思主义为核心的社会主义文化是我国的主流文化，是先进文化的前进方向和本质特征。通过文化的社会教化功能，引导民众树立科学的世界观和社会主义人生观，是社会主义文化建设的目标追求。因此，只有马克思主义的指导，才能把这种多样化的文化格局整合到社会主义这个大目标上来，才能保证中国文化的社会主义性质和鲜明特色。离开马克思主义的指导，我们的社会主义文化建设就要失去动力，失去灵魂，失去方向。（2）文化建设必须源于并服务于社会实践。文化建设既是社会主义建设的根本内容之一，同时又有服务和促进经济建设和政治建设的重要功能。在长期的社会实践和共同生活中，通

---

① 陈东辉. 中国共产党文化建设思想的历史嬗变与经验启示［J］. 当代世界与社会主义，2011（5）.

过教育、培养和熏陶，使科学的思想观念和价值体系为全体社会成员普遍接受，从而形成共同的思想信仰、价值追求和行为规范。有了它，一个国家和民族就有了强大的凝聚力，就可以永续发展。（3）文化建设必须继承历史文化的优秀传统。中华民族文化中所蕴含的民族精神、民族价值观，浸润在中国人民的骨髓中、血液里，至今仍发挥着重要作用，成为中华民族的宝贵精神财富。改革开放以来，我们党高举先进文化的旗帜，努力弘扬优秀的传统文化，荡涤封建的没落文化，抵制西方的腐朽文化，树立了中华民族的道德风范，锤炼了中华民族的意志品格，使中华民族以自强不息的精神风貌屹立在世界民族之林，为实现中华民族的全面振兴奋斗不息。（4）文化建设必须敢于"拿来"。时至今日，经济全球化的大潮已席卷全世界，不同文化之间的碰撞和借鉴日趋频繁。面对这样的现实，邓小平同志指出要"面向现代化，面向世界，面向未来"。我们中国共产党人应该具备高远的目光和博大的胸襟，把继承和发扬人类社会一切优秀文化视为自己的历史责任。邓小平在南方谈话中说的"要大胆吸收人类社会的一切文明成果"，正是这一经验的科学总结。①

有学者把中国特色社会主义文化建设的基本经验概括为六条：（1）文化建设的指导思想要明确，即社会主义先进文化是马克思主义政党精神上的旗帜，牢牢把握马克思主义意识形态在文化建设中的领导权，坚守马克思主义思想阵地，坚持先进文化的前进方向。（2）文化建设的大局要清晰，要力争统揽全局、把握态势，力戒模棱两可或偏执一端。在文化视野上，立足高远，拓宽眼界，山高仍是我为峰。在认识定位上，求真务实，立足当代，利国利民。在时代把握上，与"时"俱进，与"势"俱进，弄潮儿向涛头立。为此，必须积极实施"引进来""走出去"战略，两者的结合机制要健全。从某种意义上说，"走出去"比"引进来"更加重要。（3）文化关系的摆置要得当，既要有"和而不同，尊重差异"的文化肚量，又要有"兼取众长，体现特色"的文化

---

① 尚九宾. 改革开放以来我国社会主义文化建设的发展历程与经验总结［J］. 北京教育学院学报，2008（4）.

胆略。其一，"体""用"结合，尊重差异，古今中外皆借力。其二，兼取众长，以为己善，如琢如磨显生机。其三，体现特色，综合创新，且行且进添风采。中国特色社会主义文化建设应该是一个清理、加工、批判、改造的过程，是一个会通中西、熔铸古今的过程，是一个扬弃旧文化、创建新文化的过程。（4）文化建设的路子要切合实际，既要分类指导，循序渐进，又要全面协调，整体推进。其一，分类指导，循序渐进，不做"墙上芦苇"，不做"野鸟啼风"，联系实际搞好文化建设。从地域上讲，因地制宜，有计划、有步骤地推进全国范围内的文化改革。从文化的性质和功能来看，要把公益性文化事业、不完全公益性文化事业和非公益性文化事业区分开来，分类指导。循序渐进主要是指文化建设政策的实施，可以有先有后，不搞一刀切。其二，全面协调，整体推进，"具体而微"中显示真情，多元协调中实现发展。"全面协调、整体推进"的实践原则，要以保障基本文化权利和文化公平为基点。（5）文化建设的方法要不断创新，既要"入乎其中，出乎其外"，又要"内得于己，外得于人"。中国特色社会主义文化建设，既要深入进去又要走出围城，形成"本体性"和"超越性"相统一的理念。"入乎其中，出乎其外"的文化建设原则与我们经常讲的唯物论、辩证法是一致的。"外得于人"，就是博采众长，依靠创新建设中国特色社会主义文化。（6）文化交流的方式要灵活多样，"既闻海潮音，也作狮子吼"，既为我所用、体现特色，又展示自我、树立形象。不管在哪一种形式的交流中，都必须坚守我们自己文化的阵地，不能让其他文化形式湮没我们的主流文化，不能动摇我们的核心价值体系。必须按照"以我为主，为我所用"的原则，立足于改革开放和现代化建设的实践，着眼于世界文化发展的前沿，发扬民族文化的优秀传统，积极吸收当代世界优秀文化成果，在内容和形式上积极创新，以不断增强社会主义和谐文化的吸引力和感召力。①

---

① 孟宪平. 中国特色社会主义文化建设的基本经验论析［J］. 中共四川省委党校学报，2011（4）.

# 二、文化建设的指导思想和基本方针

关于文化建设的指导思想和基本方针，是十七大以来学界研究的又一个重要问题。围绕这一问题，学界从不同角度展开了研究，取得了丰硕的成果。

## （一）关于文化建设的指导思想

学术界对于在文化建设中坚持马克思主义的指导地位的必要性和要求进行了多层次的论述，有学者认为：世界历史上任何文化形态都是在特定指导思想指引下形成的。如中国古代文化即是在以儒家思想为底色的思想体系指引下逐步形成的，而现代欧美文化则是自觉不自觉地在西方启蒙运动思想家们的理论指引下逐步形成的。当代我国社会主义经济和政治决定了社会主义文化建设必须坚持以马克思主义为指导。我们的社会目前还处在社会主义初级阶段；在经济上，以公有制和按劳分配为主体，其他经济成分和分配方式为补充；在政治上，实行中国共产党领导的多党合作和政治协商制度。由这样的经济、政治决定的文化就必然呈现出多成分、多层次、多样化的特点。因此，只有马克思主义的统一指导，才能把这种多样化的文化格局统一到社会主义这个大目标上来，才能保证中国文化的社会主义性质和鲜明特色。马克思主义理论是科学，它在揭示自然、社会和思维发展的普遍规律的同时，也揭示了文化的起源、本质和发展规律。作为最科学的世界观和方法论，它具有指导我们一切工作的品格，同样可以最有效地指导我们的社会主义文化建设。① 还有学者认为：坚持马克思主义指导地位，是我们立党立国的根本，也是社会主义文化建设的根本。坚持马克思主义指导地位，首先是由意识形态本身的特点和社会功能所决定的。意识形态是文化的核心部

---

① 刘景录. 关于中国特色社会主义文化建设的一些思考［J］. 科学社会主义，2006
（4）.

分，它为文化建设提供世界观、价值观，决定着文化建设的性质和方向。其次是由中国共产党在国家政权中的领导地位和社会主义文化建设的性质决定的。再次是因为马克思主义是科学，是被实践证明了的科学真理。最后也是积极应对全球化、国际化条件下意识形态领域新挑战的需要。坚持马克思主义指导地位，必须正确处理指导思想一元化和文化多样化的关系，反对指导思想的"多元化""模糊化""边缘化"等错误倾向。为此，必须通过文化建设和文化创新，实现马克思主义的中国化、时代化和大众化。第一，要坚持把马克思主义基本原理同中国具体实际相结合，不断作出符合我国社会发展要求和人民利益的新的理论概括，使中国化的马克思主义具有更加鲜明的实践特色。第二，要扎根于中国的土壤，把马克思主义真理的力量深深熔铸在民族的生命力、创造力、凝聚力之中，使中国化的马克思主义具有更加鲜明的民族特色。第三，要始终走在时代前列，敏锐把握时代特征，准确反映时代要求，使中国化的马克思主义具有更加鲜明的时代特色。第四，要坚持用马克思主义中国化的最新成果武装全党、教育人民，使马克思主义为广大人民群众所掌握，实现马克思主义大众化，使中国化的马克思主义具有更加鲜明的群众特色。①

有学者对中国特色社会主义文化建设中坚持指导思想一元化与文化多样化的关系进行了辩证分析，认为：指导思想一元化是指把马克思列宁主义、毛泽东思想、邓小平理论和"三个代表"重要思想作为我们唯一的指导思想，其基本含义是高举马克思主义旗帜不动摇。指导思想一元化与文化多样化共存，是我国社会发展的客观事实。用一元化指导思想引导多样化文化，是我国社会发展的客观要求。一元主导统领，多元兼容并存，是处理指导思想一元化与文化多样化关系的重要理念。②有学者使用要处理好阶级性与普世性、"核心"价值与"外围"价值的关系的提法，实际上论述了文化建设中坚持指导思想一元化与文化多样化的关系。认为：构建社会主义核心价值体系，既要坚持本民族价值观

---

① 陈松林. 中国特色社会主义文化建设前沿问题探讨 [J]. 长江大学学报（社会科学版），2011（8）.

② 孟宪平. 中国特色社会主义文化建设中的若干辩证关系分析 [J]. 学术探索，2007（6）.

的独特性，又要尊重不同民族国家的价值观，倡导以对话、交流与合作等手段调解民族间的价值冲突，促进人类多元价值体系的共同进步。建设中国特色社会主义文化，还需要尊重差异，包容多样，在尊重差异中扩大社会认同，在包容多样中增进思想共识，团结不同阶层、不同认识水平的人们共同前进。关于"核心"价值与"外围"价值的关系，一要彰显"核心"价值，二要承认"外围"价值，三要调适两类价值。要以"核心"价值整合和规范"外围"价值；以"外围"价值服务和服从"核心"价值。①

　　培养高度的文化自觉和文化自信，是我们推进文化改革发展的指导思想的重要组成部分，也是坚持中国特色社会主义文化发展道路的基本要求。有学者对文化自觉与社会主义文化建设之间的关系做出了较为深入的论述，认为：认知、理解和诠释自己的民族文化，联系现实，尊重并吸收他种文化的经验和长处，从而在新的基础上建构新的文化语境，就是我们所说的文化自觉。文化自觉有着三层含义：一是审视历史，重新认识自己，自觉地维护优良的文化历史和传统，并寻找新的出发点，使之得以延续并发扬光大；二是开创一个新的文化发展的局面，也就是以发展的观点结合过去同现在的条件和要求，向未来的文化展开一个新的起点；三是要在全球化语境下反观自己，深刻认知当代中国文化将来会对世界文化的发展起到什么作用，在世界文化中将处于什么位置。从根本上说，我们的文化自觉是建立在科学基础之上的，是以马克思主义为指导的。只有在这个理论的指导下，我们才能真正认识当代中国文化发展的现实基础、前进方向以及应当坚持的原则，我们的文化发展才能真正承担其历史使命。新世纪新形势下，以胡锦涛为总书记的党中央提出的一系列新的重要战略措施，充分体现了对社会主义文化建设的高度重视和对文化建设规律的科学把握，为当前和今后一个时期文化建设指明了前进方向，为推动社会主义文化大发展大繁荣提供了强大动力。②

---

①　孟宪平. 中国特色社会主义文化建设中的若干辩证关系分析 [J]. 学术探索, 2007 (6).
②　李庆云. "文化自觉"与社会主义文化建设 [J]. 高校理论战线, 2010 (12).

### （二）关于文化建设的基本方针

"二为"方向和"双百"方针是我国文化建设一贯坚持的基本方针。在新的历史条件下，坚持社会主义先进文化的前进方向、坚持以人为本、坚持把社会效益放在首位、坚持改革开放等，是中国特色社会主义文化建设的重要方针。十七大以来，学术界对文化建设方针的研究取得了一定成果。

有学者把"二为（为人民服务、为社会主义服务）"方向、"双百（百花齐放、百家争鸣）"方针和改革创新放在一起，作为十六大以来逐步形成的中国特色社会主义文化建设思想的根本原则和基本方略加以论述，认为：文化建设的根本原则是"二为"方向和"双百"方针。开展社会主义文化建设，必须坚持"二为"方向和"双百"方针。坚持"为人民服务、为社会主义服务"的方向，必须让人民更多更好地享受到文化发展的成果，结合人民群众的根本利益发展先进文化，突出人民的主体地位进行文化资源分配，着眼人民的现实需要构建公共文化服务体系。同时，要确保文化建设的社会主义方向。文化建设的基本方略是改革创新。一是改革文化体制。文化体制改革是解放和发展文化生产力、增强文化发展活力、推动文化创新的根本出路。二是激发创造活力。社会主义文化建设需要全民族、全社会的积极参与，必须最大限度地焕发广大文化工作者勇于创新的积极性，还要坚持将人民作为文化创造的主体力量，充分尊重人民在文化建设中的首创精神，坚持为社会大众提供广阔舞台，充分挖掘蕴藏于人民之中的文化创造潜能。三是推进文化创新。创新是民族进步的动力，也是文化发展的动力。①

有学者认为："双百"方针体现了对于文化规律的尊重，体现了文化民主的精神，体现了中国共产党人包容与开放的心态。在多元文化并存的当代社会，坚持"双百"方针的基本精神，重新思考政治与文化的关系，保持包容的心态与对话的精神，立足本位、珍视传统，将有助于我们突破狭隘的文化观念，实现自己民族身份的认同和文化精神的自

---

① 傅菊辉，杨晓虎. 中国特色社会主义文化建设思想述要［J］. 理论学刊，2012（1）.

觉，并最终真正形成自己文化理论上的"中国特色"。① 有学者认为，"双百"方针是社会主义文化繁荣的生命线。② 如何贯彻实施"双百"方针？有学者认为：贯彻"双百"方针，首先要承认差异，尊重差异，包容多样，和而不同。其次要区分学术问题和政治问题。这并不是要人为地隔离学术与政治的社会联系，而是要尊重学术是非的学理辨明途径。贯彻"双百"方针，还需要注意的一个重要问题是，要将它统一于实践是检验真理的唯一标准这个马克思主义的基本原理。③

有学者对中国共产党提出社会主义先进文化的前进方向的历程进行了梳理，并对这一重要方针做出解读，认为：为保证文化战略作用的充分发挥，中国共产党自十六大开始提出了"牢牢把握先进文化的前进方向"的要求。这一要求主要体现在两个方面：一是建设社会主义核心价值体系，以之引领社会思潮。2006 年 3 月，胡锦涛总书记提出和阐述了社会主义荣辱观。同年 10 月，中共十六届六中全会通过的《中共中央关于构建社会主义和谐社会若干重大问题的决定》中，明确阐述了建设社会主义核心价值体系的任务。中共十七大报告重申了这一任务。中共十七届六中全会通过的《决定》对"推进社会主义核心价值体系建设"有集中的论述。二是发展面向现代化、面向世界、面向未来的，民族的科学的大众的社会主义文化。当然，坚持先进文化的前进方向，还需要贯彻落实党逐步提出并为实践证明为正确的文化建设与发展的一系列重要方针，择其要者言之，主要有：毛泽东提出的"百花齐放、百家争鸣"方针；邓小平提出的"为人民服务、为社会主义服务"的"二为"方向；江泽民提出的精神文明重在建设，以科学的理论武装人，以正确的舆论引导人，以高尚的精神塑造人，以优秀的作品鼓舞人，弘扬主旋律、提倡多样化；以胡锦涛为总书记的党中央提出的以人为本，贴近实际、贴近生活、贴近群众，立足先进文化、建设和谐文化等原则。④

① 张云龙．"双百"方针：文化民主的中国式书写 [J]．毛泽东思想研究，2012 (1)．
② 宋惠昌．"双百"方针：文化繁荣的生命线 [J]．中国党政干部论坛，2011 (12)．
③ 杨河．建设和谐文化要坚持"双百"方针 [J]．前线，2007 (10)．
④ 杨凤城．十六大以来中国共产党的文化发展观述论 [J]．教学与研究，2012 (3)．

有学者认为，坚持社会主义先进文化的前进方向、推进中国特色社会主义文化建设，必须划清社会主义思想文化同封建主义、资本主义腐朽思想文化的界线，这对于党员、干部增强政治敏锐性和政治鉴别力、筑牢拒腐防变的思想防线，具有重要的理论意义和实践意义。①

有学者认为：胡锦涛指出：发展社会主义先进文化，就是"要坚持发展面向现代化、面向世界、面向未来的，民族的科学的大众的社会主义文化"②。"社会主义"是文化定性，它从根本上区别于资本主义文化和封建主义旧文化，体现文化性质上的定位。"三个面向"是文化定向。这是顺应时代潮流，确保文化建设始终保持先进性的必然要求。"民族的科学的大众的"是文化定位。这是从文化的风格、内容和功能上对当前文化建设的基本定位。③

有学者认为，中国传统文化为中国特色社会主义文化建设提供了基本养料。传承传统文化，构建核心文化，是各国文化建设的共性。在中国，和谐观念源远流长。它在构建社会主义核心价值体系中对调解人际关系、人与社会关系、人与自然的关系等，都具有重要指导作用。传统的和谐观念需要用现代理念来加以引导，尤其是要注入社会主义的价值观、人生观、世界观、义利观。社会主义先进文化是中国特色社会主义的基本特征之一，担负着不断提高全民族思想道德素质和科学文化素质，培育一代又一代有理想、有道德、有文化、有纪律的社会主义公民，为建设和谐社会提供精神支柱、思想基础和智力支持的历史使命。④

有学者认为，建设和发展社会主义的先进文化，关键在于建设好社会主义核心价值体系，并且坚持以它做统帅、做指导，在实践的基础

---

① 北京市中国特色社会主义理论体系研究中心. 中国特色社会主义文化建设的一个根本问题——论自觉划清社会主义思想文化同封建主义、资本主义腐朽思想文化的界限 [N]. 人民日报, 2010 – 04 – 14.

② 胡锦涛. 在庆祝中国共产党成立 90 周年大会上的讲话 [M]. 北京：人民出版社, 2011：(23).

③ 傅菊辉，杨晓虎. 中国特色社会主义文化建设思想述要 [J]. 理论学刊, 2012 (1).

④ 孟宪平. 中国特色社会主义文化建设中的若干辩证关系分析 [J]. 学术探索, 2007 (6).

上，批判吸取古今中外一切有价值的文化资源，综合创新。这也就是说，我们必须建设好社会主义核心价值体系这个"一元"，正确对待"多"——多元与多样，并坚持用这个"一元"来引领和发展繁荣我们的社会主义文化。从哲学的角度谈，就是要辩证对待"一"与"多"关系，正确对待"一"与"多"的问题。为此，一要深入学习并认真领会社会主义核心价值体系。要懂得社会主义核心价值体系这个"一"，是由"多"组成的，其中包括马克思主义的指导、社会主义的共同理想、以爱国主义为核心的民族精神和以改革开放为核心的时代精神和以"八荣八耻"为主要内容的社会主义荣辱观。这四个部分共同构成一个统一的整体，一个有机而生动的"一"，牵其中一发就会动全局。二要坚持社会主义核心价值体系，以这个科学正确的"一元"为标准，清醒地看待当今国内外价值观，特别是核心价值观上的斗争形势，敏锐而准确地审视"多"，即各种核心价值观，分析、检验和对待这些"多"。三要把社会主义核心价值体系这个"一"，贯彻到"多"里去，融入科学研究和哲学社会科学的各种理论创新中去，融入到国民教育和精神文明建设的各个领域中去。四要解放思想，以开放的心态对待社会主义核心价值体系这个"一"，要尊重差异，包容多样，在这个基础上发展创新。坚持社会主义核心价值的引导，需要从其他"多"的"种""类""元"中，发现并吸取其合理的成分，经过咀嚼消化，把其中的有益成分吸收进来，把其整合为自己肌体的一个有机组织成分。①

有学者对于处理好先进性与人民性的关系进行了论述，这实际上涉及坚持先进文化的前进方向和坚持以人为本两个方面。文章认为：中国特色社会主义文化建设，必须代表中国先进文化的前进方向。在坚持文化建设和文化发展先进性的同时，也必须注意文化建设和文化发展的人民性，离开了人民性和群众性而盲目追求先进性，就会使文化发展失去活力、失去对象。不仅人民大众的生活是文化发展的源泉，而且文化建

---

① 陈瑛. 把握"一"、"多"辩证关系　搞好社会主义文化建设 [J]. 马克思主义研究，2007 (11).

设和文化发展必须从人民群众的根本利益出发，反映广大人民群众的呼声与愿望，这是中国特色社会主义文化建设的根本要求和出发点。同时，该学者还认为，在坚持先进文化前进方向时，要处理好主导性与多样性的关系，即：中国特色社会主义文化建设的主导性，就是建设社会主义精神文明，坚持先进文化的前进方向，这是中国文化建设的主旋律。主导性不排斥多样性，相反，只有在多样性中体现的主导性，才能有说服力和感召力，才能实现社会主义文化的发展和繁荣。而离开了多样性的主导性，很有可能成为空洞的说教和僵死的教条。改革开放三十多年来，人们的社会生活和文化生活呈现出千姿百态的面貌，这是中国社会文明进步的生动反映和具体体现。①

有学者将改革创新和大力发展公益文化事业放在一起，作为十六大以来我党的文化发展思路的主要内容加以论述，认为：进入21世纪后，党的文化发展思路逐步明晰起来。中共十五届五中全会通过的《关于制定国民经济和社会发展第十个五年计划的建议》提出了"完善文化产业政策，加强文化市场建设和管理，推动有关文化产业发展"②的任务。在此基础上，十六大报告专门阐述了"积极发展文化事业和文化产业""继续深化文化体制改革"的要求，明确指出国家支持和保障文化公益事业，同时发展文化产业，并要求"抓紧制定文化体制改革的总体方案"③。为贯彻落实十六大提出的文化改革发展要求，2003年6月召开的全国文化体制改革试点工作会议和10月召开的中共十六届三中全会进一步明确了对公益性文化事业和经营性文化产业实行不同的发展策略，确定了深化文化体制改革的总体思路和要求。一手抓公益性文化事业，一手抓经营性文化产业，这一文化发展思路的牢固确立，意义重大，因为这是当今世界尤其是发达国家的普遍做法，反映当代文化发展的普遍规律。此后，在党的一系列会议和文件中，中共中央关于文化改革发展的思路日趋清晰。其一，文化发展的动力在于改革创新。十六届四中全会将"深化文化体制改革，解放和发展文化生产力"写入《中

① 梁波. 中国特色社会主义文化建设［J］. 学理论，2008（13）.
② 十五大以来重要文献选编（中）［M］. 北京：人民出版社，2001：1395.
③ 十六大以来重要文献选编（上）［M］. 北京：中央文献出版社，2005：32.

共中央关于加强党的执政能力建设的决定》中，中共十七届六中全会进
一步提出要"以改革创新为动力"①。其二，以政府为主导，大力发展
公益性文化事业，保障人民基本文化权益。十六大报告指出："国家支
持和保障文化公益事业，扶持党和国家重要的新闻媒体和社会科学研究
机构，扶持体现民族特色和国家水准的重大文化项目和艺术院团，扶持
对重要文化遗产和优秀民间艺术的保护工作，扶持老少边穷地区和中西
部地区的文化发展。加强文化基础设施建设，发展各类群众文化。"②
十六届五中全会强调要加大政府对文化事业的投入，逐步形成覆盖全社
会的比较完备的公共文化服务体系。从公共文化服务体系建设角度看待
文化事业无疑是认识上的提升。十七大报告进一步提出："坚持把发展
公益性文化事业作为保障人民基本文化权益的主要途径。"③ 从人民基
本文化权益的保障高度界定民众基本文化需求和公益性文化事业发展，
自然在认识上又前进了一步。④

　　另外，一些学者还对社会主义和谐文化及文化建设中应该处理好的
若干关系进行了论述。有学者认为，"和谐"是社会主义文化建设的突
出特征。社会主义和谐文化建设思想的形成，顺应了世界文化发展的潮
流和中国文化自觉、中华民族复兴的需要，为解决国内国际事务提供了
重要的思想指引。和谐理念是社会主义文化建设的思想基础。在社会主
义文化建设事业中，一方面要善于发掘中国传统文化中的"和为贵"
等思想，同时，还要吸纳世界各国各民族各地区文化中有关和谐的思
想。和谐精神是社会主义文化建设的价值诉求。中共十六届六中全会公
报中明确提出，要通过培育和谐精神，进一步形成全社会共同的理想信
念和道德规范，打牢全党全国各族人民团结奋斗的思想道德基础。文章
还认为，文化建设的重点内容是社会主义核心价值体系。推进社会主义
文化建设，必须把建设社会主义核心价值体系作为基础工程和灵魂工
程，摆在文化建设的首要位置，贯彻到文化建设的各个方面，在全社会

---

① 　十七大以来重要文献选编（上）[M]. 北京：中央文献出版社，2009：557.
② 　十六大以来党和国家重要文献选编（上）[M]. 北京：人民出版社，2005：31.
③ 　同①：28.
④ 　杨凤城. 十六大以来中国共产党的文化发展观述论 [J]. 教学与研究，2012（3）.

形成统一的指导思想、共同的理想信念、强大的精神力量和良好的道德风尚。①

有学者认为，中国特色社会主义文化建设要处理好的关系包括：（1）"土文化"与"洋文化"的关系。构建社会主义和谐文化不能故步自封，妄自尊大，不仅要实现内部文化和谐，还要走出国门，实现与外部文化和谐或"跨界和谐"。（2）主文化与亚文化的关系。中国特色社会主义文化建设，必须做到主文化鲜明，亚文化多样，反文化受制。所谓主文化鲜明，就是旗帜鲜明地表明自己提倡什么、允许什么、限制什么、反对什么，使绝大多数社会成员都在主文化以及它的各个方面的文化中有一个规范标准。在我国，社会主义核心价值体系是由不同思想领域的核心价值组成的体系和主文化。所谓亚文化多样，就是"尊重差异，包容多样"，使亚文化与主文化协调发展，最大限度地形成社会思想共识。所谓"反文化受制"，就是抵制和反对各种与主文化背道而驰的、影响社会和谐的反文化。拜金主义、享乐主义、极端个人主义，社会主义荣辱观中的"八耻"等，都是反文化。（3）坚持最高理想与坚持共同理想的关系。最高理想是共同理想实施的方向和最终目标，共同理想是实现最高理想的必经阶段。中国特色社会主义文化的构建是在理想与现实的持续转换中实现的。应该从战略高度宣传社会主义的共同理想与马克思主义的意识形态，要立足于社会主义实践的基本现实，立足于社会主义实践，牢固树立中国特色社会主义的共同理想。②

有学者认为，社会主义文化建设要处理好以下关系：（1）继承性与创新性。中华民族文化对于凝聚和团结全国各族人民，起着重要的纽带和基础作用。继承优秀的中国传统文化，最重要的就是继承、培育和弘扬民族精神。同时，要立足于改革开放和社会主义现代化建设实践，着眼于世界科学文化发展前沿，进行文化创新，不断增强中国特色社会主义文化的吸引力和感召力。（2）吸纳性与辐射性。在全球化背景下建设中国特色社会主义文化，需要提高两个能力。一是吸纳兼容外来文

---

① 傅菊辉，杨晓虎. 中国特色社会主义文化建设思想述要［J］. 理论学刊，2012（1）.

② 孟宪平. 中国特色社会主义文化建设中的若干辩证关系分析［J］. 学术探索，2007（6）.

化的能力，二是向外辐射民族文化的能力。形象地说就是拿来主义与送去主义并举。当前，加强中国文化的对外辐射能力已是当务之急，任重而道远。（3）开放性与自主性。对外开放，扩大对外文化交流，是中国特色社会主义文化建设的重要特征。当然，讲文化开放，决不等于放弃文化的自主性和自主权。任何时候，维护国家利益，反对文化霸权，维护文化安全，都是不应忘却的。①

## 三、简要评析

党的十七大以来，鉴于文化软实力在国家综合国力中的地位越来越重要，党和国家对文化建设越来越重视，国内学术界对中国特色社会主义文化建设的研究也越来越深入，成果也越来越丰富。

### （一）当前研究的特点与主要成果

党的十七大以来，学术界关于社会主义文化建设的历史进程和基本经验的研究，主要围绕以下几个大的事件展开。一是纪念党的十一届三中全会召开 30 周年，许多学者对中国特色社会主义文化建设的历程和基本经验做了研究和分析；二是纪念新中国成立 60 周年，学术界围绕新中国 60 年文化建设的历史进程和基本经验进行了研究；三是纪念中国共产党成立 90 周年，胡锦涛总书记在讲话中对中国特色社会主义文化建设的思想方向、方法方式、基本路径、奋斗目标等作了进一步阐述，学术界围绕新中国成立以来加强社会主义文化建设的历史进程和基本经验进行了研究。四是十七大和十七届六中全会对文化改革发展的战略部署，使得学术界出现了深入研究文化的热潮。特别是十七届六中全会鲜明回答了我国文化改革发展走什么路、朝着什么样的目标迈进这个带有方向性、战略性的重大问题，对文化建设的指导思想和基本方针做出了权威表述，它对学界充分展开文化建设的研究具有指导性意义。

---

① 梁波. 中国特色社会主义文化建设［J］. 学理论，2008（13）.

　　从目前的研究成果看，关于改革开放以来中国共产党领导文化建设的发展历程，学术界有较多较深入的研究。多数学者采用了比较常规的按照党的领导集体沿革来进行叙述的行文方式，虽然历史发展阶段的分期有所不同，内容表述上也有些差异，但基本都抓住了几个带有明显时代特征的关键词，如邓小平提出的"社会主义精神文明""两手抓，两手都要硬"；江泽民提出的"中国特色社会主义文化""先进文化"；党的十六大以来提出的"和谐文化""社会主义核心价值体系"等。这些研究对于我们全面了解党领导文化建设的基本历程，具有重要的理论意义。关于党领导文化建设的基本经验，学者们也从不同的角度进行了总结，虽然不同学者所站的角度不同，对这些经验的概括不一样，但这些研究对于今后我们党继续推进社会主义文化事业的发展具有重要借鉴意义。

　　在党的十七大以后，学术界关于中国特色社会主义文化建设历程和经验、指导思想和基本方针的研究成果中，我们可以看到一些出现频率很高的关键词，如：坚持马克思主义指导地位，坚持社会主义先进文化的前进方向，坚持"二为"方向和"双百"方针，坚持以人为本，强调文化的公益性，处理好与传统文化、外国文化的关系，文化自觉，文化发展要遵循客观规律，改革创新，核心价值体系，文化体制改革，等等，这些是学者们围绕文化建设的指导思想和基本方针展开研究的核心概念。由此可以看出，文化建设历程和经验与文化建设的指导思想和基本方针之间存在着密切的联系，从一定意义上说，文化建设的指导思想和基本方针，是对文化建设历程和经验进行理论提炼和升华的结果；同时，社会主义文化也迫切需要以这些指导思想和基本方针为指导，才能实现大繁荣大发展。关于指导思想和基本方针的研究，比较侧重于抓住若干重要的思想理念，进行专题论述，如关于文化自觉与文化建设、中国共产党提出社会主义先进文化的前进方向的历程、社会主义先进文化的内涵，等等；或者围绕几个理念的关联性和差异性进行辩证分析，如对指导思想一元化与文化多样化的关系、传统文化与先进文化的关系、先进性与人民性的关系、先进文化与中国传统文化的关系、先进文化与外国文化的关系等的论析；把坚持先进文化的前进方向、以人为本、注重社会效益、改革创新等重要观念根据不同的思路结合起来展开论述。这种辩证思维方式，表明学术界对于文化建设指导思想和基本方针的系统性和复杂性有了更为深入的认识。

### （二）研究中存在的不足与问题

但是，不可否认，关于中国特色社会主义文化建设的历程和经验、指导思想和基本方针的总体研究，还存在着以下不足或需要改进的地方：

第一，相对于文化建设的其他方面来说，学术界对中国共产党领导文化建设历史进程的研究相对不足。在研究中国共产党领导文化建设的基本历程中，重历史线索的梳理和历史文献的描述，轻社会主义文化建设实践的研究。多数文章虽然标题是社会主义文化建设的发展历程，但从内容看，主要依据党的文献，对党的文化建设指导思想进行梳理，而对中国特色社会主义文化建设的实践这个重要方面，却很少涉及。文化建设是一个宏大的项目，论述其发展历程，固然离不开宏观指导思想的变迁，但更应该对中国特色社会主义文化建设的实践进行梳理和研究，缺少这一块内容，对于文化建设发展历程的叙述，就是不完整的，甚至是缺失了主体内容。因此，把历史与理论、理论与实践结合起来，对我们党领导文化建设的基本历程进行研究，仍然是学术界的一项重要任务。

第二，在历史经验的概括提炼方面，重正面经验的研究轻历史教训的总结和反思。总结中国共产党领导社会主义文化建设的历史经验，应包括正反两个方面。目前，学术界多从应然状态，结合党的文件，进行正面经验的总结，但缺乏实证研究和负面教训的深刻反思。值得一提的是，关于历史经验的研究，必须重视不同历史阶段的比较研究和同一时期不同国家文化发展的比较研究，但目前这种比较研究显得明显不足。因此，如何加强正反两方面经验的总结，如何通过比较研究，概括提炼党领导文化建设的基本经验，仍然需要学界做进一步的努力。

第三，对社会主义文化建设指导思想和基本方针的研究不够深入，缺乏高屋建瓴的整体性研究。从目前研究成果来看，绝大多数学者或从某一个角度入手，进行专题论述，或抓住自己有兴趣的几个理念展开辩证分析。虽然说若干辩证关系和理念的研究，表明学者对于系统性研究的必要性和重要性有所认识，有所努力，但就现有成果来看，对于中国共产党关于文化建设的指导思想、基本方针，从宏观上、整体上进行深入的理论研究的成果并不多。多数文章基本停留在对党的重要文献进行宣传解读的层次，思考和阐释缺乏学者应有的独立性和深刻性。研究文化发展，需要对党指导文化建设的重要理论观点进行宣传阐释，这是学者的一项重要职责；但是，仅仅停留在这个层面上是远远不够的。作为文化建设的重要参与者、见证人和研究人员，学者更有责任对文化建设的历史和现状进行深入的学理分析和思考，给出建设性的提议，这对提高文化建设的水平更有裨益，应该成为今后展开研究的一个重要思维向度。同时，如何根据世情、国情、党情的新变化，尤其根据国际范围内文化交流交融交锋的新形势，就党领导文化建设的指导思想和基本方针进行战略性研究，是我们推进中国特色社会主义文化建设，繁荣和发展社会主义文化，提升文化软实力面临的重要课题。

2012 年 7 月 23 日，胡锦涛同志在省部级主要领导干部专题研讨班开班式上发表重要讲话，在谈到建设社会主义文化强国时，胡锦涛强调，建设社会主义文化强国，是我们党把握时代和形势发展变化、积极回应各族人民精神文化需求作出的重大战略决策。我们要坚定不移走中国特色社会主义文化发展道路，坚持"为人民服务、为社会主义服务"的方向，坚持"百花齐放、百家争鸣"的方针，坚持"贴近实际、贴近生活、贴近群众"的原则，树立高度的文化自觉和文化自信，推动社会主义精神文明和物质文明全面发展，建设面向现代化、面向世界、面向未来的，民族的科学的大众的社会主义文化。这是对中国特色社会主义文化建设的新部署、新要求，如何克服目前学术界关于文化研究的不足，如何按照胡锦涛同志"7·23 讲话"要求，按照党的十八大提出的关于建设中国特色社会主义文化的新要求，继续深化对中国特色社会主义文化的研究，这是学术界下一阶段的重要任务。

# 第三章　关于用社会主义核心价值
# 体系引领文化建设研究

　　马克思主义指导思想、中国特色社会主义共同理想、以爱国主义为核心的民族精神和以改革创新为核心的时代精神、社会主义荣辱观，构成了社会主义核心价值体系的基本内容。党的十七大报告把建设社会主义核心价值体系、增强社会主义意识形态的吸引力和凝聚力，作为推动社会主义文化大发展大繁荣的首要任务。党的十七届六中全会通过的《中共中央关于深化文化体制改革、推动社会主义文化大发展大繁荣若干重大问题的决定》进一步指出："社会主义核心价值体系是兴国之魂，是社会主义先进文化的精髓，决定着中国特色社会主义发展方向"；并提出了"融入""贯穿""体现"的建设思路，即"把社会主义核心价值体系融入国民教育、精神文明建设和党的建设全过程，贯穿改革开放和社会主义现代化建设各领域，体现到精神文化产品创作生产传播各方面，坚持用社会主义核心价值体系引领社会思潮，在全党全社会形成统一指导思想、共同理想信念、强大精神力量、基本道德规范。"这充分强调了社会主义核心价值体系在文化建设中的重要作用。

　　本章就十七大以来学术界关于"用社会主义核心价值体系引领文化建设"方面的研究进行综述。据不完全统计，到 2012 年上半年为止，国内已出版宣传和研究"用社会主义核心价值体系引领文化建设"的相关文章千余篇（以"社会主义核心价值体系"和"文化建设"为双重关键词，能够在中国学术期刊全文数据库查到论文 1817 篇，能够在重要会议论文数据库查到论文 53 篇，能够在重要报纸全文数据库查到论文 103 篇）。可见，学术界已就这一问题进行了广泛而深入的研究，本章将这方面的研究成果归纳为"建设社会主义核心价值体系是文化建设的主要任务""把社会主义核心价值体系融入国民教育、精神文明建设和党的建设全过程，贯穿改革开放和社会主义现代化建设各领域"两个部分加以综述。

# 一、建设社会主义核心价值体系是文化建设的主要任务

加强社会主义核心价值体系建设，是我们党适应思想文化领域的新变化而提出的一项重大战略任务。巩固马克思主义指导地位，坚持不懈地用马克思主义中国化最新成果武装全党、教育人民，用中国特色社会主义共同理想凝聚力量，用以爱国主义为核心的民族精神和以改革创新为核心的时代精神鼓舞斗志，用社会主义荣辱观引领风尚，这是全面建设社会主义核心价值体系的基本内涵，同时也是社会主义文化建设的主要任务。围绕着社会主义核心价值体系的重要地位与意义、社会主义核心价值体系与推动社会主义文化大发展大繁荣之间的关系，以及以社会主义核心价值体系引领文化建设的战略实施，理论界、学术界进行了全面而深入的研究。

## （一）社会主义核心价值体系是社会主义中国的精神旗帜

核心价值体系是社会意识形态的主体和灵魂，在所有价值目标中处于主导和支配地位，对社会意识和社会思潮具有强大的引领和整合功能。现在，我国进入新的发展阶段，经济体制深刻变革、社会结构深刻变动、利益格局深刻调整、思想观念深刻变化，我们党提出建设社会主义核心价值体系，抓住了社会主义意识形态建设的关键和根本，具有重大现实意义和深远历史意义。"当代中国正沿着中国特色社会主义道路大踏步前进，建设社会主义核心价值体系的提出，从思想上精神上向世

人展现了社会主义中国的鲜明旗帜。"①　作为社会主义中国的精神旗帜，
社会主义核心价值体系是社会主义意识形态的本质体现，是全党全国人
民团结奋斗的共同思想基础，是实现科学发展、社会和谐的推动力量，
也是国家文化软实力的核心内容。

**1. 社会主义核心价值体系是社会主义意识形态的本质体现**

党的十七大报告指出："社会主义核心价值体系是社会主义意识形
态的本质体现。"这一论断深刻揭示了社会主义核心价值体系在社会主
义意识形态中的地位和作用。有研究表明，社会主义意识形态是以马克
思主义为指导的意识形态，集中反映着社会主义社会的经济、政治生
活，反映着社会主义制度的本质要求，体现着最广大人民的根本利益。
社会主义核心价值体系集社会主义价值理念之大成，把我们党倡导的基
本理论、思想观念和价值取向系统凝炼地整合在一起，是社会主义意识
形态的核心内容和最重要组成部分，决定着社会主义意识形态的性质和
方向。同时，社会主义核心价值体系是社会主义制度在价值层面的本质
规定，反映了我国社会主义基本制度的本质要求，渗透于经济、政治、
文化、社会建设的各个方面，在所有社会主义价值目标中处于统摄和支
配地位，为中国特色社会主义的发展和完善提供了思想根基，是我国社
会主义制度的内在精神之魂。②有学者认为，社会主义核心价值体系是
社会主义意识形态的本质体现，主要表现在社会主义核心价值体系是对
社会主义意识形态内容的高度凝炼和概括，以极少的观点和范畴揭示了
社会主义意识形态的精神实质，体现了社会主义意识形态的本质和灵
魂：（1）社会主义核心价值体系具有凝炼和概括社会主义意识形态本
质的功能。社会主义核心价值体系系统地整合了中国特色社会主义的基
本理论、思想观念和价值取向，集中体现了马克思主义中国化的精神实
质。（2）社会主义核心价值体系具有制约和规范社会主义意识形态内
容体系的功能。社会主义核心价值体系能够整合社会主义意识形态的内
容体系及其各个组成部分，使之符合自己的本质，坚持社会主义意识形
态的性质和方向。（3）社会主义核心价值体系具有提升社会主义意识

①② 中共中央宣传部. 社会主义核心价值体系学习读本［M］. 北京：学习出版社，2009：5.

形态作用的功能。社会主义核心价值是对社会主义意识形态内容的高度凝炼和概括，便于人民理解、认同、传播和记忆，能够增强社会主义意识形态的吸引力、感召力、凝聚力和征服力。①也有学者就社会主义核心价值体系的基本内容进行了具体分析，指出马克思主义指导思想是社会主义核心价值体系的灵魂，是社会主义意识形态的首要前提；中国特色社会主义共同理想是社会主义核心价值体系的主题，是社会主义意识形态的集中体现；以爱国主义为核心的民族精神和以改革创新为核心的时代精神是社会主义核心价值体系的精髓，是社会主义意识形态的活力源泉；社会主义荣辱观是社会主义核心价值体系的基础，是社会主义意识形态的重要表现。②也有研究成果直接把社会主义核心价值体系与社会主义意识形态的关系进行了概括，认为马克思主义指导思想是社会主义意识形态的灵魂，中国特色社会主义是社会主义意识形态的主题，以爱国主义为核心的民族精神和以改革创新为核心的时代精神是社会主义意识形态的精髓，社会主义荣辱观是社会主义意识形态的基础。总之，抓住社会主义核心价值体系，就抓住了社会主义意识形态的本质，从根本上坚持了社会主义；就能在人们思想观念深刻变化、空前活跃的情况下引领社会思潮、增进社会共识，最大限度地把全党全国各族人民团结和凝聚在中国特色社会主义伟大旗帜之下。③

**2. 社会主义核心价值体系是全党全国各族人民团结奋斗的共同思想基础**

我们党历来高度重视共同思想基础的建设，社会主义核心价值体系的提出，揭示了我们共同思想基础的基本内涵和基本要求，将推动全党全社会进一步形成统一意志，共同团结奋斗。刘云山同志指出，核心价值体系是一个社会的方向盘，是一个国家的稳定器。能否构建起具有强大感召力的核心价值体系，关系人心向背，关系国家长治久安。社会主

---

① 陈秉公. 如何认识社会主义核心价值体系与社会主义意识形态的关系 [N]. 光明日报, 2011 - 02 - 25.

② 董永在. 社会主义核心价值体系是社会主义意识形态的本质体现 [J]. 理论月刊, 2008 (2).

③ 袁贵仁. 社会主义意识形态的本质体现 [N]. 人民日报, 2008 - 04 - 21。

义核心价值体系把我们党倡导的基本理论、思想观念和价值取向，系统、凝炼地整合在一起，进一步揭示了社会主义制度的内在精神之魂，反映了我们党对中国特色社会主义本质属性的新认识，必将更好地促进我国社会主义制度的自我完善和发展，进一步坚定人们走中国特色社会主义道路的信念。同时，提出建设社会主义核心价值体系，为进一步巩固和壮大社会主义意识形态提供了重要遵循，有利于掌握意识形态领域的主动权、主导权、话语权，有利于团结凝聚不同阶层、不同认识水平的人们共同前进。因此，必须深入推进社会主义核心价值体系建设，巩固全党全国人民团结奋斗的共同思想基础。① 也有学者指出，一个党，如果没有共同的思想基础就会瓦解；一个国家如果没有共同的思想去统一，就没有凝聚力，就不能形成推动社会发展的合力，就等于没有灵魂、没有精神旗帜。没有灵魂、没有旗帜的国家，社会发展就会失去目标，失去发展方向，国家就会分裂、社会就会动荡。② 围绕社会主义核心价值体系的四个方面，专家学者们阐发了各自的独到见解。例如，有学者认为，在社会主义核心价值体系中，马克思主义提供的是科学的世界观，是认识世界和改造世界的立场、观点、方法，是建设社会主义的理论基础和行动指南；中国特色社会主义共同理想，把国家、民族与个人紧紧地联系在一起，既体现了现阶段党的奋斗目标，又体现了党的最终奋斗目标，是凝聚各党派、各团体、各民族、各阶层、各界人士的智慧和力量，克服任何困难、创造美好未来的强大精神纽带和动力；以爱国主义为核心的民族精神和以改革创新为核心的时代精神，最大限度地凝聚和动员全民族的力量，鼓舞斗志，为振兴中华而奋斗；社会主义荣辱观，树立了鲜明的社会价值导向，确立起人人皆知、普遍奉行的价值准则和行为规范，是形成良好社会风气的重要基础。③

---

① 刘云山. 深入推进社会主义核心价值体系建设　巩固全党全国人民团结奋斗的共同思想基础［J］. 党建，2008（5）.

② 李春英. 社会主义核心价值体系的地位和作用［J］. 辽宁大学学报（哲学社会科学版），2010（1）.

③ 秦宣. 科学发展观与社会主义核心价值体系建设［J］. 中共云南省委党校学报，2008（1）.

### 3. 社会主义核心价值体系是实现科学发展、社会和谐的推动力量

科学发展、社会和谐，是发展中国特色社会主义的基本要求，是贯穿改革开放和社会主义现代化建设的一条主线。实现科学发展、社会和谐，离不开社会主义核心价值体系的支撑与引领。有研究成果表明，社会主义核心价值体系倡导一切有利于国家富强、社会和谐、人民幸福的思想和精神，一切有利于民族团结、祖国统一、人心凝聚的思想和精神，一切用诚实劳动创造美好生活的思想和精神，提供了经济社会全面发展的思想保证。建设社会主义核心价值体系，有助于人们增强对科学发展、社会和谐的认同，同心同德地推动经济社会又好又快发展；有助于人们焕发积极性、主动性、创造性，始终保持昂扬向上的精神状态；有助于人们培育和谐文化，树立和谐理念，发扬和谐精神，把各方面的智慧和力量凝聚到推动科学发展、促进社会和谐上来。① 有学者指出，社会主义核心价值体系为科学发展与社会和谐提供了强大的理论和思想支撑，它们之间的内在一致则要求把社会主义核心价值体系贯彻于科学发展和社会和谐的全过程。② 具体到社会主义核心价值体系与科学发展之间的关系，有学者从核心价值体系与科学发展观的关系入手研究社会主义核心价值体系如何推动科学发展，指出建设社会主义核心价值体系，是贯彻落实科学发展观的重要保证。"社会主义核心价值体系与科学发展观是内在联系的。社会主义核心价值体系是科学发展的目标性设定，贯彻落实科学发展观则是建立社会主义核心价值体系的现实途径，它们在实质内容上相互渗透相互贯通，在功能和作用上相互支撑。科学发展观要求转变原有的发展模式，更加注重人的全面发展，更加注重社会和谐。这两个注重的根基来自深层次的人文精神和人文关怀。全面落实科学发展观，内在要求建设好社会主义核心价值观体系。"③ 具体到社会主义核心价值体系与建设和谐社会的关系，有学者认为，是社会主

---

① 中共中央宣传部. 社会主义核心价值体系学习读本 [M]. 北京：学习出版社，2009：8.

② 陈章亮. 把社会主义核心价值体系贯彻于科学发展与社会和谐全过程 [J]. 中共杭州市委党校学报，2007（6）.

③ 段华明. 建设社会主义核心价值体系研究的进展 [J]. 经济与社会发展，2010（4）.

义核心价值体系的四个方面，相互联系、相互贯通、相互促进，把马克思主义理论与中华民族优秀文化结合在一起，把时代精神与历史经验、世界眼光与民族传统联系在一起，把远大政治目标与日常行为规范融汇在一起，共同构成了社会主义和谐社会发展的强大精神动力系统。① 还有学者着重强调了社会主义核心价值体系在和谐社会建设中的价值意义：（1）社会主义核心价值体系是构建和谐社会的思想基础；（2）社会主义核心价值体系是构建和谐社会的精神纽带；（3）社会主义核心价值体系是构建和谐社会的力量源泉；（4）社会主义核心价值体系是构建和谐社会的行为指南。②

**4. 社会主义核心价值体系是国家文化软实力的核心内容**

文化软实力可以看作一个国家或地区文化的影响力、凝聚力和感召力。有研究表明，我们党科学把握时代发展趋势和文化发展方位，把提高国家文化软实力作为重要发展战略，摆在更加突出的位置。社会主义核心价值体系是国家文化软实力的核心内容，建设社会主义核心价值体系的过程，也是提高国家文化软实力的过程。建设社会主义核心价值体系，能够增强中华民族的凝聚力，能够提高中华民族的创新力，能够扩大中华文化的影响力。③ 有学者认为，价值体系是人们在一定社会历史条件下所形成的各种价值观念的总和，核心价值体系则指一个民族的文化以根本价值取向为核心的一系列价值原则的统一，是一个民族文化精神、文化传统的最集中体现。社会主义核心价值体系是国家文化软实力的核心。它集中反映了中国特色社会主义的本质要求，代表了中国特色社会主义的发展方向，提供了社会前行的文化认同和价值准则，是社会主义中国的文化旗帜。④ 也有学者明确指出，社会主义核心价值体系是民族国家软实力构成的基本框架和核心要素。⑤ 也有学者说明，文化软

---

① 李先灵. 构建和谐社会发展的强大精神动力系统 [J]. 学习月刊，2010（5）.

② 熊琴，等. 论社会主义核心价值体系的价值意义与和谐社会构建 [J]. 学校党建与思想教育，2011（4）.

③ 中共中央宣传部. 社会主义核心价值体系学习读本 [M]. 北京：学习出版社，2009：10.

④ 黄建军. 提升国家文化软实力的途径 [N]. 光明日报，2012 - 06 - 19.

⑤ 韩震. 公平正义的和谐社会与核心价值观念 [J]. 中国社会科学，2009（1）.

实力的主要表征在于国家意识形态的吸引力和凝聚力，而建设好作为社会主义意识形态本质体现的社会主义核心价值体系，是提高我国意识形态吸引力和凝聚力的根本和关键。① 还有学者认为，社会主义核心价值体系决定着当代中国文化的方方面面：（1）社会主义核心价值体系决定着当代中国文化的性质。当代中国文化的先进性、合理性和优越性，归根结底取决于社会主义核心价值体系所规定的文化性质；（2）社会主义核心价值体系决定着当代中国文化的方向。在当代中国，社会主义核心价值体系不仅从坚持马克思主义指导地位、强固中国特色社会主义共同理想的高度给文化指明了方向，而且从传承民族精神与弘扬时代精神、提倡真善美与抵制假恶丑的有机结合上为文化标示了方向；（3）社会主义核心价值体系决定着当代中国文化的目的。当代中国文化本质上是人民大众的文化，而这种人民性恰恰是由社会主义核心价值体系决定着的；（4）社会主义核心价值体系决定着当代中国文化的功能。当代中国文化要真正具备和发挥社会主义先进文化的功能，关键取决于社会主义核心价值体系的支撑和引领。②

**（二）建设社会主义核心价值体系是推动社会主义文化大发展大繁荣的首要任务**

社会主义核心价值体系是兴国之魂，也是当代中国文化之"魂"。有学者指出，马克思主义指导地位，是中国共产党制定方针政策、战略规划的理论之魂；坚定中国特色社会主义共同理想，是引领中国实现中华民族伟大复兴的旗帜之魂；弘扬以爱国主义为核心的民族精神和以改革创新为核心的时代精神，是增强全国各族人民凝聚力和创造力的团结奋进之魂；树立和践行社会主义荣辱观，是国民道德规范之魂。人若无魂，必然落魄迷茫、萎靡不振；国若无魂，则必然散乱无序、沉沦衰

① 冯刚. 用社会主义核心价值体系引领思想政治教育创新发展 [J]. 学校党建与思想教育，2008（11）.
② 章传家. 论当代中国文化的"魂"与"体" [N]. 光明日报，2011-11-09.

落。<sup>①</sup> 只有加强社会主义核心价值体系建设，才能真正推动社会主义文化大发展大繁荣。围绕社会主义核心价值体系是社会主义先进文化的精髓、社会主义核心价值体系是社会主义文化的引领和主导，以及社会主义核心价值体系是引领多样化思潮的强大武器，理论界、学术界进行了全面探讨。

**1. 社会主义核心价值体系是社会主义先进文化的精髓**

社会主义先进文化是代表社会发展方向和社会主义特征的文化，社会主义核心价值体系以其科学性、包容性、导向性的特点凝炼了社会主义先进文化的精髓。只有抓住了社会主义核心价值体系建设这个精髓，社会主义先进文化建设才能保证正确的方向，建立在坚实的基础之上。因此，探讨社会主义核心价值体系如何体现社会主义先进文化的精髓、二者的互动关系以及影响作用，对于深刻把握社会主义核心价值体系是社会主义先进文化的精髓具有重要的现实意义。

有学者指出，社会主义核心价值体系体现了高度的社会主义文化自觉和价值自信。价值是文化的核心和灵魂，文化是展现、发展和实现价值的基本方式和载体。首先，社会主义核心价值体系指明了社会主义先进文化的指导思想；其次，社会主义核心价值体系确立了社会主义先进文化的共同理想信念；再次，社会主义核心价值体系提供了社会主义先进文化发展的强大精神动力；最后，社会主义核心价值体系规定了社会主义先进文化的基本道德规范。<sup>②</sup> 也有学者具体分析了社会主义核心价值体系对于社会主义先进文化的直接体现，指出马克思主义是社会主义先进文化的指导思想；中国特色社会主义共同理想是社会主义先进文化的主题内容；以爱国主义为核心的民族精神和以改革创新为核心的时代精神是社会主义先进文化的精神动力；社会主义荣辱观是社会主义先进文化的道德基础。<sup>③</sup> 还有学者指出，建设社会主义先进文化，最重要、

---

① 张国祚. 新概括 新突破 新实招——解读十七届六中全会〈决定〉的三组新亮点 [N]. 人民日报（海外版），2011 - 11 - 03.

② 刘进田. 社会主义核心价值体系是社会主义先进文化的精髓 [N]. 中国社会科学报，2011 - 11 - 25.

③ 邓泽球，等. 社会主义核心价值体系是社会主义先进文化的精髓 [J]. 学校党建与思想教育，2012（4）.

最根本的任务是弘扬社会主义核心价值体系。有了它，社会主义文化才同封建传统文化、资本主义腐朽文化区别开来，才能够真正成为人类发展史上最先进的文化。①

有学者指出，建设社会主义核心价值体系与发展繁荣社会主义文化，两者具有内在的一致性和正向的互动性：（1）社会主义核心价值体系建设有利于文化大发展大繁荣。社会主义核心价值体系是社会主义文化发展繁荣的根本、生命之魂和精神旗帜。离开社会主义核心价值体系的主导，社会主义文化发展就会迷失方向，甚至滑入"西化"陷阱。（2）社会主义文化大发展大繁荣也有利于进一步推进社会主义核心价值体系建设。具体来说，先进文化和主流文化能够得到认同，社会主义文化发展繁荣的正确方向得以确保，有利于丰富和巩固马克思主义在文化层面的引领作用；发展繁荣中国特色社会主义文化可在文化领域不断增强中国特色社会主义共同理想的感召力，有益于中华民族共同理想的践行；健康文化被普及、落后文化被改造、腐朽文化被抵制，自觉地把个人的价值追求融入民族振兴与时代前进的伟大实践中去，有利于把以爱国主义为核心的民族精神和以改革创新为核心的时代精神不断落到实处；坚持把社会效益放在首位，坚持社会效益和经济效益有机统一，有利于使文明的人生观和伦理道德观被广泛认同，并融入广大人民群众的生活实践中。②

有学者指出，社会主义核心价值体系作为社会主义先进文化的精髓，就是凝结在社会主义先进文化之中、决定着社会主义先进文化本质的深层次要素：（1）社会主义核心价值体系决定了社会主义先进文化的指导思想。社会主义核心价值体系强调坚持马克思主义指导地位，这就决定了发展社会主义先进文化必须以马克思主义为指导思想。没有社会主义核心价值体系，没有马克思主义这一指导思想，社会主义先进文化的先进性就无从谈起。（2）社会主义核心价值体系决定了社会主义先进文化的发展方向。只有坚持社会主义核心价值体系，我国文化建设才

---

① 陈奎元. 繁荣发展哲学社会科学［N］. 人民日报，2011 - 11 - 01.
② 程恩富，等. 以社会主义核心价值体系引领文化大发展大繁荣［N］. 光明日报，2011 - 12 - 14.

能始终保持正确方向，真正做到为人民服务、为社会主义服务。（3）社
会主义核心价值体系决定了社会主义先进文化的根本目的。社会主义先
进文化是人民大众的文化，是滋养人民群众心灵、满足人民群众需求的
文化，具有鲜明的人民性，而这种鲜明的人民性恰恰是由社会主义核心
价值体系决定的。① 还有学者指出，社会主义核心价值体系是保持社会
主义先进文化自觉的前提。同时，社会主义核心价值体系是实现社会主
义先进文化自强的保障。这是因为核心价值体系塑造了社会主义先进文
化自强之魂、指明了社会主义先进文化自强之路、找准了社会主义先进
文化自强之本、激活了社会主义先进文化自强之源。②

**2. 社会主义核心价值体系是社会主义文化的引领和主导**

社会主义核心价值体系是根源于民族优秀文化和社会主义先进文化
并吸收人类文明成果发展起来的，是我国社会主义文化的引领和主导。
推动社会主义文化大发展大繁荣，必须紧紧抓住社会主义核心价值体系
建设这个根本。许多学者对社会主义核心价值体系引领社会主义文化建
设的功能、作用和价值做出了积极的探索。

有学者把社会主义核心价值体系的文化功能概括为实现文化自身的
和谐、推动文化大发展大繁荣，以及提高国家文化软实力。③ 也有学者
着重指出，社会主义核心价值体系具有文化优化功能：（1）为社会主
义文化市场的优化指明了存在的危机和机遇。（2）为社会主义文化市
场的优化指明了前进的方向。社会主义文化的发展一方面要坚持"百花
齐放，百家争鸣"的方针，另一方面还要坚持民族化、大众化和科学化
的发展战略。（3）为社会主义文化的发展指明了前进的条件。要反对
"消费主义"观念，树立节约意识。同时从中华民族传统文化中汲取生
态伦理思想的精华，提出"取之有度""取物不尽"的文化道德和可持
续发展的思想。④ 还有学者指出，社会主义核心价值体系具有文化创新
功能。文化创新是社会主义核心价值体系的内在要求和功能体现。社会

---

① 刘芳. 牢牢把握社会主义先进文化的精髓［N］. 人民日报，2012 – 01 – 16.
② 李建华. 核心价值体系是社会主义先进文化的精髓［J］. 新湘评论，2012（5）.
③ 陈月婷. 社会主义核心价值体系的功能［J］. 特区实践与理论，2010（5）.
④ 高红艳. 社会主义核心价值体系的功能探析［J］. 学校党建与思想教育，2011（1）.

主义核心价值体系的概念提出、内涵界定和建设任务的提出，既为新时期中国特色社会主义的文化建设指明了方向和目标，更是为新时期中国特色社会主义的文化创新提供了动力和可能。①

有学者从构筑文化强国的角度指出，作为兴国之魂的社会主义核心价值体系有着以下重要作用：（1）导向作用，社会主义核心价值体系是社会主义意识形态的本质体现，它的基本内容内在地规定和制约着社会主义意识形态的性质和方向；（2）引领作用，社会主义核心价值体系具有引领社会思潮的重要功能和作用；（3）凝聚作用，社会主义核心价值体系的基本内容从不同方面、不同层次体现了全体社会成员的共同要求和愿望，取得了全社会广泛而深刻的价值认同；（4）提升作用，社会主义核心价值体系不仅能够引领和凝聚人们的思想和行动，而且还能提升人们的思想境界和道德水平；（5）规范作用，社会主义核心价值体系还具有规范人们思想和行动的重要作用；（6）整合作用，社会主义核心价值体系所确立的中国特色社会主义共同理想、以"八荣八耻"为主要内容的社会主义荣辱观，无疑都发挥着重要的整合、调控功能；（7）创新作用，建立在实践创新基础上的理论创新和文化创新是社会主义核心价值体系的内在要求和功能体现。② 也有学者从增强文化凝聚力的角度，认为社会主义核心价值体系能够增强人们对中华民族和社会主义的认同感，在尊重差异中扩大社会认同，在包容多样中增进思想共识，形成中华民族奋发向上的精神力量、团结和睦的精神纽带和强大的精神支柱。同时，社会主义核心价值体系有巨大的引领作用，因为核心价值体系是文化的内核，规定着文化的性质，而文化凝结着全民族共同的价值追求。要高度重视运用文化引领前进方向、凝聚奋斗力量，团结带领全国各族人民不断以思想文化新觉醒、理论创新新成果、文化建设新成就推动党和国家事业始终沿着正确方向健康发展，使全国各族人民为了国家的发展振兴而共同努力奋斗。③ 也有学者指出，社会主义

① 姜国俊，等. 社会主义核心价值体系的功能探析 [J]. 兰州学刊，2009（1）.

② 韩振峰. 以社会主义核心价值体系构筑文化强国的精神基石 [J]. 思想政治工作研究，2011（11）.

③ 黄建军. 提升国家文化软实力的途径 [N]. 光明日报，2012－06－19.

核心价值体系在政治文化建设中发挥着重要的作用。一方面，社会主义核心价值体系是实现政治文化和谐发展的基础；另一方面，社会主义核心价值体系可以增强民族的凝聚力。①

有学者明确指出，没有社会主义核心价值体系的支撑，就谈不上文化的真正发展；没有人民群众对社会主义核心价值体系发自内心的认同，就谈不上文化的凝聚力。只有以社会主义核心价值体系作为全党全国各族人民团结奋斗的共同思想道德基础，才能实现文化强国建设的目标。所以，建设文化强国，关键在于不断增强社会主义核心价值体系的凝聚力和感召力，在全党全社会形成统一指导思想、共同理想信念、强大精神力量、基本道德规范，使党和国家事业发展始终保持正确的方向，使全国各族人民为了国家的发展振兴而共同团结奋斗。② 也有学者指出，社会主义核心价值体系具有重要的文化建设价值，包括核心文化建构价值、先进文化发展价值和整合文化创新价值：（1）核心文化是相对于整体文化而言的，整体文化包含着核心文化，而核心文化决定着整体文化的性质、方向和发展水平，核心文化的发展能推动整体文化的发展；（2）社会主义核心价值体系是保持文化世俗性与超越性必要张力的重要精神指南，社会主义核心价值体系是推动先进文化发展的根本动力基础；（3）社会主义核心价值体系在和谐文化建设中发挥着整合创新机制作用，发挥着选择建构机制作用。③

**3. 社会主义核心价值体系是引领多样化社会思潮的强大武器**

党的十七大报告提出，"积极探索用社会主义核心价值体系引领社会思潮的有效途径，主动做好意识形态工作，既尊重差异、包容多样，又有力抵制各种错误和腐朽思想的影响"。当前基于我国多种社会思潮激荡的现实，构建以社会主义核心价值体系引领多样化社会思潮的机制，充分发挥社会主义核心价值体系的强大武器作用，能够有效化解各种错误思潮的挑战，增强社会主义意识形态的感召力，这对于我国当前

①　马颖章. 社会主义核心价值体系是政治文化建设的根本 ［J］. 求实, 2009 (1).
②　陈晋. 抓住文化强国建设的关键环节 ［N］. 人民日报, 2012 - 01 - 04.
③　高敏. 论社会主义核心价值体系的文化建设价值 ［J］. 科学社会主义, 2008 (1).

的文化建设以及各项工作都是大有裨益的。

有学者指出,以社会主义核心价值体系引领社会思潮必须坚持核心价值体系的主导地位。一方面,推进理论创新,增强社会主义核心价值体系作为主导价值观的说服力和竞争力。要加强马克思主义理论研究与建设,加强马克思主义经典著作的编译与研究;要充实中国特色社会主义共同理想的科学内涵;要创新民族精神和时代精神,支撑中华民族生生不息、薪火相传的民族精神和激励中华民族开拓进取、勇于创新的时代精神都要发扬光大;还要创新社会主义荣辱观。另一方面,深入学习宣传,增强社会主义核心价值体系作为主导价值观的影响力和感召力。[①]还有学者把社会主义核心价值体系形象地称为社会思潮的巨大引擎,强调要树立以社会主义核心价值体系引领社会思潮的思想意识,这是因为:第一,坚持以社会主义核心价值体系引领社会思潮,有利于提升主流意识形态的影响力;第二,坚持以社会主义核心价值体系引领社会思潮,有利于夯实社会主义大厦的思想基础;第三,坚持以社会主义核心价值体系引领社会思潮,有利于增强中华民族的凝聚力;第四,坚持以社会主义核心价值体系引领社会思潮,有利于提高党在意识形态领域的执政能力。[②]

有研究认为,应该从战略选择和策略抉择的角度,探索具体的、可操作的措施和策略,提高社会主义核心价值体系引领社会思潮的有效性:第一,探讨社会主义核心价值体系的有效教育和传播机制;第二,注重社会主义核心价值体系人文关怀维度,加强心理疏导;第三,积极建立有控制的公共舆论场景和健全的对话机制,形成各种社会思潮的影响相互抵消的情景,更要形成核心价值体系和社会思潮之间相互沟通的良性互动关系;第四,掌握国际交流的话语权,在各种思想文化相互激荡中坚持与发展社会主义核心价值体系。[③]也有学者提出了以社会主义核心价值体系引领社会思潮的基本模式,即不断推进社会主义核心价值

---

① 张耀灿, 等. 以社会主义核心价值体系引领社会思潮的着力点 [J]. 思想理论教育,
2007 (10月上半月).

② 丁军, 等. 社会主义核心价值体系: 社会思潮的巨大引擎 [J]. 理论学刊, 2009 (1).

③ 教育部邓小平理论和三个代表重要思想研究中心. 用社会主义核心价值体系引领多样
化社会思潮 [N]. 光明日报, 2008 – 05 – 13.

体系引领社会思潮的基本路径；切实贯彻社会主义核心价值体系引领社会思潮的基本原则；努力实现社会主义核心价值体系引领社会思潮的价值目标；始终坚持社会主义核心价值体系引领社会思潮的价值标准；不断拓展社会主义核心价值体系引领社会思潮的方式和手段。① 还有学者提出了以社会主义核心价值体系引领社会思潮的机制，包括构建社会主义核心价值体系自我发展机制；构建社会主义核心价值体系覆盖融入机制；以及构建监控社会思潮的机制。②

有学者认为，面对多元、多样、多变的社会思潮，我们必须把社会主义核心价值体系建设作为长期的战略任务和现实的紧迫工作，坚持重在建设，注重长期积累，积极探索有效途径，大力创新方式方法，努力在多样化思潮中确立主导思想、在多样化观念中寻求最大共识。第一，坚持马克思主义的指导地位，同时尊重差异、包容多样；第二，提高理论的说服力和感召力，推动理论武装工作进一步贴近实际、贴近生活、贴近群众；第三，提升文化软实力，以文化形式弘扬社会主义核心价值体系；第四，凸显人文关怀，用民生问题的切实解决为形成社会思想共识奠定群众基础；第五，树立世界眼光，积极应对经济全球化带来的挑战和机遇。③ 还有学者在提高引领有效性的方面，提出加强对社会思潮的深入研究，把握社会主义核心价值体系引领社会思潮的针对性和主动权；坚持尊重差异、包容多样的方针，确保社会主义核心价值体系引领社会思潮的科学性和有效性；以及推进社会主义核心价值体系引领社会思潮的机制建设，形成引领社会思潮的合力。④

## （三）　以社会主义核心价值体系引领文化建设的战略实施

以社会主义核心价值体系引领文化建设，关键在于贯彻落实。要紧

---

① 　郭晓俊，等. 以社会主义核心价值体系有效引领社会思潮的思考［J］. 学理论，2010
（27）.

② 　肖浩. 论构建社会主义核心价值体系引领社会思潮的有效机制［J］. 电子科技大学学报，2009（2）.

③ 　衣俊卿. 用社会主义核心价值体系引领社会思潮［N］. 人民日报，2008 – 05 – 16.

④ 　朱先平. 社会主义核心价值体系引领多样化社会思潮的有效途径［J］. 理论探讨，2011（18）.

紧抓住社会主义核心价值体系这个根本，充分发挥社会主义核心价值体系在文化建设中的主导地位。同时，更要明确社会主义核心价值体系引领文化建设的主要内容，深刻总结和提炼社会主义核心价值体系引领文化建设的基本方法和具体路径，从而更好地落实这一战略任务。围绕社会主义核心价值体系建设的思路与举措、任务及路径等问题，学术界进行了全面探讨。

### 1. 社会主义核心价值体系建设的原则和思路

自党的十六届六中全会提出建设社会主义核心价值体系的战略任务以来，全社会掀起了学习和践行社会主义核心价值体系的热潮，取得了很大成绩，但也面临不少问题。有学者认为，学习和实践社会主义核心价值体系取得的成绩表现为：马克思主义指导思想作为全党全国人民团结奋斗的共同思想基础，得到了比较普遍的认同；中国特色社会主义共同理想已逐步成为中华民族团结奋斗的精神支柱和精神动力；以爱国主义为核心的民族精神和以改革创新为核心的时代精神已成为全国人民开拓进取、创造崭新业绩的力量源泉；社会主义荣辱观得到较为普遍的认同，知荣辱、讲正气、树新风的文明道德风尚正在逐渐形成。社会主义核心价值体系建设之所以能够取得可喜的成绩，有着以下几个主要原因：第一，理论上的科学概括为社会主义核心价值体系建设提供了理论前提；第二，改革开放的巨大成就为社会主义核心价值体系建设奠定了物质基础和感情基础；第三，不断加强和改进党的自身建设，保持党的先进性，为社会主义核心价值体系建设提供根本保证；第四，建设中国特色社会主义的积极探索，为社会主义核心价值体系建设创造了实践条件；第五，党中央高度重视，为社会主义核心价值体系建设提供了政治保障；第六，通过大众传媒的积极宣传，营造学习践行社会主义核心价值体系的浓厚舆论氛围。但是，当前社会主义核心价值体系建设还存在不少问题，例如，新形势下存在马克思主义被"弱化""淡化"现象，马克思主义的指导地位面临挑战；部分人社会主义理想信念较淡薄，中国特色社会主义共同理想遭到冲击；部分人对民族精神和时代精神的科学内涵把握不够，对两者之间的关系认识模糊；部分人对社会主义荣辱观的认知存在偏差，认知与践行也存在脱节现象。①

有学者指出，建设社会主义核心价值体系是一项复杂的系统工程和长期的战略任务，必须以辩证唯物论和历史唯物论为方法论，坚持核心与多样的统一原则、人文与科学的统一原则、整体与具体的统一原则、传统与时代的统一原则、民族与世界的统一原则、稳定与发展的统一原则，并在各种价值取向之间保持适当的张力。只有这样来认识和把握，才能不断推动社会主义核心价值体系的形成和完善，并形成长效机制。②也有学者认为要坚持引领整合原则、教育合力原则和交融互补原则。③还有学者提出，在践行社会主义核心价值体系的过程中，必须坚持先进性与广泛性、多样性与主导性、民族性与全球性相统一的三个原则：（1）建设社会主义核心价值体系，既要体现思想道德建设上的先进性要求，又要体现思想道德建设上的广泛性要求；既要坚持先进文化的前进方向，又要符合不同层次群众的思想状况；既要体现一致的愿望和追求，又要涵盖不同的群体和阶层。（2）在价值体系的建设中，必须确立一种占主导地位的价值观念（即核心价值），并在多样价值取向之间保持合理的张力，借以统一人们的思想和行为。（3）在核心价值体系的建设上，既要坚持本民族价值观的独特性，又要以某种为世界各民族公认和接受的价值观为基础和前提。④

有学者指出，理论界构建社会主义核心价值体系的思路概括起来主要有四种：（1）思想教育思路：强调把社会主义核心价值体系作为思想政治教育的基本内容，通过建立领导机制、联动机制、渗透机制、引导机制和激励机制，鼓励民众自觉实践社会主义核心价值体系的要求，并强调国家的行为力量的巨大作用；（2）利益驱动思路：强调正当利益的必要性，反对抽象地谈论社会主义核心价值体系的内涵，主张从社

---

① 程恩富，等. 近年社会主义核心价值体系建设情况的调查研究报告 [J]. 毛泽东邓小平理论研究，2011（2）.

② 李抒望. 核心价值体系建设中应把握的几个原则 [J]. 山西社会主义学院学报，2011（4）.

③ 董朝霞. 论社会主义核心价值体系建设原则与方法 [J]. 思想理论研究，2009（23）.

④ 张岩，等. 践行社会主义核心价值体系的三个原则 [J]. 学校党建与思想教育，2012（16）.

会主义市场经济条件下的现实出发，用法律进行引导和规范；（3）制度设计思路：强调要通过制度设计为提高整个国民的科学素质、社会公德意识、人文素养，树立健康向上的社会风范，提供途经、示范作用和宏观环境，这一思路突出强调社会主义核心价值体系是与一定的社会制度相联系，是社会主义文化的根本属性，要多开展富有成效的制度创建活动，相信民众会在制度规范中，随着物质文明的发展，精神文明自然而然会向前发展；（4）创新模式思路：强调必须改进在意识形态领域宣传和教育方面的方式，与时俱进，从一味地"灌输""召唤"向"同意"和"认同"转变，要把继承优良传统与改进创新相结合。[①] 也有学者在调查研究的基础上，对进一步加强社会主义核心价值体系建设提出了对策建议：一是加快深化对社会主义核心价值体系的理论研究，使得社会主义核心价值体系在理论上能够说服人、在内容上能够启迪人、在形式上能够吸引人，用简洁的词语来表达社会主义核心价值体系；二是改善某些教育思想文化单位的领导权，努力提高党领导社会主义核心价值体系宣传教育工作的能力；三是从源头上治理党内腐败，增强社会主义核心价值体系的感召力和亲和力；四是逐步缩小财富和收入分配差距，为宣传和践行社会主义核心价值体系奠定牢固的经济基础；五是重点抓好党员领导干部和青少年这两头，积极加强理想信念教育；六是积极用社会主义核心价值体系引领多样化的社会思潮；七是把社会主义核心价值体系作为选择和确定先进典型的重要标准。[②] 还有学者认为，加强社会主义核心价值体系的建设需要加大三方面的力度：一是加大宣传的力度，营造浓郁的舆论氛围，借助各类媒体广泛宣传，使社会主义核心价值体系成为人民群众的自觉自愿的追求；二是加大教育力度，将社会主义核心价值体系的基本内容引入学校思想政治教育之中，做到"三进"，提高青年学生的思想道德境界，引导他们树立正确科学的世界观、人生观和价值观；三是加大研究力度，将社会主义核心价值体系研究工

---

① 杨永庚，门忠民. 构建社会主义核心价值体系的四种思路 [J]. 思想理论教育导刊，2008（4）.

② 程恩富，等. 近年社会主义核心价值体系建设情况的调查研究报告 [J]. 毛泽东邓小平理论研究，2011（2）.

作纳入国家马克思主义理论研究和建设工程，以专项课题立项的方式，组织专家学者深入研究其基本内涵、主要内容、理论体系和实践要求，并借鉴国外学者在研究价值体系建设方面的经验教训，为我所用。①

有学者指出，应当构建完善的文化机制来践行社会主义核心价值体系：（1）利益反映机制，社会主义核心价值体系利益反映机制，是指社会主义核心价值体系以最广大人民的根本利益为出发点和落脚点，协调不同行业、不同地区和不同阶层群众的利益关系，使利益分配与社会主义核心价值体系倡导的方向一致，从而营造出有利于践行社会主义核心价值体系的良好社会氛围，促使广大群众自觉践行社会主义核心价值体系；（2）领导协调机制，领导机制是指党要加强对践行社会主义核心价值体系的统一部署，牢牢掌握社会主义核心价值体系建设的领导权和主动权；（3）宣传教育机制，在践行社会主义核心价值体系过程中，应当充分发挥宣传思想工作的正面引导作用，认真开展舆论监督，重视对大众传媒的社会控制，以社会主义核心价值体系引领社会思潮；（4）制度保障机制，任何一个社会的稳定和发展，都必须依靠一套制度规范来调整和维系，践行社会主义核心价值体系，必须实现核心价值体系建设与制度体制建设的良性互动；（5）激励监督机制，激励机制就是通过一套理性化的制度，对践行社会主义核心价值体系的模范人物和模范事迹给予赞扬和表彰，以进一步鼓励和激发广大群众的积极性。② 还有学者认为，实现社会主义核心价值体系的实践转化，需要构筑以下几个方面的机制：（1）内化机制，把社会主义核心价值体系转化为社会群体意识；（2）外化机制，把社会主义核心价值体系渗透到人们的社会实践里；（3）保障机制，把社会主义核心价值体系体现在制度设计、政策法规制定和社会管理之中。③

---

① 韩振锋. 关于社会主义核心价值体系几个重大理论问题的思考 [J]. 兰州学刊, 2010 (10).

② 王玉玲. 践行社会主义核心价值体系的文化建设路径 [J]. 福建省社会主义学院学报, 2011 (2).

③ 林建荣. 社会主义核心价值体系实践转化的机制研究 [J]. 武夷学院学报, 2009 (2).

**2. 以社会主义核心价值体系引领文化建设的具体任务**

以社会主义核心价值体系引领文化建设，是一个理论问题，更是一个实践问题。以社会主义核心价值体系引领文化建设的任务、方法和路径有哪些？现阶段理论界和学术界的研究正处于探索之中，从目前梳理的情况看，取得的成果相对较少。

我国文化建设的内容十分庞杂，有学者把当前以社会主义核心价值体系引领文化建设的主要内容概括为四个方面：以社会主义核心价值体系梳理中华传统文化，以社会主义核心价值体系引导网络文化的健康发展，以社会主义核心价值体系引领文化大众化中的价值坚守，以社会主义核心价值体系引领精神文化产品的创作生产。① 也有学者从价值传播角度强调了社会主义核心价值体系引领文化建设的主要内容：（1）要关注在实践对接中的价值传导。深化社会主义核心价值体系的传播，就要针对人民群众最关心、最直接、最现实的利益问题，做好就业、收入分配、社会保障等方面的工作，不断提高人们的社会满意度，使人们在社会实践中充分感受到社会主义先进文化的重大实践价值，使社会主义核心价值在满足人们利益的基础上得到有效的传导。（2）要关注在文化生产中的价值渗透。要将先进文化充分融入各种文化产品的生产过程，实现价值观念的物化，让公众在物质的享用中感受价值的魅力，使社会主义先进文化随文化产品的流动而得到延伸和拓展，实现核心价值体系的自然传播。（3）要关注在大众传播中的辐射效应。要以多样化的载体、多样化的形式不断创新文化的生产经营和传播模式，增强其表现力、传播力和吸引力，不断深化社会主义核心价值体系的传播，推动社会主义文化的健康发展。② 更多的学者则从具体的文化类别来论述以社会主义核心价值体系引领文化建设的内容，例如如何以社会主义核心价值体系来引领企业文化、校园文化、网络文化、党政机关文化、基层组织文化建设等。

---

① 郑作广. 以社会主义核心价值体系引领社会主义文化的发展方向 [J]. 广西社会科学，2008（12）.

② 翟桂萍. 多元竞流与核心引领：社会主义文化建设的新格局 [J]. 中共四川省委省级机关党校学报，2012（1）.

有研究指出，以社会主义核心价值体系引领我国文化大发展大繁荣，必须把握核心价值体系建设与文化发展繁荣的本质要求和内在机制。在引领理念、引领路径、引领方式方法等方面上，要着力创新探索，真正实现让广大干部群众入心进脑见行动，并成为传播和践行社会主义核心价值体系的先锋与社会主义文化大发展大繁荣的自觉推动者。第一，要把社会主义核心价值体系融进国民教育和精神文明建设全过程，贯穿于文化发展繁荣的各个方面，使之成为广大干部群众与青年学生易于理解接受并自觉践行的价值理念。（这个问题会在本章第二目做详细综述）第二，要大力弘扬我国优秀传统文化，建设中华民族共有精神家园。必须始终保持对民族优秀文化的自信心，坚持以中华优秀文化传统为根基，以外来健康有益文化为补充，并善于从时代的伟大实践中汲取新鲜养分，大力发展繁荣中国特色、中国风格、中国气派和中国话语的社会主义优秀文化。第三，要努力提高党对推进社会主义核心价值体系建设和文化发展繁荣的工作能力。第四，要重视学术思想的传播，为我国学术思想走出去创造更多的机会与平台，以不断提高我国文化的总体实力和国际竞争力。第五，要以改革创新精神构建和完善引领文化发展繁荣的体制机制。第六，要加大综合治理腐败力度，增强社会主义核心价值体系引领文化发展繁荣对人民群众的感召力和亲和力。第七，要走共同富裕之路，为社会主义核心价值体系引领文化发展繁荣奠定牢固的经济基础。[①]还有学者强调发挥社会主义核心价值体系的引领作用，实际上就是要不断推进社会主义核心价值体系的大众化，将之贯彻到文化建设的方方面面、深入到广大群众的脑海心田。而要做到这一点，必须关注人民利益，转变话语方式，利用媒体传播优势，并发挥党员模范带头作用。[②]

有学者从如何践行社会主义核心价值体系出发，提出了用社会主义核心价值体系引领文化建设的路径：（1）加强主导文化建设。核心价值体系是孕育于主导文化之中的，主导文化是核心价值体系的主要载体。主导文化必须占领舆论阵地，积极宣传社会主义核心价值体系。

---

[①]　程恩富，等. 以社会主义核心价值体系引领文化大发展大繁荣［N］. 光明日报，2011 - 12 - 14.

[②]　刘近. 以社会主义核心价值体系引领文化建设［J］. 学习月刊，2011（11月上半月）.

（2）将社会主义核心价值体系融入校园文化建设。校园文化建设应当符合当前社会现状和学生实际，渗透到生活的方方面面和校园的各个角落。（3）将社会主义核心价值体系融入到大众文化建设之中。践行社会主义核心价值体系不能脱离大众文化，脱离了大众文化，就很难被大众理解和接受，就会成为阳春白雪和空中楼阁，很难与大众心理发生契合和共鸣。（4）以社会主义核心价值体系引领社会思潮。坚持尊重差异、包容多样的原则；加强对社会思潮的研究，对社会思潮的性质进行区分。① 也有学者认为社会主义核心价值体系决定着中国特色社会主义发展方向，是文化建设之魂，因此要着力增强社会主义核心价值体系在文化建设中的引领力，培育积极向上的文化主流价值取向；要着力增强社会主义核心价值体系在文化建设中的吸引力，促进对共同理想的认知认同；要着力增强社会主义核心价值体系在文化建设中的渗透力，形成与文化工作有机融合、协调发展的良好局面；着力增强社会主义核心价值体系在文化建设中的影响力，推动文化事业深入人心。② 还有学者认为，要使以社会主义核心价值体系提升社会主义文化得到落实，第一，要从教育入手。突出对党员干部进行教育，引导党员干部特别是领导干部率先垂范、以身作则，用自己的模范行为和高尚人格带动全社会学习践行社会主义核心价值体系；突出对青少年学生进行教育，坚持知识传授与价值观培育相结合，把社会主义核心价值体系的要求具体落实到学科教材、课堂教学、校园文化等教育全过程；突出对社会公众人物进行教育，引导名家名人特别是影视界、文艺界、体育界、社科界、新闻界、科技界、企业界、金融界等知名人士自觉践行社会主义核心价值体系。第二，要注重把其渗透到社会各领域。把社会主义核心价值体系渗透到新农村建设、城市社区建设、党政机关建设之中，渗透到人们日常工作生活、礼节礼仪、民俗活动之中，渗透到促进人的全面发展、促进城乡发展、促进企业又好又快发展之中，尤其要渗透到网络文化之中。第三，要有法律和制度作保障。使社会主义核心价值体系建设由软变

---

① 王玉玲．践行社会主义核心价值体系的文化建设路径 [J]．福建省社会主义学院学报，2011（2）．

② 王凤良．社会主义核心价值体系是文化建设之魂 [J]．唯实，2012（3）．

硬、由虚变实。①

## 二、开展社会主义核心价值体系教育的方法与路径

践行社会主义核心价值体系是建设社会主义核心价值体系的关键。党的十七大报告指出，要切实把社会主义核心价值体系融入国民教育和精神文明建设的全过程，转化为人民的自觉追求。党的十七届四中全会强调，要推进马克思主义中国化、时代化、大众化，用中国特色社会主义理论体系武装全党，开展社会主义核心价值体系学习教育，建设学习型党组织。党的十七届六中全会则明确提出，把社会主义核心价值体系融入国民教育、精神文明建设和党的建设全过程，贯穿改革开放和社会主义现代化建设各领域，体现到精神文化产品创作生产传播各方面，坚持用社会主义核心价值体系引领社会思潮，在全党全社会形成统一指导思想、共同理想信念、强大精神力量、基本道德规范。围绕着如何把社会主义核心价值体系融入三个全过程、贯穿改革开放和社会主义现代化建设各领域，理论界、学术界进行了全面而深入的研究。

### (一) 把社会主义核心价值体系融入国民教育全过程

国民教育是开展社会主义核心价值体系教育的重要阵地。国民教育的完整性、连续性、专业性及其教书育人的根本任务，是提高社会主义核心价值体系教育有效性的重要保障。围绕社会主义核心价值体系在国民教育中的地位和作用，把社会主义核心价值体系融入国民教育全过程的方法途径和主要思路，以及如何在国民教育的重点对象——未成年人和青年大学生中贯穿社会主义核心价值体系教育，研究的成果很丰富。

① 杨通国. 用社会主义核心价值体系引领文化建设 [J]. 中共贵州省委党校学报, 2012 (1).

### 1. 关于社会主义核心价值体系在国民教育中的地位和作用

有学者认为，党的十六届六中全会和党的十七大明确提出要"把社会主义核心价值体系融入国民教育全过程"，这为《教育改革和发展规划纲要》中有关德育内容的制定提出了明确的指导思想。① 有学者明确指出，社会主义核心价值体系教育是学校德育的核心，要放在学校工作重中之重的位置。② 还有学者进一步深化了这一观点，认为把社会主义核心价值体系融入国民教育全过程，事关国民教育培养什么人、怎样培养人的重大问题。社会主义核心价值体系是社会主义意识形态的本质体现，不仅鲜明地回答了新的历史条件下中华民族以什么样的精神状态屹立于世界民族之林的问题，而且明确回答了当代中国国民教育立什么样的"德"、树什么样的"人"的问题。它的"四位一体"的内容不仅确立了德育的价值根据和价值标准，而且涵盖了理论修养、思想教育、品德培养、心理培训各个方面的价值目标。坚持育人为本、德育为先的教育方针，坚持德育的正确导向，就是要把社会主义核心价值体系融入国民教育全过程，引导青少年在立德树人过程中以社会主义核心价值体系为取向。把社会主义核心价值体系融入国民教育全过程，引导青少年掌握科学理论，树立远大理想，保持昂扬精神，遵循基本道德规范，有助于青少年正视和解决内心的价值冲突和矛盾问题，有助于他们进行正确的价值选择和评价，有助于他们思想素质、政治素质和道德素质的全面提高，增进社会认同，促进健康成长。③

### 2. 关于把社会主义核心价值体系融入国民教育全过程的方法途径

有学者首先对"融入"和"全过程"这两个关键词进行了解读，指出"融入"意味着有机结合和渗透，必须把社会主义核心价值体系的内容与青年学生的心理特点结合起来，渗透到青年学生的生活中去，渗透到各门学科教育中去，使青年学生通过自我感悟和思考，达到对社会主

---

① 周中之. 社会主义核心价值体系融入国民教育全过程初探 [J]. 思想理论教育，2009 (11).

② 曾天山. 社会主义核心价值体系教育要入情入理 [J]. 中国德育，2011 (10).

③ 李泽泉. 把社会主义核心价值体系融入国民教育全过程 [N]. 浙江日报，2012 – 02 – 06.

义核心价值体系的认同和接受。"全过程"是指不能狭隘地将社会主义核心价值体系的教育限定在校园里，而要从学校、家庭和社会"三位一体"的角度加以全面的理解。学校教育是国民教育过程中的主体，但学校教育必须与家庭教育、社会教育结合起来，才能更有成效。① 有学者提出，从广义范围来说，国民教育应该包括学校教育、社会教育、家庭教育三个方面。把社会主义核心价值体系融入国民教育全过程是一项系统化工程，要把学校教育、家庭教育和社会教育有机结合起来，建立健全家、校、社三位一体的全方位教育网络；从家庭教育方面来说，在家庭内进行社会主义核心价值体系教育有其独特的优势，它是一种从起点到终点的全程教育；从学校教育方面来说，要把社会主义核心价值体系贯穿到各级各类学校，贯穿到从幼儿园到大学教育的全过程，根据不同类型学校的特点，针对各教育阶段教育对象的心理特征和接受能力，制定相应的教育目标、要求和方案；从社会教育方面来说，社会教育是社会主义核心价值体系教育的重要组成部分，也是对学校教育和家庭教育的进一步强化和补充。社会主义核心价值体系教育本身就是一项要求群众广泛参与的实践活动，一项需要多方关心支持的社会工程。只有加强综合治理，多管齐下，形成学校、家庭、社会的合力，才能营造有利于社会主义核心价值体系教育的良性社会环境。此外，社会主义核心价值体系融入国民教育要注重社会实践的开展。通过建立实践教育基地、开展社会调查和参与社会公益活动，把社会主义核心价值体系融入青少年学生社会实践之中，让青少年学生对社会主义核心价值体系产生情感认同、实践认同、真信真用。② 还有学者认为，把社会主义核心价值体系融入国民教育的全过程应坚持教育合力的原则，就是把社会主义核心价值体系渗透到全社会，使全方位、各领域、多层次协调配合而形成教育合力。③

### 3. 关于把社会主义核心价值体系融入国民教育全过程的主要思路

有学者认为，国民教育要有力地担负起建设社会主义核心价值体系

① 周中之. 社会主义核心价值体系融入国民教育全过程初探 [J]. 思想理论教育, 2009 (11).

② 刘志军, 严淑华. 社会主义核心价值体系融入国民教育的路径 [N]. 光明日报, 2012 - 07 - 14.

③ 董朝霞. 论社会主义核心价值体系建设的原则与方法 [J]. 思想理论研究, 2009 (23).

的庄严职责，就必须把社会主义核心价值体系融入国民教育体制，也就是要把社会主义核心价值体系纳入国民教育的目标体系、内容体系，并贯穿于国民教育的各个层次、各个环节，开展形式多样的教育活动，才能将社会主义核心价值体系的要求转化为每个公民的内在精神信仰和现实行动追求。① 也有学者明确提出了加强社会主义核心价值体系融入国民教育全过程的四条思路：一是在社会主义核心价值体系统摄下整合优化德育资源（包括德育内容的整合、德育活动的整合和德育队伍的整合），目标是"量上控制、质上突破"；二是重视大众文化（指采取时尚化方式运作、以现代传媒特别是电子传媒为介质大批量生产的当代文化形态）对学生的影响，加强社会主义核心价值体系融入国民教育全过程中社会环境的建设，三是以"责任"为核心加强教师职业道德建设，推动社会主义核心价值体系融入国民教育全过程；四是围绕各级学校思想政治理论课程改革，加强网络平台建设，使主渠道在社会主义核心价值体系融入国民教育全过程中更有效地发挥"主心骨"作用。② 此外，还有学者指出，应该建立一整套社会主义核心价值体系的国民教育机制，包括国民教育创新机制、国民教育整合机制、国民教育激励机制和国民教育长效机制，从而使社会主义核心价值体系在融入国民教育的过程中促进中国特色社会主义事业的发展。③

**4. 关于在国民教育的重点对象——未成年人和青年大学生中贯穿社会主义核心价值体系教育**

学者们普遍认为，国民教育的重点对象是未成年人和青年大学生。国民教育序列中不同学段的青少年有着不同的思维能力和认知水平，其思想变化也是阶段性的。要关注不同阶段受教育者的心理特征、认知规律和道德需求，将社会主义核心价值体系教育内容分层细化，突出重点，形成层次递进、结构合理的德育工作体系。

切实把社会主义核心价值体系教育融入未成年人的思想道德建设之

① 王琴. 将社会主义核心价值体系融入国民教育体制 [J]. 唯实，2011 (2).
② 周中之. 社会主义核心价值体系融入国民教育全过程初探 [J]. 思想理论教育，2009 (11).
③ 孙洪敏. 将社会主义核心价值体系融入国民教育 [J]. 文化学刊，2010 (4).

中。党和国家高度重视未成年人的社会主义核心价值体系教育。党的十
七届六中全会召开后，教育部制定了《社会主义核心价值体系融入中小
学教育全过程指导纲要》。2012年，刘云山同志在全国未成年人思想道
德建设工作视讯会议上讲话，强调要深入贯彻落实党的十七届六中全会
精神，以建设社会主义核心价值体系为根本，突出重点、抓住关键，巩
固提高、深化拓展，着力构建学校、家庭、社会紧密配合的教育网络，
着力营造良好的社会文化环境，着力完善各方面共同参与的长效机制，
推动未成年人思想道德建设工作不断取得新进展。如何提高未成年人社
会主义核心价值体系教育的实际效果，学者们多有论述。有研究认为，
要根据不同学段需求开展社会主义核心价值体系教育，小学要着重进行
"五爱"教育、文明礼貌教育、行为养成教育；初中着重进行国情教
育、法制教育和心理健康教育；高中初步进行马克思主义教育、毛泽东
思想教育、三个代表教育、科学发展观教育。不同学段有不同的任务，
各有侧重。同时，在中小学进行社会主义核心价值体系教育，重要的不
是"讲了、听了、知道了"，而是"懂了、做了、落实了"。关键是要
践行，做到"三进、三入、三个做起"：进课堂、进校园、进教材；入
脑、入耳、入心；从现在做起、从我做起、从生活日常小事做起。[①] 还
有学者提出，中小学社会主义核心价值体系教育实施重在融入：第一，
将社会主义核心价值体系融入德育课程等各门学科教育教学，不仅在内
容上要融入，在整个教育环节过程当中也要融入；第二，重视校园文化
氛围对学生潜移默化的影响，加强校风、学风建设，组织开展形式多样
的课外文化活动；第三，加强教师队伍建设，提高教师素质；第四，强
调知行统一，在实践和体验中把社会主义核心价值体系融入学生的学习
过程；第五，充分利用公共社会资源，使其成为社会主义核心价值体系
教育最生动的课堂；第六，将社会主义核心价值体系融入学校管理服
务，在学校管理中体现科学、民主、人本、诚信和公平正义，把学生的
健康成长作为学校教育教学管理工作的出发点和落脚点，使学校的每一

---

① 王文湛. 要根据不同学段需求开展社会主义核心价值体系教育 [J]. 中国德育，2011
(10).

个岗位都成为正向的教育激励；第七，重视学校教育与家庭教育、社会教育的有机结合，增强教育合力；第八，注重信息网络的影响，将网络的积极影响最大化。① 也有学者指出，开展中小学社会主义核心价值体系教育应着重处理好以下几组关系：部分与整体的关系、灌输与感受的关系、知识与方法的关系、时效与实在的关系、内容与重心的关系、教师与（人生）导师的关系、课堂与社会的关系、历史与现实的关系、主流与支流的关系。②

大学生是践行社会主义核心价值体系的重要群体，一些学者就在大学生中开展社会主义核心价值体系教育进行了探讨。意义方面，有学者认为，高校要更好地承担起为社会主义事业培养合格接班人和建设者的历史重任，就必须坚持开展大学生社会主义核心价值体系教育，努力使当代大学生成为社会主义核心价值体系的坚定信仰者、积极传播者和模范践行者。③ 有学者认为，建设社会主义核心价值体系是高校思想政治教育的本质所向和内含之义，高校思想政治教育是建设社会主义核心价值体系的重要路径和基本要求。④ 还有学者从大学生发展的角度，指出积极开展大学生社会主义核心价值体系教育，有利于坚定大学生的理想信念，增强他们对国家民族的认同感；有利于引领社会思潮，为大学生价值选择提供导航；有利于为大学生提供道德规范，促进大学生全面发展。⑤ 原则方面，有学者认为要确保大学生社会主义核心价值体系教育取得实效，必须坚持育人为本、以学生为主体原则，正面教育、以立为主原则，尊重规律、有机渗透原则，重在实践、知行统一原则，与时俱

---

① 高洪. 中小学社会主义核心价值体系教育实施重在融入 [J]. 中国德育，2011（10）.

② 时龙. 开展中小学社会主义核心价值体系教育应着重处理好以下几组关系 [J]. 中国德育，2011（10）.

③ 张秉让. 坚持以社会主义核心价值体系引领大学生思想政治教育 [J]. 思想教育研究，2008（4）.

④ 张再兴，杨增崒. 社会主义核心价值体系与高校思想政治教育发展 [J]. 思想政治教育研究，2008（2）.

⑤ 刘瑞娟. 高校加强社会主义核心价值体系教育的意义和途径 [J]. 教育与职业，2008（6）.

进、不断创新原则。① 同时，还要着重处理好几对辩证关系，即要正确
处理彰显主渠道与多项渗透的关系、一元主导与多元互动的关系、理论
引导与自我教育的关系、显性教育与隐性教育的关系、理论教育与实践
教育的关系。② 主要途径方面，有学者指出，高校在加强社会主义核心
价值体系教育过程中，应充分发挥思想政治理论课的主渠道作用；将社
会主义核心价值体系贯穿学生教育管理始终；以社会实践活动为载体，
加强大学生对社会主义核心价值体系的认识；努力提高教师的思想理论
素质，充分发挥教师的作用；加强校园文化环境建设。在开展教育活动
时应注意把坚持正面教育为主与批判错误思潮结合起来；坚持全员育
人、全方位育人，形成合力；把教育活动与解决大学生的实际问题结合
起来。③

### (二) 把社会主义核心价值体系融入精神文明建设全过程

坚持把社会主义核心价值体系融入精神文明建设全过程，是我们党
深刻总结历史经验，针对我国改革开放和社会主义现代化建设实际提出
来的，它抓住了社会主义精神文明建设的关键，体现了时代要求和社会
主义先进文化的前进方向。李长春同志在全国精神文明建设工作表彰大
会上强调指出：“坚持把建设社会主义核心价值体系作为基础工程和灵
魂工程，贯穿到精神文明建设各个领域。”④ 围绕社会主义核心价值体
系和精神文明建设的关系、社会主义核心价值体系建设在精神文明建设
中的重要地位、把社会主义核心价值体系融入精神文明建设全过程的条
件以及具体要求，学术界进行了全面探讨。

### 1. 关于社会主义核心价值体系和精神文明建设的关系

有学者认为，社会主义核心价值体系和精神文明建设具有统一性。

---

① 黎开谊. 论大学社会主义核心价值体系教育的基本原则 [J]. 学校党建与思想教育，
2010 (7).
② 黎开谊. 大学生社会主义核心价值体系教育需要处理好的几个辩证关系 [J]. 理论导
刊，2010 (6).
③ 张信杰. 浅谈加强大学生社会主义核心价值体系教育的主要途径 [J]. 思想理论教育
导刊，2009 (12).
④ 李长春. 在全国精神文明建设工作表彰大会上的讲话 [N]. 人民日报，2011 - 12 -
21.

社会主义精神文明和社会主义核心价值体系都属于社会主义社会精神层面的范畴，它们从不同的角度来反映社会精神文化生活，但又有着共同的价值基础、价值内容和价值目标。在价值基础上，社会主义精神文明和社会主义核心价值体系都代表着我国最广大人民的根本利益，表达了人民群众价值追求方面的共同愿望；在价值内容上，它们都以马克思主义为指导思想，以中国特色社会主义为共同理想，以爱国主义为核心的民族精神和以改革创新为核心的时代精神、社会主义荣辱观作为价值观的基本内容；在价值目标任务上，都是为了满足人民群众日益增长的文化需要，为了提高广大人民群众的思想道德素质和科学文化素质，为建设中国特色社会主义打牢共同思想基础。社会主义核心价值体系和社会主义精神文明本质上的一致性，决定了把社会主义核心价值体系和社会主义精神文明建设有机结合起来的可能性。① 也有学者指出，社会主义核心价值体系是精神文明内涵中思想道德部分最主要的内容。因此，社会主义核心价值体系建设与社会主义精神文明建设两者紧密联系，互相包含，互相促进，互为目的。社会主义核心价值体系建设的目标，就是要提高全民族的精神素质，尤其是提高全民族的思想道德素质。而建设社会主义精神文明，说到底，也是要提高全民族的素质，为经济发展和社会全面进步提供强大的精神动力和智力支持，培育适应社会主义现代化建设要求的一代又一代有理想、有道德、有文化、有纪律的社会主义新人。因此，社会主义核心价值体系建设与精神文明建设的目标是一致的。②

### 2. 关于社会主义核心价值体系建设在精神文明建设中的重要地位

有学者指出，社会主义核心价值体系建设在精神文明建设中处于统摄和支配的重要地位，集中体现了精神文明建设的性质和方向。只有坚持把建设社会主义核心价值体系融入精神文明建设全过程，才能保证思想道德建设和科学文化建设沿着正确的方向和道路前进，才能建设起具

---

① 罗一民. 将社会主义核心价值体系融入精神文明建设全过程 [N]. 光明日报，2007 – 07 – 01.

② 王琴. 浅议如何将社会主义核心价值体系融入精神文明建设体制 [N]. 学习与实践，2011（3）.

有中国特色的社会主义精神文明，才能为推进社会主义现代化建设、构建社会主义和谐社会提供精神动力、思想保证、舆论支持和文化条件。因此，加强精神文明建设，必须以社会主义核心价值体系建设为根本。① 也有学者指出，精神文明建设是在人的精神领域搞建设，直接影响人们的思想观念、价值判断、道德行为。只有把社会主义核心价值体系融入精神文明建设，才能把积极的人生追求、高尚的情感境界、健康的生活情趣传递给人民，在潜移默化中培育正确价值取向、增进社会思想认同。② 还有研究指出，首先，社会主义精神文明建设是社会主义核心价值体系的重要载体和外在体现，精神文明创建所涉及的工作，都体现了社会主义核心价值体系的基本内容和要求；其次，社会主义精神文明建设必须以社会主义核心价值体系为指导。③

### 3. 把社会主义核心价值体系建设融入精神文明建设全过程的具体要求

有学者提出要从社会主义精神文明建设的整体出发来思考、规划、落实建设社会主义核心价值体系的工作，要切实将社会主义核心价值体系纳入社会主义精神文明建设的目标和任务体系，社会主义精神文明建设各方面的工作的开展都要围绕这一目标和任务，努力为其创造文化条件、整合有效资源、提供有力保障。④ 也有研究认为，把社会主义核心价值体系融入精神文明建设全过程要做到"五个结合"，即结合创建文明城市、结合开展公民思想道德教育、结合农村精神文明创建活动、结合搞好未成年人思想道德建设工作、结合开展社会志愿服务活动，加强社会主义核心价值体系建设。⑤ 还有研究表明，把社会主义核心价值体系建设融入精神文明建设全过程，应按照社会主义核心价值体系基本内

---

① 山东省邓小平理论与三个代表研究中心. 以社会主义核心价值体系建设为根本　切实加强精神文明建设 [J]. 理论学习, 2007 (5).

② 罗会德. 推进社会主义核心价值体系建设的三重维度 [J]. 思想教育研究, 2012 (8).

③ 社会主义核心价值体系与社会主义精神文明建设的辩证关系 [J]. 实践, 2010 (9).

④ 王琴. 浅议如何将社会主义核心价值体系融入精神文明建设体制 [J]. 学习与实践, 2011 (3).

⑤ 李景利. 把社会主义核心价值体系融入精神文明建设全过程 [J]. http://unn.people.com.cn/GB/22220/142927/15253409.html.

容的要求，遵循精神文明建设的客观规律，认真总结经验，紧密结合实际，从多方面采取切实有效的措施，着力抓好五个方面的工作：第一，以发展着的马克思主义为重点，对全党全国人民进行马克思主义基本理论教育；第二，牢牢抓住中国特色社会主义这一主题，积极开展中国历史和基本国情教育，大力讴歌民族精神和时代精神；第三，广泛开展社会主义荣辱观的宣传普及教育，扎实推进公民道德建设工程；第四，贯彻"三贴近"原则，坚持正确的导向，为建设社会主义核心价值体系提供良好的思想舆论环境；第五，从严治党，搞好党风，充分发挥党的领导核心作用。① 此外，也有研究明确指出，文明城市、文明行业、文明村镇是精神文明建设行之有效的三大创建载体，把社会主义核心价值体系融入到精神文明建设的全过程，也就是要融入到三大创建活动中。而要把这些活动深入推进，首要的就是要以围绕社会主义核心价值体系为内容，与时俱进创新活动载体。活动载体要立足基层、着眼实践、注重养成。② 还有学者指出，社会主义核心价值体系的宣传和落实要在三个转换方面多做工作：一是从理论体系到格言警句，使之短小精悍、形象生动、朗朗上口、过目不忘、耳熟能详、妇孺皆知；二是从理论界走向人民大众，从学术圈走向老百姓，使普通民众都能了解和把握；三是从知到行，从理论到实践，使之真正成为人民群众的生活规范和行动自觉。③

### （三）把社会主义核心价值体系融入党的建设全过程

胡锦涛总书记在庆祝中国共产党成立90周年大会上的讲话中提出要"把社会主义核心价值体系建设融入党的建设全过程"。这一崭新命题开辟了社会主义核心价值体系建设和党的建设的理论研究及实践发展的新境界，对于实现二者的协同推进具有重要意义。可以说，把社会主

① 山东省邓小平理论与三个代表研究中心.以社会主义核心价值体系建设为根本 切实加强精神文明建设 [J].理论学习，2007 (5).

② 魏赫男.把社会主义核心价值体系融入精神文明建设中 [J].精神文明导刊，2009 (12).

③ 郭建宁.中国特色社会主义文化建设的战略构想 [J].创新，2009 (3).

义核心价值体系建设融入党的建设全过程，既是社会主义核心价值体系
建设的重大任务，又是党的建设的重大任务。围绕社会主义核心价值体
系建设和党的建设的关系以及把社会主义核心价值体系融入党的建设全
过程的基本要求、实现途径、着力点等问题，学术界进行了深入探讨。

**1. 关于社会主义核心价值体系建设和党的建设的关系**

有研究指出，社会主义核心价值体系建设与党的建设在本质上是紧
密相关的。一方面，社会主义核心价值体系是社会主义意识形态和先进
文化的集中体现；社会主义核心价值体系建设是党领导人民建设中华民
族共同精神家园的主体工程，是社会主义文化和精神文明建设的主体工
程。另一方面，先进性是中国共产党的本质属性，社会主义核心价值体
系的先进性是党的先进性在思想文化精神上的体现；推进党的建设新的
伟大工程，是要更好地建设一个马克思主义执政党，使党始终成为建设
和发展中国特色社会主义的领导核心。同时，社会主义核心价值体系建
设与党的思想建设在内容上具有高度的吻合性。社会主义核心价值体系
内在地包含了马克思主义执政党的指导思想、远大理想、革命精神和执
政理念，体现了马克思主义执政党的道德境界和价值追求。领导和推进
社会主义核心价值体系建设是党的意识形态工作的核心任务。正因为如
此，执政党首先应该成为宣传和实践社会主义核心价值体系的典范。核
心价值体系建设和党的建设是相互联系的实践进程，这种联系和互动呈
现系统性与过程性相统一的特征。二者互为背景、互为资源支撑，互相
促进、保持持续性的共生，互为因果、互相提供真理性的确证。社会主
义核心价值体系建设融入党建全过程，就是要把社会主义核心价值体系
的精神实质和基本要求贯彻到党建主线及思想、组织、作风、制度和反
腐倡廉建设中去，进一步提升执政党自身和国家的文化软实力。①

有研究详细分析了社会主义核心价值体系在党的思想建设、组织建
设、制度建设以及作风建设中的重要地位，指出：社会主义核心价值体
系建设是党的思想建设的主要内容；社会主义核心价值体系建设是党的

---

① 社会主义核心价值体系研究中心. 把社会主义核心价值体系建设融入党的建设全过程
[N]. 光明日报，2011 - 10 - 18.

组织建设的必然要求；社会主义核心价值体系建设是党的制度建设的有力保证；社会主义核心价值体系建设是党的作风建设的价值追求。① 有学者重点关注党的思想文化建设，认为建设社会主义核心价值体系是党的思想文化建设中的核心内容。第一，社会主义核心价值体系是社会主义思想文化的灵魂。思想文化建设是一项庞大的系统工程，其中价值观是思想文化建设的核心内容，核心价值观则是该社会所特有的文化、文明的精神实质和显著标志，是其赖以维系的精神支柱。第二，以社会主义核心价值体系为核心进行党的思想文化建设，可以提高党的战斗力，以应对各种新问题新挑战。②

**2. 关于把社会主义核心价值体系融入党的建设全过程的实现途径**

有研究指出，把社会主义核心价值体系建设融入党的建设全过程，必须把握其本质要求和内在规律，在融入理念、创新融入路径、创新融入方式方法等方面着力创新探索，真正实现入心进脑见行动，使党员和各级党组织成为传播和实践社会主义核心价值体系的先锋模范和坚强堡垒。首先，要把巩固和加强党的意识形态领导权放在执政党建设首要位置；其次，要针对新时期党员和干部的思想需求和行为特征，积极探索融入的有效方法；再次，要以改革创新精神构建和完善融入的体制机制。③ 有学者指出，把社会主义核心价值体系建设融入党的建设全过程，是顺应国际国内形势变化和加强自身建设的需要。实现这一目标，必须坚持以党的执政能力建设和先进性建设为主线，要坚持四个着力点：着力于提高党的建设科学化水平，把核心价值体系融入到以改革创新精神加强党的建设的全过程；着力于实现党的建设的核心价值目标，把核心价值体系建设融入到全心全意为人民服务的全过程；着力于发挥党员干部的先锋模范作用，把社会主义核心价值体系建设融入创先争优活动全过程；着力于维护党的形象，把社会主义核心价值体系建设融入

① 赵宝军. 论社会主义核心价值体系在党的建设中的地位和作用 [J]. 求知, 2011 (9).

② 黄桂英. 建设社会主义核心价值体系与党的思想文化建设 [J]. 理论探讨, 2012 (4).

③ 社会主义核心价值体系研究中心. 把社会主义核心价值体系建设融入党的建设全过程 [N]. 光明日报, 2011 - 10 - 18.

党的作风建设全过程。①

## （四）把社会主义核心价值体系贯穿改革开放和社会主义现代化建设各领域

经济社会生活的各方面都蕴含和体现着价值导向，都能对人们的价值选择、价值取向产生重要影响，这是因为"每个历史时代的经济生产以及必然由此产生的社会结构，是该时代政治的和精神的历史的基础"。② 社会主义核心价值体系的构建以社会主义生产方式为基础，必然体现中国特色社会主义的经济、政治、文化等的基本特征，体现广大工人阶级和人民群众的根本利益。只有把社会主义核心价值体系贯穿改革开放和社会主义现代化建设各个领域，从政策环境、体制环境、社会环境等多方面给予有力支撑，才能形成建设社会主义核心价值体系的强大合力，充分发挥主流价值导向的引领作用。围绕着社会主义核心价值体系与中国特色社会主义建设实践的关系，以及把社会主义核心价值体系贯穿改革开放和社会主义现代化建设各领域的具体方法，理论界、学术界展开了讨论。

### 1. 关于社会主义核心价值体系与中国特色社会主义建设实践的关系

有学者明确指出，社会主义核心价值体系本质上属于以实践—精神方式把握世界的实践理性。是当代中国马克思主义实践理性，是党领导人民对中国特色社会主义事业的实践—精神把握方式，它从根本上服务于中国特色社会主义建设实践。实现中国特色社会主义理想目标，必须诉诸经济社会的全面、协调、可持续发展。推动以人为本的科学发展实践，是社会主义核心价值体系理论功能和实践特质的集中展示。建设社会主义核心价值体系，不只是一个理论问题，更是一个实践问题，坚持把社会主义核心价值体系贯穿于现代化建设的各个方面和全部过程，目的在于引导我国的现代化建设走上人本化、科学化的正确轨道，为科学发展实践提供价值支撑和方向指南，并在掌握群众、指导实践的过程中

---

① 赵爱玲.把社会主义核心价值体系建设融入党的建设全过程探析［J］.学校党建与思想教育，2011（10）.

② 马克思，恩格斯.马克思恩格斯选集：第一卷［M］.北京：人民出版社，1995：232.

转化为巨大的物质力量。① 有学者分析了把社会主义核心价值体系贯穿于经济、政治、文化、社会建设各个领域的切实必要性，并指出社会主义核心价值体系是根源于和服务于社会主义建设实践的。人民群众只有直接和真正地从社会主义制度中获得了实实在在的实惠、利益和幸福，才有助于他们真切地拥护社会主义制度，认同社会主义核心价值观念、构建社会主义核心价值体系更为根本的、更为基础的前提，就是要在大力发展社会生产力和坚持社会主义基本经济制度的基础上，不断推进经济建设、政治建设、文化建设和社会建设的协调发展和全面进步，更加注重社会公正和社会公平，让广大人民群众平等地分享社会主义改革和建设的成果。② 也有学者从构建社会主义和谐社会的角度指出，建设社会主义核心价值体系，是构建社会主义和谐社会的有机组成部分，与构建社会主义和谐社会是同一个过程。从根本上说，建设社会主义核心价值体系，必须依赖于构建社会主义和谐社会的实践，在这一实践过程中得以巩固和发展，使二者相互协调、相互促进。要在共同建设、共同享有的和谐社会中，打牢社会主义核心价值体系的制度基础；在贯彻社会主义和谐社会的总要求中，丰富核心价值体系的时代内涵；在加强社会事业建设中，培育核心价值体系的社会条件；在化解社会矛盾中，促进核心价值体系的心理认同。③

**2. 关于把社会主义核心价值体系贯穿改革开放和社会主义现代化建设各领域的具体方法**

有学者指出，要坚持用发展的办法解决前进中的问题，大力发展社会主义社会生产力，不断满足人民群众日益增长的物质文化需求；要适应构建社会主义和谐社会的战略要求，着力推动经济社会协调发展；要充分发动和依靠群众，从他们最关心的问题入手，使社会主义核心价值体系的实践转化给他们带来实实在在的实惠；坚持从严治党、从严治

---

① 张晓东. 社会主义核心价值体系的理论内涵与实践特质 [J]. 马克思主义研究，2008 (3).
② 顾铭心. 论社会主义核心价值体系构建原则的三维视野 [J]. 兰州学刊，2007 (8).
③ 颜晓峰. 在构建和谐社会的实践中建设社会主义核心价值体系 [J]. 大连干部学刊，2007 (7).

吏，充分发挥党员干部的引领示范作用，树立焕然一新的党风、政风、行风。坚持以人为本，高度关注民生，建立合理有序的收入分配格局，实施积极的就业政策，坚持教育优先发展，加强医疗卫生服务，推进住房改革，建立覆盖城乡居民的社会保障体系，同时在公共秩序、社会服务、产品质量、食品安全、旅游出行、环境保护、网络文明等方面取得实质性改善，让人们切身感受到社会主义核心价值体系实践转化的推动作用。① 还有研究指出，把社会主义核心价值体系贯穿于改革发展大业，是新的伟大实践。就在改革开放中贯穿社会主义核心价值体系来说，要站稳改革开放的立场代表人民利益；要把准改革开放的举措，体现劳动价值；要明确改革开放的目标，体现共同富裕。就现代化建设中贯穿社会主义核心价值体系来说，要在我国产业发展上，体现创新的时代精神；在市场体制发展上，建设创新的引导体制。②

## 三、简要评析

自党中央提出建设社会主义核心价值体系的任务，推动社会主义文化大发展大繁荣以来，理论界、学术界关于用社会主义核心价值体系引领文化建设的研究已经取得了广泛的共识和丰富的成果。通过梳理分析，我们可以看出，目前这方面的研究主要有以下几个特点。

一是研究的依据准确统一。党的十七大提出了建设社会主义核心价值体系的重大任务，十七届六中全会进一步强调了把社会主义核心价值作为兴国之魂的重要地位，明确指出了社会主义核心价值体系在文化建设中的重要作用。中央文件关于社会主义核心价值体系重要地位的权威论断和科学表述，得到了理论界和学术界的普遍赞同，成为相关研究的重要依据。不少学者直接从中央文件出发，对用社会主义核心价值体系引领文化建设的任务作出了解读和阐释，有关研究也或多或少地引用了

---

① 陈其耐. 社会主义核心价值体系的实践转化 [J]. 人民论坛, 2010 (14).
② 董玉田. 把社会主义核心价值体系贯穿于改革发展大业 [J]. 理论导报, 2012 (6).

中央文件的相关内容，使有关社会主义核心价值体系及其引领文化建设的研究依据准确，方向统一，论述鲜明。

二是研究的范围较为广泛。如前所述，学术界对社会主义核心价值体系以及用社会主义核心价值体系引领文化建设的研究范围较广，涉及社会主义核心价值体系的内涵和外延及其在意识形态建设中的地位和作用，社会主义核心价值体系与社会主义先进文化的关系，社会主义核心价值体系的文化功能、对文化建设的作用与价值，建设社会主义核心价值体系的原则、思路、机制保障，以社会主义核心价值体系引领文化建设的内容、方法、路径，把社会主义核心价值体系融入国民教育、精神文明建设和党的建设全过程，贯穿改革开放和社会主义现代化建设各领域等。可见，学术界对这一问题的研究总体来说较为全面广泛。

三是研究的重点较为集中。学术界对社会主义核心价值体系以及用社会主义核心价值体系引领文化建设的研究，主要集中于探讨用社会主义核心价值体系引领多样化社会思潮、建设社会主义核心价值体系对文化建设的重要作用、社会主义核心价值体系与党的建设、社会主义核心价值体系与和谐文化建设等内容。在这些问题的具体论述中，又相对集中于论述高校的社会主义核心价值体系建设及其相关问题。学术界把研究的重点集中于以上几个问题，一方面说明这些问题是当今社会的热点和焦点，另一方面也说明有关社会主义核心价值体系及其引领文化建设的研究重点还需要进一步拓展与深化。

通过对以上特点的分析，我们可以看出目前学术界对这一问题的研究依据准确，范围广泛，重点突出，已经取得了较为丰富积极的成果。同时，也存在一些不足，这主要体现在以下几个方面：一是理论研究的深度不够，二是认同研究的强度不够，三是实证研究的力度不够，四是联系研究的广度不够。因此，还需要从这些方面改进和加强。

第一，深化对以社会主义核心价值体系引领文化建设的理论研究。深入的理论研究有利于增加说服力和提高认知度，也有利于更好地指导实践。目前关于社会主义核心价值体系的理论研究比较空泛，深度还有待挖掘。例如，许多研究仅仅停留在引用、阐释和解读中央文件的层次上，没有做出深刻的论证和分析。诚然，中央文件具有高度的权威性和准确性，但是学术研究决不能仅仅满足于政治宣传口号，而要用学术规范和学术理论进行深入研究。此外，在一些专有概念术语的界定和使用上，不同的学者有不同的观点，没有明确概念，不准确也不统一。例如，对社会主义先进文化、国民教育等术语的具体内容阐述较多，但对先进文化、国民教育本身的概念界定不够，因此导致论述模糊不清。就先进文化研究来说，不少学者论述了社会主义核心价值体系是社会主义先进文化的精髓、精髓的体现及二者的关系，但对社会主义先进文化的概念却缺少准确简洁话语的界定。就国民教育来说，有学者把国民教育看作从幼年到老年的各种教育形式，也有学者把家庭教育、学校教育、社会教育看作是国民教育，对此缺乏明确的界定和深入的探讨。因此，推进核心价值体系建设的理论研究，尚需通过充分研读马克思主义经典著作的基础理论，准确理解党的路线方针政策，批判吸收中国传统文化理论，借鉴国外文化建设的有益经验、总结社会主义核心价值体系引领文化建设的经验，进一步拓展研究的深度和广度。

第二，加强对社会主义核心价值体系引领文化建设的认同研究。社会主义核心价值体系为大众所掌握，需要经历接受、认同、践行的过程。用社会主义核心价值体系引领文化建设，首先需要唤起大众的认同。目前，学术界关于社会主义核心价值体系的认同研究，主要侧重于研究其必要性和重要性，突出它的重要意义，以此来增强大众的认同感。例如，许多学者论述了社会主义核心价值体系的文化功能，对文化建设的作用和影响等。事实上，要增强认同感还要从不同的阶层出发，根据所处阶层的特点进行阐述和诠释，做好社会主义核心价值体系的理论转换工作，唤起不同阶层对这一理论的认同感。目前，高校、党政机关等以其独特的优势对社会主义核心价值体系的认同处于较高的水平，对高校、党政机关的社会主义核心价值体系建设的研究也十分丰富；而其他阶层（如农民工）由于本身的文化理论水平及生活的关注重点不同，则可能对社会主义核心价值体系缺乏应有的关注，而相关的认同研究也相对较少，这显然不利于扩大社会主义核心价值体系的认同度。因此，要进一步强化对社会主义核心价值体系的认同研究，真正使社会主义核心价值体系深入人心，营造一个良好的文化建设氛围。

　　第三，注重对用社会主义核心价值体系引领文化建设的实证研究。社会主义核心价值体系引领文化建设，不能仅仅停留于理论阐述上，更需要理论与实践相结合，指导实践，转化为实践。但是，目前的研究很多都是抽象的逻辑推演，更多侧重于理论说明和观念阐述，而建立在实地调查研究基础上的实证分析和数据说明却相对不足。这样的研究成果固然有价值和意义，但其局限也非常明显，那就是针对性不突出，科学性和指导性也相对较弱。例如，关于把社会主义核心价值体系融入国民教育、精神文明建设和党的建设全过程，贯穿改革开放和社会主义现代化建设各领域的理论研究较多，涉及社会主义核心价值体系在各种建设中的地位和作用、社会主义核心价值体系与各种建设的关系，以及如何切实推进社会主义核心价值体系融入这些建设的实证研究则有待加强，尤其是关于社会主义核心价值融入精神文明建设以及贯穿改革开放和社会主义现代化建设的实证研究更为缺乏。当前，对于用社会主义核心价值体系引领文化建设的方法路径、存在的困难和问题、产生问题的原因、解决问题的对策和措施等，目前的研究更多关注抽象的逻辑演绎和分析推理，缺少具体的例证分析和翔实的数据统计，使理论转化为实践缺乏科学的指导。因此，需要进一步关注用社会主义核心价值体系引领文化建设的实证研究，提升研究的针对性和实效性。

　　第四，重视用社会主义核心价值体系引领文化建设的整体性研究。就社会主义核心价值体系的内部联系来说，它的四个组成部分是一个有机的整体，研究社会主义核心价值体系，必须从体系上把握社会主义核心价值体系的结构、功能和相互联系。目前的学术界或注重具体研究社会主义核心价值体系的某个部分，即专门研究马克思主义指导思想，专门研究中国特色社会主义共同理想，专门研究民族精神和时代精神，专门研究社会主义荣辱观；或把社会主义核心价值体系作为整体来研究，但是对社会主义核心价值体系四个组成部分之间相互关系的研究，以及对社会主义核心价值体系各部分对文化建设作用和意义的研究相对较少，而且已有的研究成果也较为笼统，存在一定的研究空白。以社会主义荣辱观的研究为例，目前学术界对社会主义荣辱观与社会主义核心价值体系中其他三个方面的内容，即与马克思主义指导思想、中国特色社会主义共同理想、以爱国主义为核心的民族精神和以改革创新为核心的时代精神之间的关系缺少必要的研究。再如，对社会主义荣辱观与社会主义文化建设之间的互动关系缺少必要的研究。社会主义核心价值体系作为严密的逻辑体系，在理论上集社会主义价值理念之大成，引领着社会的价值取向。但是，从理论引领转化为实践引领并不是自然发生的，而是在实践中实现的。社会主义荣辱观作为社会主义核心价值体系转化为实践的基础，这其中蕴含的逻辑关系以及发生作用的机制如何，社会主义核心价值体系引领文化建设的作用、功能、价值和意义如何通过社会主义荣辱观体现和落实，都缺少更为深入的理论研究。此外，用社会主义核心价值体系引领文化建设的研究，不仅仅要涉及社会主义核心价值的研究，涉及文化建设的研究，更要努力扩展二者之间相互联系的研究：如社会主义核心价值体系作为意识形态的本质研究，社会主义核心价值体系对于增强文化软实力、建设文化强国的研究，以及相关的文化理论实践和宣传教育研究等；这样才能增强研究的合力，扩展研究的领域，推动实践活动的展开。

综上所述，用社会主义核心价值体系引领文化建设是当今中国社会发展和民族振兴的重大课题，日益成为学术界、理论界的研究热点。在今后的研究中，还需不断深化研究力度，拓宽研究领域，创新研究思路，改进研究方法，不断增强研究的学理性、针对性和实效性。

# 第四章　关于发展繁荣文化事业和文化产业研究

　　党的十七大报告明确提出要推动社会主义文化大发展大繁荣，兴起社会主义文化建设新高潮。十七届六中全会通过的《中共中央关于深化文化体制改革、推动社会主义文化大发展大繁荣若干重大问题的决定》，明确提出"加快发展文化产业，推动文化产业成为国民经济支柱性产业"。这是党和政府对文化产业发展做出的重要部署，使文化产业在国民经济中的地位得到不断强化。十七大以来，党和政府把发展繁荣社会主义文化事业作为国家建设的重要目标之一，把提升国家"文化软实力"作为实现中华民族伟大复兴的新的战略着眼点。社会主义文化作为现代社会发展的精神动力、智力支持和思想保证，越来越成为民族凝聚力和创造力的重要源泉，越来越成为综合国力竞争的重要因素。

　　在此背景下，我国文化事业和文化产业的发展受到社会各界的广泛关注，关于传统的文化事业的研究不断深入，关于文化产业的研究受到普遍关注并持续拓展，初步形成了较为全面科学的研究体系。特别是在文化产业研究领域，文化产业政策及基础理论研究部分起步较早，发展较为成熟，涉及我国文化产业政策的功能、应用、发展历程等各个方面，其中文化产业发展现状研究部分目前发展迅速，与实践结合最为紧密，但如何更有效地指导文化产业在新经济形势下的调整转型，仍然有待思考。在文化产业建设策略研究方面，目前研究仍倾向于针对具体项目给出较为零散的建议，如何将建议系统化和理论化，并应用于我国文化产业政策的制定、实施与评估，仍需进一步探索。

# 一、大力发展公益性文化事业

十七大报告中指出"要以更加自觉、更加主动的精神来推动文化发展"。党的十七届六中全会《决定》指出："大力发展公益性文化事业，保障人民基本文化权益。""满足人民基本文化需求是社会主义文化建设的基本任务。必须坚持政府主导，按照公益性、基本性、均等性、便利性的要求，加强文化基础设施建设，完善公共文化服务网络，让群众广泛享有免费或优惠的基本公共文化服务。"十七大以来，围绕发展公益性文化事业的文化建设战略，学界展开了较为深入的理论研究，取得了较大进展。

## （一）大力发展公益性文化事业的重要性及意义

"社会主义市场经济条件下文化发展的基本思路，就是一手抓公益性文化事业，一手抓经营性文化产业，两轮驱动，两翼齐飞，推动文化建设走上科学发展的轨道。"[①]围绕这一基本思路，学者就大力发展公益性文化事业的重要性等问题展开研究。

十七届六中全会从建设社会主义文化强国和构建社会主义和谐社会全局的高度突出强调了发展公益性文化事业的重要性，进一步明确了发展公益性文化事业的主要目标、基本原则和重要任务，进一步丰富了公共文化服务体系建设的基本内涵，进一步强调了政府在提供公共文化服务中的重要责任，必将推动社会主义公益性文化事业发展，开创新局面，迈上新台阶。公益性文化事业是实现好、维护好、发展好人民群众基本文化权益的主要途径，是衡量一个国家文明进步程度的重要标志，是评价人民群众幸福指数的重要方面，是提高国民整体文化素质的重要基础。有研究者认为，加强公益性文化事业建设，保障人民基本文化权益，是各级党委和政府的一项基本职责，也是社会文明进步的重要标

---

① 王三运. 大力发展公益性文化事业　保障人民基本文化权益 [J]. 求是，2008（24）.

志。保障人民基本文化权益是推动科学发展、切实改善民生的必然要求。发展公益性文化事业是保障人民基本文化权益的主要途径。发展公益性文化事业必须坚持公益性、基本性、均等性、便利性的要求。① 有论者认为，公益性文化事业是社会主义文化事业的重要组成部分，是由国家举办、不以营利为目的，面向社会、面向公众提供公共文化服务的文化事业及相关载体。公益性文化事业建设的蓬勃发展需要有相对完善的文化经济政策及多方财政支持和法制的保障，这样才能创造良好的社会、政策和舆论环境，才能更好地保障人民基本文化权益。②

发展公益性文化事业，是保障公民文化权益的有效途径。研究者指出，公益性文化事业是社会主义文化事业的重要组成部分，是全面建设小康社会的内在要求。但是，当前我国公益性文化事业的发展面临很多挑战，公益性文化事业的经费仍然是"捉襟见肘"，文化设施和设备仍然很难适应社会经济的发展、人民群众生活水平的提高对文化生活的需求。为此，我们必须采取行之有效的措施，大力发展公益性文化事业，健全完善公共文化服务体系，为广大群众提供更多的文化宣传阵地和休闲娱乐场所，进一步提高城乡物质文明、政治文明、精神文明的发展水平。③

### （二）大力发展公益性文化事业的原则与措施

关于发展公益性文化事业的基本原则，有文章指出，公益性文化事业属于非营利性文化事业，它所包含的诸多文化形式具有公共物品的属性。因此，不能将公益性文化事业完全投入市场，必须依靠政府给予必要的保障，这是政府实现人民文化权利不可推卸的责任。与此同时，公益性文化事业与西方非营利文化组织在内涵上有诸多相同之处，我们可以有选择地借鉴相关非营利文化组织运作的成熟经验。在确保国家扶持的同时，应逐步发展社会力量参与其中，积极制定完善的社会捐助机

---

① 王三运. 大力发展公益性文化事业　保障人民基本文化权益［J］. 求是，2011（24）.
② 蔺光. 公益性文化事业建设的探索与思考［J］. 理论界，2008（4）.
③ 谢晶莹. 发展公益性文化事业：保障公民文化权益的有效途径［J］. 福州党校学报，2009（1）.

制，培育和发展基金会组织，将广大的社会力量吸入公益性文化事业的建设中，给予其发展的强大动力。①

有论者认为，公益性文化事业是社会公共事业的重要组成部分。从我国文化事业建设和管理情况看，公益性文化事业具有四个主要特性：公益性、非营利性、教化娱乐性、引导性。我们推进公益性文化事业，应该注重目标导向和长远利益，而不是短期效益和眼前利益。②

研究者认为，发展公益性文化事业的原则，是坚持文化的公益性、基本性、均等性、便利性。所谓公益性，一是它的公共性，它不面向某个人或某个特殊群体，而是追求让全体公民共同受益；二是指它以社会效益为最大追求，不以营利为目的；三是它的投入由公共财政投入为主安排，而不能靠市场收费解决。所谓基本性，是指它提供的是最基本的文化服务，保障的是人民群众最基本的文化权益。所谓均等性，是要让公益性文化的阳光普照到每个人身上，使每个人无差别地享受到公共文化服务。所谓便利性，是指要让人民群众能就近、随时、低廉或免费享受到基本文化服务。③

在当代，公益性文化事业兼具事业与产业的双重性质，有论者认为在当今社会，文化不仅是一项事业，而且是一种产业，它在满足人们精神文化公共需求的同时，也在供应着文化市场的需求。经营性开发与公益性服务成为文化的两大属性。但是文化发展的最终目的是为了增加社会精神文化产品，更好地满足社会和公众日益增长的文化生活需求。因此，必须一手抓公益性文化事业，一手抓经营性文化产业，以产业发展带动事业进步；加大对公益性文化设施、项目的投入力度，降低文化消费门槛，以引导文化消费，培育文化市场。只有树立"两手抓"和"双轮驱动"的理念，文化产业与文化事业互为补充、相互作用，才能推动社会主义文化的大发展大繁荣。④

---

① 李康化，许中平. 论公益性文化事业的发展战略 [J]. 思想战线，2008（1）.
② 闫平. 文化产品和服务的公共性与公益性文化事业建设 [J]. 山东社会科学，2008（12）.
③ 龚政文. 大力发展公益性文化事业 [J]. 新湘评论，2009（2）.
④ 刘萍. 发展公益性文化事业　保障人民文化权益 [J]. 领导之友，2010（1）.

综上，公益性文化事业是我国文化建设的一个重要方面，在深化文化体制改革、繁荣发展社会主义文化的进程中，要把公益性文化事业建设放到与文化产业发展同等重要的位置上，坚持"两手抓，两加强"，使二者齐头并进，协调发展。发展公益性文化事业，应以邓小平理论和"三个代表"重要思想为指导，全面贯彻落实科学发展观，坚持为人民服务、为社会主义服务的方向，以发展繁荣为主题，以深化改革为动力，解放思想、统筹规划、增加投入、转换机制，整合资源，增强活力、改善服务。

### （三）发展公益性文化事业的构想与途径

如何从部门发展战略的角度思考公益性文化事业，是当前发展公益性文化事业的重要问题。研究者指出，公益性文化事业是社会主义先进文化的一种重要实现形式。公益性文化事业部门的发展在国家文化发展全局中占有重要位置。公益性文化事业部门应根据自身社会价值和属性，确定本部门在社会主义文化发展中的战略定位。从中国特色社会主义事业全局建设的需要出发，遵循党和政府历次重要会议确定的社会主义文化事业建设基本布局，确定公益性文化事业部门发展战略的总体思路、基本原则。在公益性文化事业部门战略实施过程中，应重视从战略环境建设、战略机制创新等不同层面加强战略对策保障。在战略初始阶段，更应抓住首要的、关键的问题实现战略突破。①

如何全面贯彻落实科学发展观，推动我国公益性文化事业的创新发展？研究者认为，创新公益性文化事业的发展思路、运行模式、体制机制、供给方式，是在我国经济社会发展的新阶段保障人民基本文化权益，实现文化基本公共服务均等化的主要途径，也是在文化领域全面落实以人为本的科学发展观的重要举措。② 目前，我国公益性文化事业在科学发展方面提出了许多新理念和新举措，有研究文章指出，全国一批博物馆、纪念馆等公益性文化机构的免费开放，满足了人民群众的精神

---

① 郭珉媛. 论公益性文化事业的部门发展战略构想 [J]. 前沿，2008 (11).
② 邢建毅. 全面落实科学发展观 推动我国公益性文化事业创新发展 [J]. 中国广播电视刊，2009 (4).

文化需求，更好地实现了公民的基本文化权益，促进了社会主义核心价值体系建设、青少年思想道德和科学文化素质的提升，也带动了公共文化服务的创新。免费开放遵从了公益性文化事业发展的客观要求，彰显了"以人为本"的科学发展理念，是在文化领域落实科学发展观的具体实践。促进文化事业的进一步发展繁荣，就要按照科学发展观的要求，进一步解放思想，更新观念，不断推进体制机制创新。①

发展公益性文化事业，对培育新型文化消费市场和消费群体有着不可忽略的作用。有研究者认为，公益性文化事业对培育文化消费市场特别是培育文化消费群体具有重要作用：第一，使文化消费者形成积极健康的文化消费观念。第二，提高文化消费者的文化知识水平。消费者文化素质的提高离不开公益性文化事业的发展，特别是有赖于教育事业的发展，为此必须努力抓好基础教育，并积极发展各种形式的高等教育，不断提高人们的基本文化素养。第三，通过开展群众文化活动提升民众文化消费品位和习惯。通过群众文化活动，能够以群众喜欢的文化形式宣传党的方针政策，用健康的文化占领城乡思想文化阵地，让民众在欢乐的氛围中受到思想教育；通过开展群众文化活动，能够使人们交流情感、分享快乐，陶冶情操，既提高群体素质，又密切党群、干群关系；通过群众文化活动，能够使民众获得美与善的体验，形成健康的审美趣味和文化品位，减少沾染不良习气的概率；通过群众文化活动，能够弘扬主旋律，倡导新风尚，激发爱国热情，让人们在参与中得到艺术享受、精神放松和思想净化。②

发展公益性文化事业，应该促进文化事业与经营性文化产业的良性互动，研究文章认为，公益性文化事业作为人民群众文化权益的基本保障、作为重要的民生工程备受重视的同时，经营性文化产业也在政府积极推动、需求日趋旺盛、市场活跃繁荣的大好形势下蓬勃发展。当前，旧的关系尚未理顺，新的格局正在建立。在这一关键的时段，认真思考

---

① 邢建毅. 从免费开放看公益性文化事业科学发展的新理念新实践［J］. 现代传播，2010（12）.
② 刘春静，高艳萍. 公益性文化事业对培育文化消费市场和消费群体的作用［J］. 经营管理者，2010（13）.

并努力促进公益性文化事业与经营性文化产业的良性互动，是文化发展繁荣的前提。①

针对公益性文化事业发展的社会化管理新模式，有研究者以上海若干社区的公益性文化事业管理为个案，选取公益性文化事业的管理模式为切入口，深入探讨了公益性文化事业的运作问题。论文认为，我国大多数社区采用了政府主导管理社区公益性文化事业的模式，在取得一定成效的同时也存在着种种问题。随着改革开放的深入，中国城市的整合模式也相应发生了社区治理结构的转变，社区公共事业由单一权力管理逐步转向多元权力的社会互动。在社区公益性文化事业建设方面，一些社区正在通过不断的实践，探索新型的社会化管理模式。社区公益性文化事业的社会化管理模式，是在治理理念的指导下，社区治理主体包括政府、社区内外的非政府组织和企业以及居民等，通过平等参与机制，面对面协商，合作互动，共同管理社区公共文化事务的过程。实行社会化管理模式，涉及政府理念、制度和操作等各个层面的改革创新。当前，一些城市社区的公益性文化事业的社会化管理模式已经取得了良好的成效，在促进政府转型、高效提供文化服务，整合社会资源，培养居民自我管理，提升社区文化层次等方面发挥了重要作用，具有向更多社区应用、推广的价值。但是这一社会化管理模式的推广也遇到了不少制约因素，亟须政府采取措施加以解决。②

当前，对公益性文化事业发展的研究，已经逐步进入一些具体细节问题，如公益性文化事业单位的员工激励机制。有论文从我国公益性文化事业单位员工激励的视角出发，着重分析我国公益性文化事业单位员工激励机制。借鉴多种激励理论，对我国公益性文化事业单位员工激励机制进行了系统研究，努力探索构建一套有针对性的、较为科学合理的、较为完整的员工激励机制。这为员工创造良好的工作发展环境，使我国公益性文化事业单位的管理潜能得到最大限度的发挥。

---

① 汤宇华. 论公益性文化事业与经营性文化产业的良性互动 [J]. 毕节学院学报，2012（2）.

② 朱佳玮. 社区公益性文化事业的社会化管理模式研究——以上海若干社区公益性文化事业管理为个案的研究 [D]. 上海师范大学，2007年行政管理专业。

### （四）　各地对公益性文化事业的推进

有研究者以秦皇岛地区为例，阐述了区域性跨系统图书馆开展公益性文化事业的基本原则，分析了区域性跨系统图书馆开展公益性文化事业的行政机制、投入机制、交流机制、绩效评估机制、反馈机制，提出了区域性跨系统图书馆开展公益性文化事业的具体措施。[①]

有学者在考察河北省公益性文化事业发展现状后认为，加强农村公益性文化事业建设是河北省农村文化惠民工程有效运行的基础，也是以文化建设促进社会和谐的价值体现。改革开放以来，河北省农村公益性文化事业建设取得了显著的发展，但仍面临很多问题，还不能满足广大农村群众日益增长的文化需求。因此，必须采取切实有效的措施发展农村公益性文化事业。[②]

针对少数民族地区、农村地区公益性文化事业发展的研究，近年来获得了较广泛的关注。有专家认为，农村公益性文化事业是我国文化事业的重要组成部分，是全面建设小康社会的内在要求，是建设社会主义新农村的重要组成部分。论者就农村公益性文化事业建设的重要性、新疆北疆农村公益性文化事业建设现状进行了论证和说明，并提出有益可行的建议。[③]

研究者认为，公益性文化事业起到培养文化产业消费群体，引导和刺激文化消费的作用，是文化产业发展的社会基础，需要政府的投入和扶持。海南作为文化产业欠发达地区，为了实现文化产业的超常规发展，必须从战略的高度来重视公益性文化事业，并提出了行之有效的对策建议。[④]

针对福建省古田县的公益性文化事业发展状况，研究者认为，加强

---

① 马彦格. 区域性跨系统图书馆的公益性文化事业运作模式研究 [J]. 河北科技图苑，2011（5）.

② 刘伟，王梓. 河北省农村公益性文化事业发展对策探析 [J]. 经济研究导刊，2010（23）.

③ 王勤，陈国实，许连宝. 北疆农村公益性文化事业建设思考 [J]. 合作经济与科技，2007（22）.

④ 杨文敏. 大力发展公益性文化事业的思考 [J]. 今日海南，2010（12）.

公益性文化事业建设，进一步建立健全公共文化服务体系，实现公共文化覆盖面的最大化，发挥公益性文化事业在"特色古田、持续古田、活力古田、和谐古田"建设中的重要作用，成为新时期该县文化工作的重中之重，着重对如何发展全县的公益性文化事业整体发展提出了对策建议。①

### （五）推进农村公益性文化事业发展研究

近几年来，学界在发展公益性文化事业方面，特别关注了在农村如何发展公益性文化事业问题。

针对农村公益性文化事业单位的绩效考核问题，研究者以县乡所属的"两馆一站"作为调查分析对象，首先提出单位与个人绩效考评相结合的思想，继而阐释单位与个人绩效考评的主体和内容的构成及权重，最后分析绩效考评后的反馈和激励机制。②

从本土资源、公益性质、多元化参与三重维度思考农村公益性文化事业建设，为研究公益性文化事业在农村的发展提供了一条新思路。研究者认为，农村公益性文化事业建设是实现和保障我国广大农民群众基本文化权益的重要途径。在实践中，农村公益性文化事业建设是一项复杂的系统工程，需要从农村本土文化资源、文化事业的公益性和社会多元化参与三个维度来统筹思考，总体推进；需要立足农村传统文化提升农村公益性文化内在底蕴，发挥政府主导作用抓好农村公益性文化机制建设，整合各种力量建立广泛的社会支持系统。③

资金筹措是当前发展农村公益性文化事业面临的一个不可忽略的问题。研究者指出，为推动农村公益性文化事业的健康发展，应完善农村公益性文化事业筹资的政策体系，建立起政府投资为主导、社会力量投资和捐资为必要补充的具有中国特色的农村公益性文化事业多渠道筹资

---

① 江庆莺. 古田县公益性文化事业发展现状与对策 [J]. 大众文艺, 2010 (9).
② 李燕, 孔伟. 农村公益性文化事业单位绩效考评体系探讨 [J]. 理论前沿, 2007 (17).
③ 李桂红. 农村公益性文化事业建设的三维思考 [J]. 洛阳师范学院学报, 2011 (3).

体系。① 在民俗文化视域下发展农村公益性文化事业，是促进文化事业发展的重要方法。研究者指出，在改革开放以来中国经济蓬勃发展的大背景下，我国农村文化适应社会主义市场经济的要求，遵循精神文明建设的规律，取得了举世瞩目的成就。但与日益发展的经济和日益提高的物质生活水平相比，公益性文化事业建设依然存在重视程度不够、发展不平衡、文化资源尚未得到合理利用、设施薄弱等许多困难，不仅制约着农村文化建设与农村其他方面的各项建设工作的同步进展，而且影响着农村文化事业的繁荣发展。在大力加强农村文化建设的新形势下，如何利用各地文化特色，推进农村公益性文化事业建设，是一个重要的课题。民俗文化作为地域文化，其绝大多数来源于农村，是中国传统文化重要组成部分，是发展农村公益性文化事业的发动机和助推器。它具有教化、规范、调节娱乐等功能，这些功能可以帮助人们调节人与人、人与社会、人与自然之间的关系，为构建诚信友爱、安定有序、人与自然和谐相处的社会带来积极影响。同时，从民俗文化视角透视当前农村公益性文化建设的新形势，整合优秀文化资源，对于建立特色文化大市，促进农村公益性文化事业健康发展，开辟公益性文化事业发展的新路子具有极其现实意义。公益性文化事业的建设也为农村民俗文化的发展和传承提供契机，二者相互支撑，相互联动。②

## 二、加快发展文化产业

近年来，党中央、国务院高度重视发展文化产业，采取了一系列政策措施，深入推进文化体制改革，加快推动文化产业发展。国有经营性文化单位转企改制取得重要进展，涌现出一批具有较强实力和竞争力的文化企业和企业集团，文化产业规模逐步壮大，以公有制为主体、多种所有制共同发展的文化产业格局初步形成。文化"走出去"步伐加快，

---

① 刘伟，曲江滨，王梓. 农村公益性文化事业资金筹措策略探寻 [J]. 河北大学学报（哲学社会科学版），2011（3）.

② 李少惠，梁蕾. 民俗文化视域下农村公益文化事业建设思考 [J]. 前沿，2010（17）.

文化进出口贸易逆差逐步缩小，我国文化产业的国际竞争力不断增强。总的看来，我国文化产业呈现出健康向上、蓬勃发展的良好态势，正在成为推动社会主义文化大发展大繁荣的重要引擎和经济发展新的增长点。

自文化产业在我国起步发展以来，针对文化产业理论政策、实践措施、发展建议等方面的研究也随之同时起步，并取得了长足的进步。我国文化产业研究借鉴国外成熟的研究理论及成果，结合我国的具体国情和文化产业发展趋势，涉及理论、实践应用、建议策略等各个领域，跨越文化、财政、金融、历史等各个层面，有力地促进了我国文化产业的大发展。近几年来，文化产业研究成为学界研究的重要领域，取得了不少成果，为我国制定和实施文化产业政策、推进文化产业迅速发展提供了强有力的理论支撑。然而，就目前研究成果来看，当前我国文化产业研究仍存在一些问题和不足之处，制约了我国文化产业整体研究水平的提高，有待于进一步发展与成熟。

### （一）加快发展文化产业的重要性

自十七大报告中提出大力发展文化产业，繁荣文化市场，增强国际竞争力，加快构建传输快捷、覆盖广泛的文化传播体系之后，我国将文化提高到国家战略高度来认识，给文化产业的发展创造了新的历史机遇。

《文化部关于加快文化产业发展的指导意见》中提出："党的十七大提出推动社会主义文化大发展大繁荣、兴起社会主义文化建设新高潮的重大战略任务，对加快文化产业发展提出了一系列新要求，极大提升了文化产业的作用和地位。文化产业是市场经济条件下繁荣发展社会主义文化的重要载体，是满足人民群众多样化、多层次、多方面精神文化需求的重要途径，是推动经济结构调整、转变经济发展方式、保持经济平稳较快发展的重要着力点，是实现经济、政治、文化、社会全面协调可持续发展的重要内容，是推动中华文化走出去的主导力量。加快文化产业发展是文化行业学习实践科学发展观的必然要求和内在需要，是文化行政部门顺应时代发展、转变自身职能、服务发展大局的必然要求和迫切需要。党的十六大以来，我国文化产业呈现出健康向上、蓬勃发展的良好态势，增势强劲、规模扩大、质量提升，新兴业态迅速崛起，正在成为推动社会主义文化大发展大繁荣的重要引擎和经济发展新的增长点。"①

到目前为止，文化产业已成为国民经济体系的重要组成部分。全国各地纷纷出台政策扶持，在政策的强大推动作用下，我国的文化产业进入了快速发展时期。文化产业政策是促进文化产业发展的重要推手之一，它在整合文化资源、规范文化市场、引导文化产业合理发展等方面，有着无可替代的巨大作用。

### （二）发展文化产业的政策支撑

发展文化产业离不开各级政府政策支撑。文化产业政策是文化产业发展的重要支点。文化产业作为新兴产业和目前为止发展尚不成熟的产业，离不开政府的政策扶持。近年来，国家出台了《关于支持文化事业发展的若干经济政策的通知》等一系列支持文化产业发展的重要文件，提出了文化经营单位所得税返还和征税优惠等政策，成为加快文化产业发展的助推器。

我国政府较早意识到了文化政策在推动文化产业发展方面的重大作用。2007 年，国家财政部、海关总署、国家税务总局联合发文，为推动文化体制改革，促进文化产业发展，对在 2004 年 1 月 1 日至 2008 年 12 月 31 日期间，经营性文化事业单位转制为企业和文化体制改革试点的企业，均可享受国家税收优惠政策。2009 年 7 月，我国第一部文化产业专项规划——《文化产业振兴规划》，由国务院常务会议审议并原则通过。作为新中国成立 60 年来首部全国性的文化产业专项规划，《规划》在概念上明确了文化创意和文化产业的关系，它的出台对加快我国文化产业发展、增强国家"软实力"，推动经济结构调整有着重要意义，同时也意味着我国文化产业经过多年的探索性发展，正迎来一个历

---

① 文化部关于加快文化产业发展的指导意见 ［R］. http://www. gov. cn/gzdt/2009 - 09/29/content_1429997. htm。

史性拐点。

政府对文化产业进行总体性宏观规划，是较早时期我国文化政策的主要特点。2009 年 9 月，《文化产业振兴规划》细则出台，首次将文化体制改革和大力发展文化产业上升到国家战略，明确提出进一步深化文化体制改革，打开文化传媒行业的投融资渠道，培育大型传媒集团，落实财税和金融支持文化体制改革的配套政策；进一步大力发展文化产业，提升文化消费，提升文化软实力和文化产品出口。2010 年 4 月，九部委发布《关于金融支持文化产业振兴和发展繁荣的指导意见》，汇集各类金融资源，进一步落实《文化产业振兴规划》的要求。2010 年10 月，国务院发布《关于加快培育和发展战略性新兴产业的决定》，将文化创意产业纳入其中。

2011 年 10 月，党的十七届六中全会审议并通过了《中共中央关于深化文化体制改革、推动社会主义文化大发展大繁荣若干重大问题的决定》。这次全会将"文化命题"作为主要议题，是继 1996 年十四届六中全会讨论思想道德和文化建设问题之后，中央全会再一次集中探讨文化课题。会议确立了建设社会主义文化强国的宏伟目标，提出了新形势下推进文化体制改革的指导思想、重要方针、目标任务和政策举措。《决定》对我国文化产业的发展具有里程碑式意义，随着各项政策的细化落地，文化产业逐渐向支柱型产业发展。

2012 年，我国文化政策进一步贴合我国国情，充分将文化产业发展与国家经济发展和转型方向相结合，明确文化产业在国民经济中的特殊地位，向国际文化产业发展的新秩序、新方向靠拢。2012 年 3 月 5日，国务院总理温家宝向十一届全国人民代表大会作政府工作报告，经大会表决通过，依照法定程序明了"把文化产业建设成为国民经济支柱产业"的发展目标。2012 年 3 月 16 日，《中华人民共和国国民经济和社会发展第十二个五年规划纲要》出台，繁荣发展文化事业和文化产业被作为专章提出，文化创意产业成为促进我国"十二五"时期经济合理转型和持续发展的支柱产业之一。2012 年，文化部印发《文化部"十二五"时期文化产业倍增计划》，进一步规定了文化产业发展的目标、任务和手段。

### （三）关于文化产业发展状况的分析研究

随着我国文化产业发展速度的不断加快，文化体制改革的全面展开，对文化产业发展状况的报告、分析、评估也在不断出现，并成为我国各部门制定文化政策的重要参考借鉴。近几年来，对文化产业的评估报告以综合性分析的年鉴为主，从宏观上把握年度文化产业发展状况，并提出现阶段存在的问题。

中国社会科学院文化研究中心和上海交通大学国家文化产业创新与发展研究基地连续五年联合发布《文化蓝皮书：中国文化产业发展报告（2006—2011年）》，及时总结该年度我国文化各行业令人瞩目的新变化。纵观2006年至2011年的《文化蓝皮书》，它不仅反映了我国文化产业的发展变化，而且对中国文化产业从"十一五"时期到"十二五"时期的发展趋势、发展思路都做出了预测。此外，五年以来，《文化蓝皮书》所涉及内容更加丰富和具体，特别是在行业报告、区域报告和个案研究等方面。

北京大学文化产业研究院和国家文化产业创新与发展研究基地按年度联合发布文化报告。它的主要特点是：侧重从经济、金融管理的角度出发，分行业、分区域具体探讨我国文化产业领域比较有代表性的创新行为和商业模式，同时也对相关文化产业的政策体系进行系统的考察。该报告以文化产业领域内的微观企业主体为重点分析对象，全力考察那些充满创新精神与进取意识的文化企业和企业家们的经营行为。

随着中国文化产业发展和学术研究的深入，上海交通大学与文化部共建的国家文化产业创新与发展研究基地联合出版了关于我国文化产业发展的丛书。这套丛书是一套专业性较强的文化产业研究文集，自2003年第一卷出版以来，它记录下了文化产业研究者深入的探索和艰辛的努力，中国文化产业研究者在建构中国文化产业理论创新体系的过程中所做的开创性工作，以及在这过程中业已取得的成果。截止到2012年5月，此套丛书已经出版至第十五卷，这套丛书的出版极大地推进了我国文化产业理论和实践的深化发展。

在总体性文化产业研究报告之外，针对不同文化行业的各专业领域内部报告也得到了进一步的发展。中国电影产业、中国广播电视产业、中国出版产业、中国音像行业等具体文化行业，均由各文化产业研究机构做出了详细的年度专业领域报告，结合各具体行业的整体发展态势和行业特点，对各个不同文化领域进行更加细化、更具专业性的分析评价。这些年度报告中较为突出的是中投顾问产业研究中心出版的一套跨年度综合性文化报告，该报告对文化产业的定义、特征及发展的战略意义、国内外文化产业的发展、细分行业、区域市场、产业园区、重点招商目标企业、政策法规、发展规划等方面进行了细致深入的分析。

提出"文化产业发展指数"这一概念，是2012年度我国文化产业发展报告中引人注目的亮点。2012年7月15日，以上海交通大学胡惠林教授为首席专家的、教育部哲学社会科学研究重大课题攻关项目"我国文化产业发展战略研究"课题组，历经三年半时间的深入研究，首次提出了以表征和内涵指数为核心指标体系的"中国文化产业发展指数"（CCIDI）分析框架。课题组以表征指数、内涵指数为核心指标合成了中国文化产业发展指数。表征指数体现了文化产业的外在特征，涵盖了各地文化产业发展水平、经济影响、社会影响、发展模式等，内涵指数是可支撑文化产业发展的内在因素。根据"十一五"时期我国文化产业发展情况，该报告以指数评估的方式将我国31个省市的文化产业发展划分为"三大梯队"。其中京沪两地文化产业发展指数遥遥领先。课题组首席专家、上海交通大学教授胡惠林指出，目前我国文化产业发展的显著特征是"文化金融投资拉动"，市场经济尚未在文化产业发展中发挥资源配置的积极作用。根据文化产业发展指数，综合而言，我国文化产业发展尚处于政策哺育期和成长发展的初级阶段，文化产业发展表征性指数普遍偏低。我国文化产业发展仍需中央及地方在符合文化产业发展规律的基础上，进行政策引导和合理规划，以期实施文化产业的跨越式发展战略。

**（四）关于文化创意产业的研究**

在当今世界，文化创意产业已不再只是一个理念，而是有着巨大经济效益的直接现实。据统计，全世界创意经济每天创产值达220亿美元，并以 5% 的速度递增。与世界文化产业发展势头相似，我国文化创意产业同样发展迅速。自 2006 年以来，文化创意产业逐渐成为年度高频词汇之一。十七大以来，随着党中央、国务院对文化产业发展的大力支持，文化创意产业呈现出强劲的发展浪潮。期间，各省市、地方政府积极响应国家号召，纷纷出台扶持地方文化产业的发展政策，为各地加快经济增长方式的转变、促进文化事业的繁荣发展作出了积极贡献。同时，关于文化创意研究也越来越得到学者的重视。

北京市作为全国文化中心，比起全国其他省市而言，较早意识到了文化创意产业的重要作用，并制定了相关发展政策。2007 年，北京市制定了《北京市"十一五"时期文化创意产业发展规划》。2008 年以后，北京市先后出台了一系列管理方法，通过项目补贴、贷款贴息和奖励的形式对具体文化产业项目进行扶持。2011 年 12 月 26 日，《中共北京市委关于发挥文化中心作用、加快建设中国特色社会主义先进文化之都的意见》正式公布。《意见》提出，认真贯彻落实中央精神，打造中国特色社会主义先进文化之都。

从区域视角来看，广东、江苏、浙江、上海、山东已成为我国文化产业的主要集聚地区，市场化程度高的产业在这些地区分布比较集中，在其他省市分布则比较零散。整体来看，文化产业在省域间的分布极不均衡。从信息获取、搜寻成本、风险规避和协调成本等经济角度而言，文化产业的选址问题对企业而言显得尤为重要，目前就全国范围而言，文化产业园区发展迅速，这也正与企业的选址考虑密切相关，相关产业集聚，选择经济、政策环境较好的地区，可以较好地削减企业所耗成本。文化产业在选址上的这种集中化、地域化的倾向，使得我国文化产业发展在区域间的差距有进一步拉大的可能。

从行业视角来看，各区域间文化产业内部各行业发展程度差异扩大。广告会展业、动漫影视传媒业等新型文化产业在北京、上海、广东等地表现出较高的空间集聚水平，近几年来发展速度加快，表现出强劲的后续发展潜力与势头，极大地拉动了当地经济的发展。而在其他一些省份，文化产业仍以音像制品出版业、艺术表演团体、图书馆业等传统文化产业为主，行业发展水平、集聚水平都比较低，经济增长方式仍待转型与调整，发展前景不明朗，较为欠缺文化原创能力。由于文化产业内部各行业在不同地区表现出的不同发展层次和特征，这就需要各地政府在制定本地产业政策时，需要根据本地文化资源、文化特征、文化产业发展特色等具体因素，分结构、分层次、分步骤地发展本地文化产业，同时合理发挥政府和市场的作用，遵循产业集聚的内在规律。

一些沿海省市，以广州、上海、海南为代表，成为地方政府较早制定、实行文化创意产业政策，并较好地促进当地文化产业发展的代表。如 2007 年《广州市文化产业发展研究课题报告集》的出版，2010 年《上海市金融支持文化产业发展繁荣的实施意见》的公布，2011 年海南省《关于支持文化产业加快发展的若干政策》的出台，结合地方文化资源优势，加快发展，及时总结，使各省市文化产业得到了较快发展。

### （五）文化产业发展的基本特点

文化产业作为一门在 20 世纪迅速崛起的新兴产业，是人类精神文化活动与经济发展的高度结合，联合国教科文组织对文化产业的界定是："文化产业就是按照工业标准，生产、再生产、储存以及分配文化产品和服务的一系列活动。从文化产品的工业标准化生产、流通、分配、消费的角度进行界定。"①

十七大以来，国内的文化产业理论研究有了重要的发展，研究的深度和广度不断增强。目前，中国的文化理论研究关注的主要问题有："文化产业运动中的基本特征与规律；文化产业与经济发展的关系；文化产业发展与文化竞争力；文化产业发展与文化体制改革；文化产业人才培养；区域文化产业发展与文化产业空间布局；文化产业发展与国家文化安全；全球化与文化产业发展"② 等。

中国文化产业发展有自己的基本特征和规律，有研究者将我国的文化产业发展道路形象地概括为："社会主义文化产业是'红旗车'，文化企业是'驾驶员'，先进文化是'方向盘'，市场经济体制是'发动

---

① 王旭东，刘建芹. 浅论文化产业的人文思想性 [J]. 中国商贸，2009 (9).
② 胡慧林. 文化产业概论 [M]. 昆明：云南大学出版社，2007：20.

机'，经济、科技、人才和文化体制是'四个车轮'，文化政策是'路标'，品牌文化是'快车道'，文化产业法律法规是安全运行的'交通规则'。"① 一些研究者从文化产业立法、准确定位政府角色、加快文化科技创新、打破人力资源瓶颈、加快"走出去"步伐等方面对我国文化产业发展的趋势做了生动的展望。另外一些研究者则提出我国的文化产业建设可以通过文化创意和技术创新推动文化产业外贸增长。有研究文章指出，"我国文化产业拥有消费市场广阔、国家重视和政策扶持、市场经济体制环境、传统文化资源丰厚、产品绿色环保、投入产出比高、与高新技术融合度高、与其他产业关联度高八大优势，将迎来大发展的良好机遇。应充分发挥这些优势，促进我国文化产业的大发展、大繁荣"。②

　　文化产业作为知识经济时代的朝阳行业，在中国的经济发展中发挥了越来越重要的作用。十七届六中全会后，有研究者发表专文指出，要通过强化驱动创新、营造制度环境、坚持市场导向、建设组织载体等措施促进我国文化产业与相关产业的融合发展，做大做强文化产业，推动相关产业升级转型。文化产业如何引领结构调整逐渐成为研究文化产业的热点问题，一些研究者以江苏昆山的文化产业发展为例指出，找角度突破、换方式领跑、全方位引导，为经济发展铸造了可持续的新引擎。文化产业与经济增长关系同样成为研究的热点问题，有研究文章从文化产业增加值、带动就业、推动区域经济发展等角度分析了文化产业对国民经济增长的贡献，将文化产业视为调整经济结构、推动产业结构优化升级的切入点。

　　发展文化产业对提高中国文化竞争力有着重要的意义，在提升文化产业竞争力的问题上，学者指出必须通过调整文化资本布局、开发民族文化的市场价值、大力推动科技创新、重视知识产权保护等有效途径提升文化产业竞争力，使之真正成为国民经济的支柱性行业。一些学者认为，社会主义核心价值观的有效融入是提升文化产业竞争力的重要手

---

① 杨杰.我国文化产业发展道路的多维分析［J］.前沿，2012（1）.
② 马德成.我国文化产业发展的八大优势［J］.生产力研究，2012（4）.

段，"文化产业竞争力的提升，必须在文化发展中逐渐明晰中国文化产品的价值体系和主流文化的价值诉求"①。在如何着力提升文化产业竞争力的问题上，学者们认为，提升文化产业竞争力需要做到以下三点：遵循规律，激活文化产业发展的内生动力；统筹兼顾，掌握文化产业发展的主动权；做大园区，增强文化产业发展的区域竞争力。

文化产业的健康发展需要文化体制改革的进一步深入。有学者从税收体制出发，建议减轻文化企业的税收负担，适当降低文化产品的流通税率。另有一些学者从法律视角出发，呼吁制定促进文化产业发展的法律法规，加强知识产权的保护力度。融资体制同样也是促进文化产业发展的关键因素，有文章从融资体制出发，提出扩大文化企业直接融资规模，鼓励风险投资、私募资金进入文化产业。关于管理体制改革的论文则积极探索生产关系的变革，认为提高综合管理效率，推动文化产业健康发展，是党文化执政能力提高的重要标志。

文化产业的发展离不开相关人才的培养。关于如何大力培养文化产业人才，有学者建议，要"制定我国文化产业人才培养的科学规划，形成产学研相结合的培养机制，加强文化产业人才'创意'的培养"②。文化产业创意人才的综合能力也是有关学者注意到的重要问题，学者们对文化产业创意人才的开发途径进行了积极的探索，认为有导向的甄选、学习与培训、创造优良的创意环境、实行创意管理是培养创意人才的关键因素。③

区域文化产业发展与文化产业空间布局也是当前中国学者研究的重要问题。有文章对近二十年来北京的文化产业发展情况做了细致的梳理，文章建议要加强文化产业人才的培养和引进，积极探索促进文化产业发展的政策机制。在上海文化产业原创力研究方面，研究者对上海地区的文化产业原创力现状进行了分析，并建议通过深入挖掘海派文化和江南文化、营造海纳百川的城市文化氛围、与其他地区实现联动发展等

---

① 范玉刚. 以社会核心价值的有效融入提升文化产业竞争力 [J]. 中国党政干部论坛，2011（12）.
② 王克修. 如何大力培养文化产业人才 [N]. 人民日报，2012－02－15.
③ 孟琦. 文化产业创意人才的素质结构及开发途径探究 [J]. 商品与质量，2012（5）.

措施提升上海的文化原创力。河北文化产业品牌的核心竞争力是当地学者投以相当注意的问题，有文章针对河北省文化资源"点多面广、分散经营、大而不强"的特点，建议构建一套品牌符号识别系统，并通过大众媒体进行广泛的传播，提升文化产业核心竞争力。在广西文化产业发展方面，产业集聚度高是当地文化产业发展较为明显的特征，研究者通过对近年来广西8大类文化产业的静态数据和动态数据的分析，指出"广西在选择发展文化的主导产业中，应综合考虑当地的资源状况、产业结构、区位特点、文化底蕴等，大范围、多角度地谋划产业的发展重点和方向，采取有力措施促进和扶持主导产业发展，加大力度提升产业的集中度和集聚度，逐步形成以主导产业为核心的产业集聚区"①。

近年来，文化安全逐渐引起了各国政府的高度重视，发展文化产业、增强国家的文化软实力是维护国家文化安全的重要途径。将文化产业作为我国文化开放战略的重要内容进行研究，相关学者通过对我国文化产业外贸现状的研究，指出我国的文化产业在对外开放的过程中，要始终以科学社会主义为指导，以维护国家文化安全为根本目标，实行对外开放与文化保护相结合的政策。文化产业安全问题在近几年来广受重视，有文章指出："文化产业安全是基于文化安全的一种产业发展状态，提高文化软实力要以维护文化产业安全为抓手，现阶段我国文化产业安全主要缘于内部要素不成熟。"②

我们正处于一个全球化的时代，中国的经济文化发展与世界密不可分。我国文化产业在国际文化产业版图中究竟扮演了怎样的角色？研究者提出中国是东亚文化产业板块的重要组成部分，有着深厚的文化资源和巨大的文化发展潜力，应该在地区和世界舞台上发挥更大的作用。学者们探索我国文化产业出路，在全球化导致思想文化逐渐趋于多元、西方文化霸权强力渗透的背景下，我国发展文化产业应采取的策略及措施。民族化、中国化成为我国文化产业发展的重要策略，学者们认为中国特色是当前我国发展文化产业、扩大国际文化影响力最重要的着眼

---

① 梁君、陈显军. 广西文化产业集聚度实证研究 [J]. 广西社会科学, 2012 (5).
② 王耀中、彭新宇. 文化产业安全不容忽视 [N]. 光明日报.

点。在我国文化产业国际贸易发展问题上，有文章梳理了我国文化产业国际贸易的现状及主要不足，建议"以科技创新为重心，利用文化资源优势提升企业价值链位次；创新发展人才培养机制、人才战略，提高劳动生产率；创立文化知名品牌，开拓国际市场；发挥外资'溢出效应'，并拓宽文化贸易发展的投融资渠道"①。

在我国文化产业研究领域，较早起步并取得最大进展的是侧重于综合性、全局性的文化研究。有学者着眼"文化产业研究"这一综合性命题，收录了36篇近几年来的高质量论文，从"资源保护""文化管理""网络文化""台湾经验"和"国际视角"等方面，对我国当前文化产业的现状及面临的问题展开了深入的剖析和理论探讨。② 另一些学者则以我国文化产业实践为研究课题，对近年来我国文化自觉与文化产业实践的发展、我国文化产业发展的历程进行了全面而详细的回顾，并展望了文化产业发展面临的历史机遇。同时，还有一些学者探讨近几年来我国文化产业发展的几个难点与热点问题，着重对实际问题的考察与对解决方式的研究。如关于网络文化管理的思考、经济欠发达地区文化产业的发展、龙头骨干文化企业培育的实证研究等。

## （六）文化产业结构调整及布局

### 1. 传统文化产业的内部突破

在我国文化产业高速发展的状况下，传统文化产业所面临的重要问题是如何在新的经济条件下实现转型升级，更加注重产业效应，充分运用市场的推力，为打造传统文化品牌、开拓产业输出而进行一番自我突破。

优秀传统文化是中华民族智慧的重要源泉，是建设中国特色社会主义文化的宝贵资源。在社会主义市场经济条件下，创新传统文化传承机制的关键是通过文化体制改革，大力发展文化产业，充分发挥文化产业在传统文化传承、传播中的作用，实现优秀传统文化与市场经济的有机

---

① 施劲华. 谈我国文化产业国际贸易的发展策略 [J]. 商业时代, 2012 (14).
② 张帆. 文化产业与文化创新 [M]. 镇江：江苏大学出版社, 2011.

结合，从而大大提高国家的核心竞争力和文化影响力。

探讨传统文化资源优势与动漫产业的传承创新①，以宜兴市葛鲍聚居地历史文化街区保护规划为例，研究传统历史文化街区的多重价值②；思考动漫产业发展中对传统文化因素的运用③，构想传统文化与地方文化产业发展的关系④；以宜兴紫砂文化为例，探讨传统文化产业的传承与发展⑤；研究地方文化资源产业元素的开发⑥。近几年来，文化产业研究的一个最突出的转向，即将研究重点置于如何挖掘传统文化，用优秀传统文化展现民族风采，使之既成为区域文化产业发展的鲜明特色，又成为推动文化产业发展的重要动力。研究者寻求传统文化与市场经济新的结合点，认为将丰富的传统文化资源优势转变为文化产业优势，必须建立创新理念和创新机制。只有努力提高优秀传统文化的吸引力，特别是通过产业化手段以及合理的商业运作，才能使优秀传统文化产生巨大的经济效益和社会影响。

探索新的经营模式，推动传统文化产业的内部转型，是当今传统文化产业发展的又一个重要内容。当今社会，随着文化产业、文化市场的兴起，随着人们对传统文化日益强烈的需求，文化传播方式发生了重要转变。文化的影响力在很大程度上取决于文化资源的产业化程度，文化的传播力在很大程度上取决于文化产品的市场流通率。只有科学认识传统文化的精髓，创新经营方式和模式，传统文化产业才能有更好的发展前景，在文化产业发展中的作用才会更加突出。有不少学者研究文化创意产业对传统行业转型和发展的推动力，思考文化创意产业与传统文化对接时产生的问题。有研究者以扬州会馆经济为例，研究会馆经济在促进扬州传统文化产业转型升级方面的突出效果，这些文章通过研究调查

---

① 李和畅. 中原传统文化的资源优势与动漫产业的传承创新 [J]. 大众文艺，2012（12）.

② 王烨峰. 传统产业历史文化街区价值认知研究 [J]. 江苏城市规划，2012（4）.

③ 陈诚. 动漫产业发展中运用传统文化因素的思考 [J]. 赤峰学院学报，2012（9）.

④ 杜献宁. 以传统文化助推文化产业发展的构想——以河北省为例 [J]. 学术探索，2012（3）.

⑤ 刘达. 从宜兴紫砂谈传统文化产业的传承与发展 [J]. 今日科苑，2012（2）.

⑥ 管宁. 地方文化资源产业元素开发研究 [J]. 贵州社会科学，2011（11）.

传统文化产业的转型和发展前景，着重探讨在产融一体化目标下文化产业经济与现代金融业的互相融合。研究者普遍认为，应努力创造具有民族特色的文化品牌，培育文化精品，把传统文化发展与多媒体、软件开发、信息咨询、创意设计、图书出版、影视娱乐、文化旅游、办学教育，影剧院、音乐厅等结合起来。推动优秀传统文化产业的现代化、国家化。

### 2. 新兴文化产业的持续发展

在传统文化产业研究之外，随着影视传媒、动漫、广告会展等新兴文化产业领域的逐步发展，文化产业研究也深入到以上这些新兴文化领域之中，并呈现出前瞻性、专业性的特点。

在起步较早的传统文化产业之中，随着我国经济社会的高速发展，我国影视制播市场持续繁荣，影视产品无论在技术上还是思想内容上有了实质性的提高。有研究者通过盘点"十一五"时期的广播影视产业，对近年来我国影视行业的发展做了系统的梳理。[①] 以经济学视角观照中国影视产业，有学者将影视行业的发展置于经济发展的大背景下进行分析，得出了与以往从文化视角查看影视业发展的不同结论。[②] 有研究者从中国影视产业的集聚效应入手，聚焦中国影视产业自身的独特发展模式，并从集聚区的生成模式、集聚形式、产业容量等方面做了具体的评述。[③] 在影视产业与中国文化发展战略关系方面，有相关领域专家收录了三十多篇相关论文，探讨当代中国电影作为创意产业的发展问题、影视行业中的文化原创力问题等。另一批研究学者则以"文化创意与传媒产业"为主题，从文化创意产业改革、数字媒体运营、广电传媒突围等多角度研究文化创意与传媒行业的热点问题。在当今时代，媒介革命与文化管理都成为新时代新形势下的核心命题，有研究者以这两大命题为切入点，重点介绍作为当代文化产业的媒介、图书馆，并阐释了在文化产业意义下的未来媒介、现代媒介、近代媒介与古代媒介以及未来图书馆、现代图书馆、近代图书馆与古代图书馆的相同之处与不同之处。

---

① 黄金良，黄海霞. 盘点"十一五"时期的广播影视产业 [J]. 声屏世界，2011 (1).
② 秦喜杰. 基于经济学视角的中国影视产业思考 [J]. 企业活力，2010 (8).
③ 夏颖. 中国影视产业的集聚效应及发展模式 [J]. 传媒，2011 (3).

　　相较于影视传媒产业研究，对作为我国文化产业实践的动漫产业的研究起步较晚，但发展速度和涉及深度不可小视，已成为我国现阶段文化产业研究中取得较大进展的研究领域之一。有学者对近年来我国动漫游戏产业发展现状进行调查，对动漫游戏产品、市场规模、关联企业进行了具体的分析，并将坚持独立原创之路视为中国动漫产业发展的关键。① 以我国动漫游戏产业的资本经营为切入，有研究者重点研究我国当前动漫游戏产业资本经营的基本操作方式、制度创新和风险控制。② 发展动漫游戏产业，人才是关键。一些研究者分析我国动漫产业人才现状问题，探索了针对动漫人才现状的解决方案。③ 还有一些研究者将动漫产业置于文化策略、亚意识形态之下，围绕全球化下的文化策略与我国动漫产业政策，分析我国动漫产业发展现状与社会文化环境，以及动漫产业、创意社群与城市发展等方面内容。在相关学者对我国动漫产业结构优化问题的研究中，研究者从"动漫营销"的基本概念、意义和特点出发，通过分类方法，总结分析目前国内外动漫企业的发展状况。近几年来，不同的研究机构、研究团体出版了相当数量的年度动漫产业发展状况调查研究，对我国电视动画行业、动画电影行业、漫画出版行业、新媒体动漫行业、动漫衍生品行业、动漫教育培训行业等动漫领域内的细化行业做了全面的梳理和分析，并提出了目前行业发展中的存在问题和相应解决思路。

　　在社会主义市场经济中，广告作为一种商业行为和文化载体发挥着越来越重要的作用，我国的广告产业近年来也取得了长足的进步。现阶段我国的广告业研究与实践结合得较为紧密，侧重以具体实践为例，分析广告业发展中的特点与存在问题。以我国广告产业集群现状为切入，研究者指出我国广告产业集群目前存在的问题以及发展对策。④ 考察我国广告产业的市场机构和绩效，研究者对我国的广告市场结构、过度竞

---

① 李崴. 中国动漫游戏产业发展现状与对策分析研究 [J]. 南昌教育学院学报，2011 (4).
② 陈少波. 中国动漫游戏产业的资本经营 [J]. 浙江传媒学院学报，2008 (2).
③ 周吉. 我国动漫产业人才现状问题分析 [J]. 现代商业，2012 (11).
④ 邓敏. 我国广告产业集群现状分析 [J]. 当代传播，2008 (1).

争的广告行为、低利润率的广告市场绩效进行了量化分析。① 研究者通过调查北京广告产业的发展特点，对北京市广告产业的发展状况、优势劣势等问题进行全面的梳理，努力寻找该行业高速健康发展的关键点。② 创意产业与广告创意密切相连，一些学者认为，当前的广告产业发展应以创意产业为契机，融合广告产业发展的特点，关注目前广告业的创新，通过背景、理论和实践三个专题，既探讨创意产业的来龙去脉，又进行分门别类、对症下药式的案例剖析，既对理论成果进行总结、借鉴，又对热点问题进行及时的跟踪、关注。2011 年，广告与民族文化产业息息相关，有学者认为，广告业与我国经济结构、民族文化产业发展紧密结合，当前广告产业研究应着重分析广告的产业化运作与文化动员、广告的象征体系和文化协商、广告和民族文化产业发展关系等问题。

　　图书产业作为我国文化产业的重要组成部分，在过去五年间继续保持了强劲的发展势头，并出现了新的发展趋势。研究者对中国电子图书业的前途进行考察，聚焦于图书电子化这一随着经济、科技发展而出现的新现象，对我国电子图书产业发展的未来进行了展望。③ 2008 年，国际金融危机爆发，这对我国图书产业的发展也产生了一定影响，有学者分析金融危机对我国图书业的影响，从金融危机以来我国图书业发展数据着手，提出了转"危"为"机"的几点建议。④ 2007 年以来，我国的图书版权贸易取得了可喜的成绩，版权贸易环境进一步规范，学者以我国图书版权贸易新动向为课题进行研究，梳理了近年来我国版权贸易的特点及亮点，针对版权贸易的新趋势提出了相应的建议。⑤

### 3. 文化产业创意园区的快速发展

　　文化创意园区是一种介于政府、市场与企业之间的新型社会经济组织和企业发展平台，其主要构成有相关文化创意设计方面的企业，从事

　　① 廖秉宜. 中国广告产业市场结构、行为及绩效分析 [J]. 国际新闻界，2010 (9).
　　② 杨同庆，杜文娟，许敏玉. 北京广告产业发展特点与关键 [J]. 经济与管理研究，2011 (9).
　　③ 陈华. 中国电子图书业路在何方 [J]. 中国出版，2008 (5).
　　④ 陈明进. 金融危机对我国图书业的影响分析 [J]. 世纪桥，2009 (11).
　　⑤ 卢芳. 我国图书版权贸易新动向 [J]. 出版参考，2011 (Z1).

文化创意产品生产的企业和在文化经营方面富有经验的经纪公司等。创意园区是文化产业发展的重要载体和突破口，十七大以来，我国的创意园区在各地蓬勃发展，产生了良好的文化影响，为经济发展注入了新的活力。随着文化创意园区的发展，针对文化创意园区的研究工作也在逐渐发展，目前的研究主要以结合具体实例进行分析的综合性研究为主。研究者考察文化创意园区中的时尚和传统因素，以北京的 798 厂为例，分析了文化创意园区在经济转型中所获得的新的发展机遇以及它对城市形象的巨大提升作用。[①] 有学者以上海文化创意园区开发新模式为研究对象，分析了上海文化创意园区的产业集聚效应，指出了存在的名实不符、同质化严重两大问题。[②] 另有一些研究者则以杭州文化创意园区为研究对象，关注了杭州地区创意园区的发展历程，并以小木舟式的"外桐坞艺术家村落"和大航母式的"白马湖生态创意城"两种发展模式为例，分析了杭州的创意社区在目前所遇到的问题和发展愿景。[③] 一些研究者分析考察中国文化创意产业园区的实践模式，通过梳理最全面的关于当前文化创意产业园区的信息，概览中国文化产业园区的发展状况。同时，通过联系实际案例，对文化产业、文化创意产业园区的发展进行深度探讨。另有一些研究者则全面考察现有发展态势良好的文化产业园区，涉及国内极具代表性的 15 个文化产业园区，以图文并茂的方式呈现给读者。研究者通过实地考察和搜集的大量资料，对文化园区发展中的问题或难题进行客观深入的分析，并提出解决问题的可行性对策。

## 三、简要评析

综上所述，党的十七大以来，随着党和政府对文化事业的高度重

---

① 于雪梅. 在传统与时尚的交融中打造文化创意园区 [J]. 德国研究，2006（1）.
② 刘晓翠. 上海文化创意园区探索新模式 [J]. 上海国资，2011（12）.
③ 胡沂佳. 从"创意园区"到"创意社区"山水杭州的创意之道 [J]. 时代建筑，2010（6）.

视，对文化产业的扶持力度不断加大，关于我国文化事业和文化产业的研究取得了长足的进步和重要的成就。研究的视野不断拓宽，研究的深度不断加强，理论与实践结合得更加紧密，所取得的一系列积极成果对我国的文化事业和文化产业发展发挥了不容忽视的指引和促进作用。

总体来看，这一时期的文化事业和文化产业研究既呈现出新的特点和趋势，也保留了一些传统特色，整体上虽成绩斐然，局部仍存在一些问题和不足。

### （一）当前我国文化产业研究主要特色

与我国具体国情相结合，详细考察我国当前发展文化产业的优势、特点、资源与难题，文化产业研究与实际结合愈加紧密。十七大以来，各界为推动社会主义文化大发展大繁荣，促进中国特色社会主义文化与中国特色社会主义经济、政治、社会协调发展，立足国际视野，对文化事业和文化产业从理论到实践，从整体到个案，从历史到现状，各个方面的研究都取得了前所未有的拓展。对中国特色文化事业和文化产业的特点优势、体系建构、发展战略等都进行了比较深入的摸索和探讨。一些研究者从全球性产业竞争背景考察我国文化产业发展，认为发展我国文化产业，不能机械模仿别国文化产业发展模式，应当认识到我国发展文化产业具有的独特资源基础和市场优势，探讨适合我国国情的文化产业发展路径。

跨学科研究则是文化产业研究呈现的另一个重要特点。从学科差异角度和研究重点来看，目前学界的文化产业研究跨越了三大学科领域，即文学艺术研究领域、新闻传媒研究领域、产业经济研究领域。基于学科不同所产生的这三大类研究范式分野，加强了文化产业研究的学理性，以不同学科视域考察文化产业动态，从多重角度把握、理解、研究文化产业历史与现状。一些学者从金融学角度入手，借助投入产出模型，实证分析我国文化产业的产业关联度系数、影响力系数和感应度系数等。另一些学者则从司法角度入手，认为促进西部民族地区文化产业健康发展的当务之急是完善立法，加强执法和法律监督，保障司法公正，加强普法宣传。近几年来，随着大学科视野的提出和倡导，文化产业研究视角又有了从学科分化逐步发展到学科融合的趋势。有文章分析了近年来我国文化产业研究现状及未来趋势，指出，从 2010 年开始，我国的文化产业研究呈现出纵深、融合、反省的态势。研究视野得以持续拓展，研究范式得到不断深化。研究者逐步跨越了学科的局限，结合各自的优势，以更加开阔的胸襟和视野，对这一领域进行创新性的、综合性的研究，为文化产业理论研究和实践发展提供了有益的探索。

文化产业研究机构的纷纷建立，极大地促进了文化产业研究的迅猛发展。国内现在大致形成了北京、上海、广东三个研究中心。近年来，各地政府、大专院校开展合作，纷纷成立专业研究机构，推动文化产业研究的继续发展。如文化部与上海交通大学共建的国家文化产业研究基地、北京大学文化产业研究所、山西文化产业研究中心等。而做出更多研究性课题的当属各个省市自治区社会科学院相关的研究机构，包括文化部、中国社科院文化研究中心这些影响较大的机构。

此外，研究不仅融入了作为中国特色社会主义文化基本特征的和谐发展、以人为本、文化民生等最新理念，也引入了国际上一些前沿的文化发展理念；研究的视野更加国际化，公共文化服务体系的构建、文化创意产业的发展等则成为近几年来文化研究的重点领域；研究方法更加多元，定量分析和定性分析相结合、专门研究跨学科研究相结合已渐成趋势。

由于我国文化产业起步晚，发展起点低，十七大以前，关于文化产业的研究尚处于起步阶段，相关成果不仅数量不多，而且质量参差不齐，研究缺乏体系，理论和实际价值俱佳的论著更是凤毛麟角，形成文化事业和文化产业研究显著不平衡。十七大以后，随着文化产业理论的基本奠定，政策的逐步出台，实践的日益深化，支柱产业地位的不断确立，相较文化事业而言，文化产业相关领域的研究获得了学界更多的关注。仅就中国知网检索结果来看，2007 年之前发表的文化产业相关文章为 25 669 篇，而 2008 年以来短短三年多的时间发表的相关文章则达到 36 332 篇，成果数量和质量均达到前所未有的程度，从而使文化事业和文化产业的研究状况基本达到平衡状态。

### （二）当前文化产业研究存在不足及主要原因

总的来看，当前国内文化产业研究对产业实践的历史脉络、发展现状把握得较为清楚，体现出研究者的自觉探索意识和创新意识，但在理论突破和理论创新方面，文化产业研究仍严重落后于实践的发展，存在着两大根本问题：一是缺乏对中国文化产业理论发展过程的梳理，尤其缺乏对不同历史阶段党和政府的文化方针政策的演变过程的总结和分析。这一缺陷直接导致研究界对基本国情认识不清，对中国文化产业发展环境的认识不清。二是缺乏自主理论创新意识，尤其是在构建中国特色文化产业理论体系方面没有大的建树，从而导致文化产业指导理论上的匮乏，文化产业在发展过程中遇见了一系列很难突破的瓶颈问题，如投融资问题、资产授权问题、产权界定问题、税收问题等。

产生这两个根本问题的主要原因有如下几个方面。

首先，研究视野不开阔，存在明显的研究"盲点"，缺乏必要的跨学科、跨领域研究和交流。目前，由于大多数的文化产业研究者只具备单一的学科背景，而"文化产业"这一新兴概念本身即包含了文学艺术、新闻传播、产业经济、区域发展、信息技术等诸多方面的内容，因此在调查研究的过程中，研究者多选择从自身所擅长的角度出发进行研究，从而也就形成了研究领域中的盲点。如文学艺术学科的研究者通常以文化研究的视角为主，经济管理学科的研究者通常也只从产业经济和管理学的视角出发，从而使得文化产业研究始终停留在一个层面而无法深入。

其次，宏观层面的研究多，微观层面的研究较少。目前在文化产业研究领域，多数研究者都侧重于宏观层面，诸如较为宏观地谈论文化产业的现状与未来发展、机遇与挑战、战略分析与体制改革、产业与区域经济发展的关系等，然而从微观的层面进行阐述，介入到具体研究领域的则比较少见，即使有涉及具体领域的，也大多局限在传统的新闻出版、影视传播等领域。不过，最近一段时间以来，这一问题已经得到了有关研究者的重视，并进行了力所能及的修正，在研究中试图打破宏观研究与微观研究之间的障碍，从各具体产业层面，如纸质传媒产业、广播影视产业、网络文化产业、广告会展产业、休闲文化产业、图书馆业、文物保护业等诸多方面进行研究。

最后，仅就文化创意产业的研究来看，虽然与实践的结合日益紧密，针对性、实用性不断加强，但相较其自身的快速发展，当前的研究仍然相对滞后于文化产业实践。如何更快、更好地发展文化创意产业，把文化创意产业提升到国家战略产业的高度，并进一步引导文化创意产业实现持续、快速、协调、健康发展，仍然是我国文化产业研究亟须思考和解决的问题。

虽然文化产业的发展引起研究界前所未有的关注，成为近年文化研究领域最大的热点，但文化产业与其他相关产业的比较及关联性研究尚嫌薄弱。从国内外文化产业发展的实践来看，文化产业要获得长足发展，不仅离不开深厚的文化积淀、先进的文化理念和良好的发展环境，同样离不开其他产业特别是相关产业经验及其技术的支撑。因此，要在中国产业发展的大棋局上审视文化产业的发展，唯其如此，才能为文化产业的发展开辟更为广阔的空间，提供更为强劲的动力。

### （三）整合与重建：对当前文化产业研究现状的思考和建议

基于文化产业研究目前的发展现状及存在的问题，在研究中做必要的整合与重构已经势在必行，这个整合就是研究领域里基于各学科基础上的全新构建。这种构建并非简单的学科视角叠加，也不是研究者之间的短暂合作，而是需要回溯至文化产业发展研究源头，结合文化产业发展历程、实践现状，结合我国当前政策、产业、经济、社会环境，结合国外可应用的文化产业理论，重新设立新的范式和新的思路。

首先，这种整合与重建在现有阶段包含的内容之一就是破除现有学科局限，设定全新的学科范式，从最原初的研究力量开始培育。已有研究者提出，能否结合文学艺术、新闻传播、经济、管理、社会等学科相关的研究方向，形成文化创意产业的新型学科，进行经济与文化理论的整合，从而拓展文化创意产业研究领域以更深广的研究视野，推动文化产业研究的跨学科交叉发展。

其次，整合与重构意味着加重对文化产业中的创意性部类、知识性部类的研究，加大对创新性成果的研究力度，注重对各产业门类的具体分析研究。根据我国当前具体国情，文化产业研究的首要内容是将文化产业发展纳入国民经济和社会发展的整体规划之中，使之不仅要成为新的经济增长点，而且要在我国经济结构的战略性调整中扮演重要角色。再次，要把文化体制改革纳入国家整体性深度改革之中，使先进生产力的发展要求能够生动地体现在先进文化的前进方向之中，为中国先进文化的前进方向提供一种有效的产业动力机制，从而使文化与经济之间达成一种相互促进、和谐互动的关系。最后，文化产业研究应注意的是如何建立公开、透明、非歧视的文化市场准入机制和公平、公正、自由竞争的文化产业生态环境，如何建立、健全完整的国家文化产业政策系统和法律系统，理顺各种文化产业政策关系。将文化产业理论与国家经济、法律、文化政策相结合，从而促进文化产业法律保障机制和政策支持系统的发展，以全球背景下的人文价值尺度和社会主义市场经济精神重构文化产业价值系统，真正推动我国文化产业的进一步发展。

# 第五章　关于文化创新和文化
# 体制改革研究

在中国特色社会主义文化建设进程中，文化创新和文化体制改革居于十分重要的地位。推进文化创新和文化体制改革是建设中国特色社会主义文化的重要环节，在把社会主义核心价值体系真正融入国民教育和党的建设全过程、发展和繁荣文化事业和文化产业、培育和建设文化人才队伍等方面都发挥着重要作用。党的十七大以来，文化创新和文化体制改革成为学术界研究的一个重大课题。学者们围绕着文化创新和文化体制改革的重要性、发展历程、取得的成绩与经验、面临的问题与挑战以及如何进一步推进文化创新和文化体制改革等问题展开了多角度的深入研究，取得了较为丰富的成果，提出了一些有价值的观点，现就其主要研究成果做简要述评。

## 一、文化创新的重要性与途径

开展文化创新研究，既应该深入理解中央关于文化创新的重要论述，又应该全面把握学者们的研究成果。十七大以来，在推进社会主义文化建设进程中，中央高度重视文化创新。关于文化创新的重要性，胡锦涛同志指出："推进文化发展，基础在继承，关键在创新。继承和创新，是一个民族文化生生不息的两个重要轮子。"① 由此可见，在继承我国优秀文化成果的基础上，推进文化创新，是民族文化与时俱进的内在要求，是社会主义文化建设的重要目标。关于如何推进文化创新，胡锦涛同志指出："文化是最需要创新的领域，只有把握时代脉搏、反映时代精神、贴近现实生活、引领人民思想的文化，才能始终赢得人民，才能始终成为社会进步的先导。"② 温家宝、李长春等党和国家领导人，也对文化创新有过重要论述。2010 年 5 月 29 日，中共中央政治局委员、中央书记处书记、中宣部部长刘云山在同第四期全国宣传文化系统"四个一批"人才研修班学员座谈时，着重对文化创新进行了系统而深入分析。他指出："文化的繁荣发展最根本的是创新，创新是文化的本质特征。在当代中国，无论是适应建设创新型国家的战略需要，还是更好地满足人民群众多层次多方面多样性的精神文化需求；无论是在激烈的国际文化竞争中赢得主动，还是为人类文明进步作出新的更大贡献，都需要我们大力推进文化创新。"③ 如何大力推进文化创新，他进一步提出："立足伟大实践，在投身火热现实生活中推进文化创新。植根历史文化，在继承优良传统中推进文化创新。着眼群众需求，在服务人民大众中推进文化创新。紧跟世界潮流，在吸收借鉴各国优秀文明成果中推进文化创新。掌握现代科技，在实现文化与科技的融合中推进文化创新。""创新重在实践、重在探索，创新不是空洞口号、纸上谈兵，必须有脚踏实地的作风，有真抓实干的韧劲，有敢为天下先的精神，大胆地闯、大胆地试，敢于突破、敢于超越，使我们的文化不断有所创造、有所前进。"④党和国家领导人关于文化创新的一系列论述，既体现了中央关于推进文化创新的基本态度，又反映了学术界关于文化创新研究的最新成果，是我们进一步推进文化创新研究的重要指导。十七大以来，学术界围绕着文化创新的意义、文化创新历程的总结、推进文化创新的原则及路径等问题展开了研究。

---

① 胡锦涛. 十六大以来重要文献选编（下）［M］. 北京：中央文献出版社，2008：756.

② 胡锦涛. 论文化建设——重要论述摘编［M］. 北京：学习出版社，中央文献出版社，2012.

③④ 刘云山. 大力倡导文化创新　努力追求文化创新［N］. 光明日报，2010 - 06 - 02.

### (一) 文化创新的重要意义

有研究者指出，推进文化创新，是我们党始终代表先进文化的前进方向的迫切需要，是建设国家创新体系的迫切需要，是解放和发展文化生产力的迫切需要，是激发全民族文化创造力的迫切需要，是不断满足人民群众日益增长的精神文化需求的迫切需要。[①] 还有学者提出：文化创新，是指立足于我国现代化建设实践和民族复兴的伟大事业，面对我国本土文化和世界文化的合理资源，继往开来、推陈出新，批判扬弃、创造转化，实现文化在内容和形式手段等方面的革新或飞跃，创造出一种面向世界、面向现代化和面向未来的民族的科学的大众的社会主义先进文化。文化创新是坚持和发展马克思主义的必由之路，只有坚持文化创新，在新形势下丰富和发展马克思主义，才能真正坚持马克思主义。文化创新是建设先进文化的关键所在，没有创新，就无法超越既有文化内容、形式和手段，没有创新，就不能形成反映不同时代，不同民族，不同地域，不同环境条件下的生活和实践，就无法体现文化的个性。文化创新是建设和谐社会的应有之义，文化创新既是构建和谐社会的先导，同时又是建设和谐社会的重要内容。文化创新是满足社会成员精神需要的客观要求，精神需要的发展性和多样性，要求文化不断创新。[②]

### (二) 对我党文化创新历程的回顾与总结

十七大以来，学者们从不同角度对我国社会主义文化建设的总体历程进行了回顾与总结，得出了不少有价值的认识和结论。其中，比较全面的认识是：在中国特色社会主义文化建设中我们党积累了丰富的经验：经验之一是文化建设的指导思想要明确，"社会主义先进文化是马克思主义政党思想精神上的旗帜"，必须牢牢把握马克思主义意识形态在文化建设中的领导权，坚守马克思主义思想阵地，坚持先进文化前进

---

① 雒树刚. 以激发全民族文化创造活力为目标，大力推进文化创新 [M] //十七大报告辅导读本. 北京：人民出版社，2007：282 – 285.

② 谢维楚. 深化对文化创新的认识 [N]. 湖南日报，2011 – 11 – 13.

方向。经验之二是文化建设的大局要清晰，不能"隔着窗纱看晓雾"，要力争统揽全局、把握态势，要力戒模棱两可或偏执一端。经验之三是文化关系摆置要得当，既要有"和而不同，尊重差异"的文化肚量，又要有"兼取众长，体现特色"的文化胆略。经验之四是文化建设的路子要切合实际，既要分类指导、循序渐进，又要全面协调、整体推进。经验之五是文化建设的方法要不断创新，既要"入乎其中、出乎其外"，又要"内得于己、外得于人"。经验之六是文化交流的方式要灵活多样，"既闻海潮音，也作狮子吼"，既为我所用、体现特色，又展示自我、树立形象。①

有学者对我们党的文化创新历程进行了回顾与总结，提出党的文化创新与革命建设一样，可以分为1921—1949年、1949—1966年、1978年至今三个阶段。三个阶段的文化创新成果各具特色，其特点可以用"革命气运下的创新""高歌猛进中的追求""海阔天空里的探索"分别概括。在"革命气运下的创新"阶段文化创新成果主要有：引进并初步实现了马克思主义中国化，形成马克思主义指导下的新民主主义革命理论，在党及其领导的革命军队和根据地内成为主流意识形态。提出民族的、科学的、大众的新民主主义文化理念。初步建立并不断充实马克思主义理论队伍，翻译引进马列著作，撰写贯穿辩证唯物主义和历史唯物主义观点的学术著作，形成唯物主义认识论立场的哲学、政治经济学、历史学的认识体系。在"高歌猛进中的追求"阶段文化创新取得的成果有：确立了马克思主义、毛泽东思想为全国人民和各行各业的指导思想，建立了党领导下集中统一的教育、新闻、出版、文学、艺术体制，宣传共产主义理想为文化发展的主旋律和核心内容。提出"百花齐放，百家争鸣""古为今用，洋为中用，推陈出新"等繁荣文化科学文学艺术的指导方针。在知识界开展思想文化批判和思想改造运动，清除半殖民地半封建社会遗留下来的各种不符合马克思主义世界观和社会主义制度的思想观念。在中国历史上第一次将下层民众作为文化创作和享

---

① 孟宪平. 中国特色社会主义文化建设的基本经验论析［J］. 中共四川省委党校学报，2011（4）.

受文化成果的主体。大刀阔斧地整治旧社会遗留的陈规陋习，净化了社会文化环境。在"海阔天空里的探索"阶段文化创新成果有：形成了包括邓小平理论、"三个代表"重要思想以及科学发展观等重大战略思想在内的中国特色社会主义理论体系。党的文化建设方针不断丰富发展，提出建设社会主义精神文明，培养"四有"新人，发展面向现代化、面向世界、面向未来的民族的科学的大众的社会主义文化。以解放和发展生产力、全面推进社会主义现代化建设为目标，坚持改革开放，推动中国人的观念发生巨大变化。加强与各国文化往来，实现了近代以来持续最久、范围最大的文化开放。发展进步文化，抵制腐朽落后文化，极大丰富了社会文化。持续开展国学与传统文化问题的讨论，扭转了以往对传统文化的偏颇认识，重新整理出版大量古籍，发掘保护文物古迹。①

上述历史回顾与总结，虽然未能全面概括不同时期文化创新的成果与特征，但至少勾画出了我们党推进文化创新的基本轨迹，为我们进一步研究和思考提供了参考与启发。

### (三) 关于如何推进文化创新的探索与讨论

在新的历史时期，如何进一步推进文化创新，学者们从不同角度进行了探索，提出不少有价值的意见建议。

#### 1. 文化创新的基本原则

有学者提出，文化创新必须坚持以马克思主义为指导；必须植根于中国特色社会主义伟大实践；必须贴近实际、贴近生活、贴近群众，把服务人民作为根本的检验标准；必须坚持百花齐放、百家争鸣；必须坚持立足中国、面向世界。② 有学者提出：文化创新源于大众又归于大众。服务人民大众，是文化建设的根本目的，也是文化创新的基本出发点和落脚点。文化本就来自人民大众的现实生活，也正是人民大众创造了历史，创造了生活，因此，文化创新的主角是大众，文化创新的动力

---

① 朱志敏. 中国共产党领导的文化创新 [J]. 红旗文稿，2012 (3).
② 雒树刚. 以激发全民族文化创造活力为目标，大力推进文化创新 [M] //十七大报告辅导读本. 北京：人民出版社，2007：282－285.

在大众。文化创新一定离不开对新生活的洞察、对新生活中人的命运的探究和人性变化的思考。真正的文化创新，一定要在对社会、对人生、对人类生存现状的表达上进行新的开掘，一定要伴随着思想、内容、意趣的创新，一定要关注老百姓的生活与今天的历史壮举。① 还有学者提出：文化创新要有世界眼光。我们要用世界的眼光，将世界各国的优秀文化成果作为我们民族文化发展的参照系和资源库，并以此激发我们文化创新的灵感和活力。但不可忘记，世界眼光是要有立足点的，是应以"我"为主的。借鉴什么样的经验，吸收什么样的成果，这些都应从我国文化发展的现实需要出发。② 也有学者提出：文化创新的前提是要继续解放思想。对文化人来讲，要从"急功近利"中解放出来，要从"官学双得"中解放出来，要从"空中楼阁"中解放出来。对文化管理层来讲，要从"顺我者昌"中解放出来，真正做到自觉地尊重差异，真诚地包容多样，这才是文化创新之正道。对文化管理层来讲，还要从"多数意识"中解放出来，因为创新是超前、出众，是一改故辙、另起炉灶，是独辟蹊径、独树一帜。③

**2. 文化创新的基本途径**

有学者提出，推进文化创新，要大力推进文化观念创新，大力推进文化体制机制创新，大力推进文化内容创新，大力推进文化形式创新，大力推进文化业态创新。④ 有学者提出："文化创新到底应该如何入手？依照当前文化发展的现实状况，最基本的出路就是要以群众需要作为文化创新的出发点。"只有从群众需要出发，才能在文化大发展大繁荣的时代潮流中真正做到顺势而为，从而激发出文化创新在社会变革中的推动力。从群众需要出发就是要深入到广大群众的现实生活中，感受群众的生活实际，了解群众的精神需求，在与广大群众的广泛接触中探索出一条文化创新的新路。以群众需要为出发点的文化创新既是满足群众的

① 李玉滑. 文化创新源于大众又归于大众 [N]. 光明日报，2010－07－06.
② 张俊卿. 文化创新要有世界眼光 [N]. 光明日报，2010－07－14.
③ 邓伟志. 文化创新，首先要解放思想 [N]. 北京日报，2011－12－05.
④ 雒树刚. 以激发全民族文化创造活力为目标，大力推进文化创新 [M] // 十七大报告辅导读本. 北京：人民出版社，2007：282－285.

精神需要的过程，也是提升群众的精神境界、丰富群众的精神内涵和凝结群众的精神力量的过程。① 还有学者提出，费孝通先生说："文化是人为的，也是为人的。"生活是文化创新的乳娘，"人为"的文化必须源于生活，"为人"的文化必须更好地造福生活。没有生活的哺乳，文化创新难免营养不良，乃至枯萎败亡。因而，我们要推进文化创新，就应有一种基于生活的"文化自觉"——自觉到生活中去，自觉保持对生活的真心。唯有如此，文化创新才能有永不枯竭的源头活水。② 也有学者提出：文化创新不是简单地因袭老祖宗留在故纸堆的片鳞半爪，把它们镶进镜框，挂在墙上；也不是挖地数尺掘坟开棺慨叹老祖宗的随葬珍宝，把它们摆进橱窗，供人观瞻……文化创新是精挑细辨、推陈出新，是在"咀嚼""吃透"传统文化的丰富营养基础上，创造出符合当下时代特征的新的文化产品和新的文化业态。③

还有学者对文化创新的类型和规律进行了分析，提出文化创新主要有突破性创新（原发性创新）、渐进性创新、融合性创新、二度创新、普及性创新等类型。总结了文化创新的一般规律，即文化创新与社会变革的一致性，体现文化创新的实践性；文化创新与解放思想的一致性，体现文化创新的自觉性；文化创新与对传统文化继承和超越的统一，体现文化创新的民族性；文化创新与吸收和借鉴外来文化的统一，体现文化创新的世界性。并强调理念创新是先导，价值观变革是根本，思想内容创新是灵魂，形式创新是关键。④

上述研究成果，从不同角度和层次深化了对文化创新问题的认识，对于进一步推进文化创新具有重要价值和意义。大力推进文化创新，迫切要求不断推进社会主义文化体制改革。只有通过文化体制改革，才能真正把文化创新的目标要求落实到实际工作之中，才能真正推进中国特色社会主义文化的建设与发展。

---

① 郭国昌. 群众的需要是文化创新的出发点［N］. 人民日报, 2011 - 09 - 09.
② 钱建强. 生活是文化创新的乳娘［N］. 光明日报, 2010 - 06 - 30.
③ 吴纶卿. 在继承优良传统中推进文化创新［N］. 光明日报, 2010 - 07 - 02.
④ 李春华. 关于文化创新的几个问题［J］. 理论探索, 2011（3）.

# 二、推进文化体制改革

围绕文化体制改革，学者们从文化体制改革的意义、发展脉络、成就与经验以及推进文化体制改革的建议等方面开展了广泛而深入的研究，取得了比较丰硕的成果。

## （一）推进文化体制改革的重要性和必要性

### 1. 不断满足人民群众日益增长的文化需求迫切需要推进文化体制改革

有学者提出，改革开放以来，随着经济体制改革的深化和国民经济的迅速发展，文化发展的经济基础、体制环境、社会条件和传播方式都发生了深刻的变化。在城乡居民收入水平大幅度提高、温饱基本满足的基础上，人民群众的精神文化需求日益觉醒，形成了多层次、多元化、多样化的文化市场格局，自主性、互动性、娱乐性的大众文化消费方式成为新的趋势和潮流，从而对文化产品与服务的生产机制和提供主体提出了新的要求。但是，我国文化发展同经济社会发展和人民日益增长的精神文化需求还不完全适应，同提高全民族思想道德素质和科学文化素质的要求还不完全适应，同推动科学发展、促进社会和谐的要求还不完全适应，同转变经济发展方式、大力发展文化事业和文化产业、把我国文化产业打造成国民经济支柱性产业的要求还不完全适应，同扩大对外开放、提高文化开放水平的要求还不完全适应。当前，我国文化产品创作生产总体上呈现繁荣发展景象，但同人民群众的需求和期待相比仍然存在不小差距，特别是缺乏叫得响、传得开、留得住的高质量文化精品。我国文化产业原创力还不强、知名品牌还不多、科技含量和附加值还不高，文化产品特别是优质文化产品和服务供给还不足，距离把文化产业打造成国民经济支柱性产业的要求还较远。只有加快文化体制机制改革创新，才能在文化事业建设和文化产业发展上取得新进展；只有加快构建公共文化服务体系，才能保障人民群众的基本文化权益，使文化发展惠及更多群众；只有加快发展文化产业，才能满足人民群众多样化、多层次、多方面精神文化需求，形成加快经济发展方式转变的重要抓手；只有加快对文化产品创作生产的引导，才能最大限度发挥文化引导社会、教育人民、推动发展的功能。①

**2. 积极应对经济全球化的严峻挑战迫切需要推进文化体制改革**

有学者提出，当今世界，文化与经济政治相互交融，在综合国力竞争中的地位和作用越来越突出。在国际竞争中文化已成为核心竞争力的一个重要因素，越来越多的国家把提高文化软实力作为重要发展战略。与此同时，文化产业日益成为世界经济发展的新增长点，成为美、英、日、德、法等西方大国的支柱产业，日益成为国际经济竞争和文化交流的重要阵地。文化市场作为全球竞争的新领域，由于文化所具有的巨大影响力和穿透力，深刻地影响着全球的经济政治格局和人类文明发展的进程。然而，作为世界上最大的发展中国家，由于传统文化体制的封闭状态，导致我国的文化产业规模小、竞争力不强，文化服务贸易长期以来一直存在着巨大的逆差，这与我国作为经济大国和文化资源大国的地位很不相称。在经济全球化的条件下，我国的文化建设不能脱离人类文明发展的轨道，也不能不参与国际文化市场的竞争而实现自身的发展。如何顺应国际文化产业发展的趋势和潮流，按照国际规则逐步开放文化市场，通过加入国际文化产业分工体系来加快我国文化产业发展，以应对国际跨国文化传媒集团的挑战，提高我国的文化竞争力和软实力，增强中华文化的国际影响力，要求深入推进文化体制改革，在加快经济发展方式转变中争取未来竞争的主动权，努力提高文化产品的国际竞争力，不断增强中华文化的影响力和竞争力。同时，深化文化体制改革也是弘扬民族文化，维护国家意识形态安全的需要。文化体制改革与国家意识形态安全紧密联系。随着世界全球化进程的加剧，世界经济发展格局发生了变化，民族国家的文化生态也被改变。文化全球化趋势使一些

① 施芝鸿．准确把握文化改革发展面临的机遇和挑战［J］．求是，2011（21）；齐勇锋．文化体制改革：进展、难点和前景展望［N］．人民网·理论频道（http://theory. people. com. cn/GB/15904399.html）；刘学民．深化文化体制改革的思考［J］．红旗文稿，2010（17）；朱雪梅．刍议文化体制改革重要性［J］．世纪桥，2012（1）．

民族文化的认同遇到了巨大的挑战。必须深化文化体制改革，克服文化生产力发展的体制性障碍，推进我国文化实力的提升，保持文化与时俱进，推动中华文化走向世界。①

**3. 有效应对新技术革命的巨大挑战迫切需要推进文化体制改革**

有学者提出，在新技术革命的推动下，互联网、数字化技术的产生和应用，使文化的传播方式发生了巨大的变化，成为我国文化体制改革的重要动因。一方面，互联网、数字化技术在文化领域的应用使得传统的单向文化传播方式转变为互动传播，文化产品的生产者与消费者的距离和界限日益模糊化；另一方面，传播渠道和传播载体的无限扩展导致内容严重不足，内容创新和文化创意成为推动文化产业发展的核心和关键所在。这一变化在客观上要求对传统文化体制进行变革，从国有单一提供主体向多元、互动提供主体转变，形成全社会创新文化发展，提供丰富多样的文化产品和服务的生动活泼局面。同时，新兴技术和传播手段的日新月异，也要求打破传统文化体制行政性资源配置的方式和条块分割的窠臼，以便文化资源和生产要素迅速地"越界"流动，优化组合，从而适应文化生产力发展的客观要求。21 世纪之初，我国文化体制改革开始启动之机，正是互联网、数字化技术在我国开始大规模推广之时，这是应对时代发展新挑战的明智之举。②

**4. 思想文化领域存在的重大挑战迫切需要推进文化体制改革**

有学者提出，思想文化领域仍然存在种种不符合社会主义先进文化的前进方向，不符合社会主义核心价值体系要求，不符合以"科学理论武装人、以正确舆论引导人、以高尚精神塑造人、以优秀作品鼓舞人"的要求，以及不符合信息化、网络化条件下善待、善用、善管网络媒体和网络文化要求的种种失序、失范、失衡、失调现象。特别值得注意的

---

① 刘学民. 深化文化体制改革的思考 [J]. 红旗文稿, 2010 (17)；齐勇锋. 文化体制改革：进展、难点和前景展望 [N]. 人民网·理论频道 (http://theory. people. com. cn/GB/15904399. html)；朱雪梅. 刍议文化体制改革重要性 [J]. 世纪桥, 2012 (1).

② 齐勇锋. 文化体制改革：进展、难点和前景展望 [N]. 人民网·理论频道 (http://theory. people. com. cn/GB/15904399. html).

是，面对网络媒体传播力和影响力越来越大、网络舆论对社会舆论影响越来越大、对青少年成长影响越来越大的新形势，一些地方和部门对互联网的管理同积极利用、科学发展、依法管理、确保安全的要求还有较大差距，网上有害信息的传播特别是持续炒作社会热点、人为增加社会焦虑、不断撕裂社会共识、竭力破坏社会和谐的网络舆论尚未得到有效遏制。有效应对思想文化领域存在的种种挑战，特别是加强网上舆论引导，唱响网上思想文化主旋律，培育文明理性的网络环境，发展健康向上的网络文化，迫切需要推进文化体制改革。①

**5. 解放和发展文化生产力迫切需要推进文化体制改革**

有学者提出，长期以来，我国的文化单位大多由政府创办，管理主要依据行政指令，脱离群众需求，由此而产生的关系不顺、效率不高、管理不力、布局结构不合理、内部机制不灵活等问题，导致了经济体制与文化体制、经济发展水平与文化发展水平之间的明显差距，既严重束缚了文化生产力的发展，也制约着经济社会的全面健康可持续发展。有学者分析了我国文化体制改革面临的体制性障碍，即体制改革不彻底，文化领域内的行政干预色彩较浓，还没有建立比较规范的机制和公平竞争秩序；文化管理体制不顺，政府办文化的模式尚未根本改变，管理方式的传统计划色彩明显，文化产业发展的公共服务体系尚未建立；文化产业缺少赖以生存和发展的微观基础——规范的文化企业。要切实解决文化事业发展中存在的这些问题，解放和发展文化生产力，使文化建设在经济社会发展中发挥更大的作用，迫切需要推进文化体制改革。②

**（二）文化体制改革的发展脉络**

十六大以来，我国文化体制改革的发展步伐明显加快。十七大以来，为进一步推进文化体制改革，中央作出了一系列新的战略部署。学者们对十六大和十七大以来我国文化体制改革的基本脉络进行了归纳梳理，这些梳理为我们理清和把握文化体制改革的发展脉络、深入

---

① 施芝鸿. 准确把握文化改革发展面临的机遇和挑战 [J]. 求是，2011（21）.
② 贾媛. 文化体制改革面临的体制性障碍与对策 [J]. 中国特色社会主义研究，2009（5）.

推进文化体制改革及其研究奠定了前提和基础。[①] 学者们的归纳集中为两方面。

### 1. 十六大以来我国文化体制改革的基本脉络

2002年11月，党的十六大报告首次提出"积极发展文化事业和文化产业"，并明确指出要"根据社会主义精神文明建设的特点和规律，适应社会主义市场经济发展的要求，推进文化体制改革"。从此，文化体制改革开始成为我国改革开放的又一重要课题。2003年6月，包括深圳在内的9个地区和35个文化单位成为文化体制改革试点。试点地区和单位积极培育市场主体、深化内部改革、转变政府职能、建立市场体系。中央的这一战略部署，拉开了我国文化体制改革的序幕。2005年12月，中共中央、国务院下发《关于深化文化体制改革的若干意见》，明确了当前和今后我国文化体制改革的原则要求、目标任务，制定了文化事业单位改革、文化企业改革、文化领域结构调整、培育现代文化市场体系等具体规划，对我国文化体制改革提出了指导性意见。2006年3月，中央召开了全国文化体制改革工作会议，新确定了全国89个地区和170个单位作为文化体制改革试点。9月，中央印发《国家"十一五"时期文化发展规划纲要》，对"十一五"时期文化发展做出了全面阐述，对进一步推动文化体制改革作出了部署。

### 2. 十七大以来党中央关于推进文化体制改革的战略部署

2007年10月，党的十七大报告提出："深化文化体制改革，完善扶持公益性文化事业、发展文化产业、鼓励文化创新的政策，营造有利于出精品、出人才、出效益的环境"，对文化体制改革提出了更加明确的新要求。2009年9月，国务院审议通过我国第一部文化产业发展规划——《文化产业振兴规划》，是我国深化文化体制改革、大力发展文化产业的纲领性文件。2011年10月，党的十七届六中全会作出了《中共中央关于深化文化体制改革、推动社会主义文化大发展大繁荣若干重

---

① 谢武军. 文化体制改革的历程和面临的问题 [J]. 理论视野，2009 (11)；党的十六大以来我国文化体制改革发展历程 [J]. 松州学刊，2010 (4)；王立. 我国文化体制改革历程的回顾与启示 [J]. 长春市委党校学报，2010 (5)；田嵩燕. 文化体制改革的历程与路径思考 [J]. 中共珠海市委党校珠海市行政学院学报，2012 (2).

大问题的决定》（以下简称《决定》），提出了建设社会主义文化强国的
战略目标，并在《决定》的第七部分，以"进一步深化改革开放，加
快构建有利于文化繁荣发展的体制机制"为题，明确了文化体制改革
"必须牢牢把握正确方向，加快推进文化体制改革，建立健全党委领导、
政府管理、行业自律、社会监督、企事业单位依法运营的文化管理体制
和富有活力的文化产品生产经营机制，发挥市场在文化资源配置中的积
极作用，创新文化走出去模式，为文化繁荣发展提供强大动力"的总要
求，并从深化国有文化单位改革、健全现代文化市场体系、创新文化管
理体制、完善政策保障机制、推动中华文化走向世界、积极吸收借鉴国
外优秀文化成果六个方面，对加快文化体制改革出了作出了总体部署。
为深入贯彻落实党的十七届六中全会精神，深化文化体制改革、推动社
会主义文化大发展大繁荣，进一步兴起社会主义文化建设新高潮，努力
建设社会主义文化强国，2012 年 2 月，中央编制了《国家"十二五"
时期文化改革发展规划纲要》，对我国的文化体制改革进行了更为具体
详细的部署。2012 年 2 月 17 日至 18 日，全国文化体制改革工作会议在
太原举行，会议交流各地文化体制改革实践经验，刘云山同志做了讲
话，指出要抓住关键环节，突出工作重点，着力推进国有文艺院团和非
时政类报刊改革，不断完善转制企业运营机制，分类推进文化事业单位
改革，推动文化体制改革全面深化，为文化长远发展、持续发展奠定坚
实基础。

　　十七大以来，学者们对党中央推进文化体制改革的发展脉络进行了
系统梳理，为我们了解文化体制改革的概况，总结成绩与经验，深化这
方面的研究提供了依据和参照。

### （三）我国文化体制改革的主要成就和基本经验

　　有学者认为，改革开放以来，我们党始终把文化建设放在党和国家
全局工作中的重要战略地位，坚持物质文明和精神文明两手抓，实行依
法治国和以德治国相结合，促进文化事业和文化产业共同发展，推动文
化建设不断取得新成就，走出了中国特色社会主义文化发展道路。我国
文化事业的改革发展，显著提高了全民族思想道德素质和科学文化素

质，促进了人的全面发展，显著增强了国家文化软实力，为坚持和发展中国特色社会主义提供了强大精神力量。具体来讲，我国文化领域正在发生广泛而深刻的变革，取得了一系列巨大成就，如在改革实践中，按照"创新体制、转换机制、面向市场、壮大实力"的要求，积极推进经营性文化单位转企改制，国有文化单位市场主体缺失的状况得到明显改善；新体制新机制让出版单位与市场贴得更近，和读者贴得更紧，逐步实现了社会效益和经济效益的有机统一；影视制作领域不断深化改革，以塑造新型市场主体为目标，大力推进经营性事业单位转企改制，等等。①

在推进文化改革发展的进程中，我们不断深化对文化建设规律的认识，积累了一系列宝贵经验。李长春同志在2012年9月26日召开的全国文化体制改革工作表彰大会上将这些经验概括为：必须坚持党的领导，为坚持文化建设正确方向、有力推进文化改革发展提供坚强保证；必须坚持解放思想、实事求是、与时俱进，牢固树立符合科学发展观要求的新的文化发展理念；必须坚持一手抓公益性文化事业、一手抓经营性文化产业，把社会效益放在首位，社会效益和经济效益相统一，做到两加强、两促进；必须坚持从实际出发，区别对待、分类指导、循序渐进、逐步推开，积极稳妥推进各项改革；必须坚持以人为本，充分调动人民群众和广大文化工作者投身文化建设的积极性、主动性、创造性；必须坚持统筹兼顾，正确认识和处理好文化改革发展中的一系列重大关系，不断提高文化改革发展的科学化水平。②

文化部政策法规司将我国文化体制改革的主要成就和基本经验概括成六个方面：1. 要处理好解放思想与深化改革的关系，坚持以思想的新解放推动改革取得新突破。思想是行动的先导，思想解放的程度决定着改革推进的力度。只有冲破落后观念和主观偏见的束缚，在加快发展

---

① 探索文化发展新道路 开创文化建设新局面——党的十六大以来我国文化体制改革成就综述［N］. 中国共产党新闻（http://cpc. people. com. cn/GB/64093/64387/15878190. html）.

② 胡锦涛. 胡锦涛总书记亲切会见全国文化体制改革工作表彰大会代表［N］. 人民日报，2012－09－27.

中解放思想，在解放思想中统一认识，自觉地以新的观念看待新的事物，以新的思维研究新的情况，以新的办法解决新的问题。2. 要处理好创新体制与转换机制的关系，坚持以体制创新为根本。深化文化体制改革，必须把体制创新作为根本，把经营性文化单位转企改制作为中心环节、作为衡量改革是否实现突破的重要标志，只有体制改革实现了，才能为微观机制转换和创新扫清障碍。3. 要处理好深化改革与群众路线的关系，坚持以人为本，充分尊重群众的主体地位和首创精神。改革的根本力量在于群众，办法和经验来自基层。深化文化体制改革，必须充分尊重群众的主体地位和首创精神，尊重职工群众的知情权、参与权，切实维护职工群众的合法权益，使改革获得最广泛最可靠的群众基础和力量源泉。4. 要处理好改革与发展的关系，坚持以改革促发展，用发展的成果检验改革的成效。文化体制改革的成效如何，归根结底要看是否壮大了实力和竞争力，是否促进了繁荣发展。深化文化体制改革，必须树立强烈的改革意识、发展意识，把改革和发展统一起来，通过深化改革，调整结构，盘活存量，为加快发展注入不竭动力。5. 要处理好深化改革与完善政策、加强组织领导的关系，坚持以完善政策、加强组织领导作为深化改革的重要保障。文化体制改革是一项社会系统工程，深化文化体制改革，离不开政策引路、政策激励、政策保障和对政策落实的督促检查，离不开组织领导。改革能否顺利推进，取决于政策的完善程度和执行力度；改革能否实现新的突破，关键在于各级党委政府的领导和推动，在于各有关部门的支持和配合。6. 要处理好社会效益与经济效益的关系，坚持把社会效益放在首位。要充分考虑文化产业的意识形态特殊性和文化产业商品的普遍性，在社会主义市场经济条件下，在坚持正确导向的前提下，社会效益与经济效益是相统一的，群众喜闻乐见的文化产品在创造出经济效益的同时也必然会产生社会效益。①

中宣部等四部门负责人认为，"十一五"期间文化体制改革的经验

---

① 文化部政策法规司. 文化体制改革的回顾与前瞻［J］. 思想政治工作研究，2009(11).

体现在四个方面：一是坚持一手抓公益性文化事业，一手抓经营性文化产业，做到"两手抓、两加强"。二是坚持把社会效益放在首位，努力实现社会效益与经济效益有机统一。三是坚持区别对待、分类指导，循序渐进、逐步推开，确保改革积极稳妥推进。四是坚持以人为本，完善相关配套政策。把维护职工权益摆在突出位置，妥善解决社会保障衔接、人员分流安置等问题，调动广大文化工作者支持、参与改革的积极性。①

### （四）文化体制改革面临的问题与挑战

当前，进一步推进文化体制改革既具备许多有利条件，但同时也面临一系列新情况新问题。党的十七届六中全会指出："我国文化发展同经济社会发展和人民日益增长的精神文化需求还不完全适应，突出矛盾和问题主要是：一些地方和单位对文化建设重要性、必要性、紧迫性认识不够，文化在推动全民族文明素质提高中的作用亟待加强；一些领域道德失范、诚信缺失，一些社会成员人生观、价值观扭曲，用社会主义核心价值体系引领社会思潮更为紧迫，巩固全党全国各族人民团结奋斗的共同思想道德基础任务繁重；舆论引导能力需要提高，网络建设和管理亟待加强和改进；有影响的精品力作还不够多，文化产品创作生产引导力度需要加大；公共文化服务体系不健全，城乡、区域文化发展不平衡；文化产业规模不大、结构不合理，束缚文化生产力发展的体制机制问题尚未根本解决；文化走出去较为薄弱，中华文化国际影响力需要进一步增强；文化人才队伍建设急需加强。"这一概括，全面准确务实地反映了当前文化建设进程中存在的问题，是文化体制改革面临的严峻挑战。推进文化改革发展，必须抓紧解决这些矛盾和问题。

围绕这些问题，学者们开展了比较深入的研究并取得以下认识：
1. 文化体制改革具有特殊性和复杂性。由于文化产品所具有的"内容意义"和意识形态特性，以及文化艺术生产的不确定性、其成果难以量化评价的模糊性、投资和消费的审美偏好等，使之在与市场经济的结合

---

① 深化文化体制改革　开创文化建设新局面［N］. 光明日报，2011－03－01.

过程中，存在着市场经济的商业价值追求的趋利性与艺术价值和社会价值追求之间的矛盾、由市场经济本身缺陷所导致的公共文化产品供给不足与人民享有基本文化权益之间的矛盾等。这些问题即使在英美等国家也没有完全破解。2. 我国文化建设与经济建设仍存在着明显的落差。民营文化经济的快速发展和国有文化经济的平稳增长存在着明显的落差，国有经营性文化事业单位转企改制缺乏动力，配套政策不完善，改革难度大。3. 目前，文化市场条块分割、区域壁垒和行政干预的问题虽然有所改观，但还没有从根本上得到扭转，与全国统一的产品市场尤其是要素市场尚未全面接轨，二者之间存在着明显的落差。4. 公益性文化事业与经营性文化产业的界定不够清晰，传媒行业的深化改革和体制安排面临困惑。5. 国家文化宏观管理和监管体制改革进展缓慢。6. 国有经营性文化资产管理、监督和运营体制改革尚未迈出实质性步伐。①

还有学者指出，文化体制改革面临着三个问题：1. 思想认识滞后的问题。当前，思想认识滞后是制约改革更进一步发展的一大障碍。在一些地方和部门，特别是一些基层和综合部门，还没有把文化建设放到应有的位置，一些领导干部还存在着对文化建设轻视、忽视、偏视的观念，没有将文化建设真正纳入到当地经济社会发展的全局进行规划和部署。2. 人力资源储备不足的问题。我国从事文化产业经营和管理的人才，数量严重不足，层次明显偏低，结构不合理，特别是懂得市场运作、熟悉和掌握国际规则、有较强经营管理能力的复合型文化产业人才更加紧缺。3. 现代文化市场不足的问题。文化资金市场、文化人才市场、文化设备市场、文化技术市场、文化信息市场、艺术设计市场，以及各种文化中介组织等都远没有达到完备的程度，造成了文化要素市场建设滞后，文化市场体系发育不健全，文化产品无法满足社会需求的问题。②

文化体制改革进程面临的这些问题，既是挑战，也是机遇。面对挑

---

① 齐勇锋. 文化体制改革：进展、难点和前景展望 [N]. 人民网·理论频道（http://theory. people. com. cn/GB/15904399. html）；施芝鸿. 准确把握文化改革发展面临的机遇和挑战 [J]. 求是，2011（21）.

② 刘学民. 深化文化体制改革的思考 [J]. 红旗文稿，2010（17）.

战，抓住机遇，解决问题，才能真正推进文化体制改革的进程，进一步推动文化事业的繁荣发展。

### （五）推进文化体制改革的意见建议

与经济体制改革一样，文化体制改革也是一项复杂和艰巨的系统工程，需要有诸多的配套条件，需要与经济体制改革、政治体制改革和社会体制改革相互衔接，需要统筹安排。针对改革进程中出现的各种问题和矛盾，学者们围绕着推进文化体制改革的具体内容和思路开展了广泛而深入的探讨，提出了以下有价值的意见建议。

针对文化体制改革面临的体制性障碍，有学者提出了改革的总体设想，即转变政府文化管理的职能，要从"办文化"向"管文化"的方向转变；按照现代企业制度的要求，加大国有文化企事业单位的产权制度改革力度；深化投融资体制改革，实现文化产业投资主体多元化；加强文化产业立法，保障文化产业健康发展。①

有学者指出，"融合发展"是文化体制改革的必然趋势。纵观我国文化体制改革历程，"分离"与"融合"是鲜明特点。所谓双重分离，即政府实现文化经营职能与管理职能相分离的过程、公益性文化事业与经营性文化产业相分离的过程，是文化体制改革的基础和关键。所谓多要素融合，即文化产业与现代企业制度相融合的过程、文化产业与社会资本相融合的过程、实现城乡融合及一体化发展的过程、社会效益和经济效益相统一的过程等，是文化体制改革的主要内容和实现途径。在这一过程中，"分离"与"融合"相互渗透，相辅相成，"融合发展"将成为未来文化体制改革的必然趋势。②

深化国有文化单位改革。有学者提出，按照文化事业和文化产业的不同特点，继续推进国有文化事业单位改革，发展混合经济结构的文化企业，重塑文化市场的微观主体。一是要完善配套政策，加快推进国有

---

① 贾媛. 文化体制改革面临的体制性障碍与对策 [J]. 中国特色社会主义研究，2009（5）.
② 张力，王美霞. 新时期我国文化体制改革的特点及趋势分析 [J]. 北京行政学院学报，2012（2）.

经营性文化事业单位转企改制。二是鉴于社会资本实际上已经广泛进入出版、报刊等国有垄断性文化行业,建议在这一领域进行吸收社会资本,整合"工作室"等社会资源,推进股份制改革的试点。同时配套进行书号审批制度改革,以有利于调动社会力量参与文化内容创新的积极性,规范文化市场管理和行政执法,杜绝长期以来存在的"买卖书号"等扰乱市场秩序的问题。①

健全现代文化市场体系。有学者提出,加快文化市场体系改革,更大程度地发挥市场在文化资源和要素配置中的基础性作用。一是要在积极推进市场流通组织改革,发展连锁、物流等新型业态和文化产品市场的基础上,加快发展人才市场、版权市场等文化要素市场。二是要改革现有的行业协会,实现政府与行业协会分开。同时依据文化事业和文化产业的特点,发展一批自愿结合、自治管理的文化行业组织,使之在提供行业信息、咨询服务、人才培训、行业自律等方面发挥重要作用。三是要加快发展法律、会计、服务代理等文化市场的中介机构。四是要结合政府行政管理体制改革,打破条块分割的市场壁垒,促进文化资源和要素的合理流动和优化组合,为文化发展创造良好的市场环境。②

创新文化管理体制。按照"党委领导、政府监管、行业自律、企事业文化单位依法运行"的改革目标,推动文化宏观管理体制改革,转变政府职能。一是要理顺党政关系。科学界定党委与政府的职能分工,探索党委领导、政府文化主管部门和综合经济管理部门既合理分工,又紧密配合、形成合力,促进文化发展繁荣的工作机制。二是整合国务院有关文化主管部门,设立国家文化委员会,切实解决政府文化管理部门政出多门、职能交叉的问题。三是要进一步推动行政审批制度改革,简化办事程序,加强文化市场监管和行政执法。同时,应该创新公共文化服务体系,通过引入市场竞争机制,形成以政府投入为主、社会广泛参与的格局。进一步探索和推广政府采购、财政补贴、贴息、委托经营等面向全社会的市场化机制。要借鉴国际经验,完善配套政策,积极培育非

①② 齐勇锋. 文化体制改革:进展、难点和前景展望 [N]. 人民网·理论频道(http://theory. people. com. cn/GB/15904399. html);贾媛. 文化体制改革面临的体制性障碍与对策 [J]. 中国特色社会主义研究,2009 (5).

政府、非营利性的社会组织，使之成为我国公共文化服务体系的重要组成部分。①

完善政策保障机制。有学者提出，积极推进文化投融资体制改革，形成多元化、社会化、市场化的文化投融资体系。一是创新财政投入方式。建议在继续发展和完善专项资金的同时，借鉴国际经验，设立国家文化发展基金，按照"政府出资、专家管理、社会监督、面向全社会、间接资助"的原则，对文化内容创新和民族文化传承给予支持，由此带动具备条件的省、市、自治区设立区域性的文化发展基金，形成国家财政对文化发展资助的完整体系。二是要在文化产业利用资本市场方面取得新进展。要积极推动一批具有竞争力的文化企业通过股份制改造进入资本市场上市融资。同时利用资本市场的投融资和结构调整功能，培育文化市场上的战略投资者，促其在跨地区和跨行业的投资兼并、结构调整中发展重要作用，实现我国文化产业结构、区域结构的不断优化。三是要加快发展多元化、社会化的文化投融资机制。如创业投资、风险投资、产业投资基金、私募股权投资、组合投资等。

推动中华文化走向世界。有学者提出，推动中华文化走向世界，是不断增强我国文化软实力和国际竞争力，提升我国综合国力的必然选择；是增强民族凝聚力和创造力，加快转变经济发展方式，促进经济社会发展的重要途径；是营造良好外部环境，推动建设持久和平、共同繁荣的和谐世界的战略需要。推动中华文化走向世界，要注意"继承传统、突出当代"，以积极的姿态、开放的胸怀大力推动当代中国文化走向世界。要注意"中国文化、国际表达"，大力开拓我国对外文化传播的专业化道路，利用高新技术和新媒体，抢占新兴文化传播高地。要注意"尊重规律、科学发展"，尊重跨文化交流的规律，从不同国家、不同民族的文化认知和心理习惯出发，生动地讲述好中国的故事。②

积极吸收借鉴国外优秀文化成果。有学者提出，世界文化发展对于

---

① 齐勇锋.文化体制改革：进展、难点和前景展望［N］.人民网·理论频道（http://theory.people.com.cn/GB/15904399.html）；贾媛.文化体制改革面临的体制性障碍与对策［J］.中国特色社会主义研究，2009（5）.

② 赵少华.把握规律 科学发展 加快推动中华文化走向世界［J］.求是，2012（16）.

我国文化建设特别是文化体制改革具有重要启示，应该积极主动把握世界文化多样化发展的新趋势，吸收西方发达国家如英国文化创意产业，和美国科技产业发展的经验，推进本国文化创新和发展。① 有学者对世界文化创新产业发展进行了宏观分析，剖析了我国文化创意产业发展的现状，并对我国文化创意产业发展提出了对策性意见建议，如加大对文化创意产业的政策支持，构建面向文化创意企业的多层次投融资服务平台。②

这些意见建议，对于推进文化创新和文化体制改革，具有重要的参考价值。还有学者从改革发展历程、存在的问题、基本经验、发展趋势四个方面，对十七大以来我国文化体制改革的研究进行了总结评述。③

### （六）各地开展文化体制改革的成功探索与宝贵经验

根据中央的统一部署，各级地方政府结合本地实际，积极推进文化体制改革的实践探索，取得了许多值得总结的新鲜经验。这些实践经验，既是开展文化体制改革研究的源头活水，又是进一步推进文化体制改革的宝贵财富。

#### 1. 文化体制改革领头羊——深圳文化体制改革的成功探索

改革开放三十多年来，深圳率先开始了文化体制改革的探索，取得了一系列令人可喜的成果，成为我国文化体制改革的领头羊，连续三次荣获"全国文化体制改革先进地区"称号。一些学者对深圳文化体制改革在成功探索中取得的新鲜经验和重要启示进行了总结，归结起来主要有以下几条④：

一是中央领导的重视与关怀激发出强大的改革实践动力。近十年来，温家宝、李长春、刘云山、刘延东等中央领导多次到深圳考察，充分肯定深圳市文化体制改革的成功探索，对深圳的文化体制改革作出了

---

① 吕方. 世界文化发展对当代中国社会主义文化建设的启示 [J]. 学海，2008（6）.

② 成思危. 大力发展文化创意产业，为我国社会主义文化建设做出新贡献 [J]. 中国科技产业，2007（11）.

③ 胡国胜. 十七大以来我国文化体制改革研究综述 [J]. 江南社会学院学报，2011（4）.

④ 深圳文化体制改革大事记 [N]. 深圳特区报，2009 – 08 – 28.

重要指示，要求深圳作为全国改革开放的特区和窗口，继续敢试敢干，先行一步，加快文化体制改革，大力解放和发展文化生产力，做强做大文化产业，满足人们不断增长的精神文化生活需求，为全国文化产业发展创造新鲜经验，发挥更大作用。中央领导的重要指示，为深圳文化体制改革提供了强大推动力，是深圳文化体制改革能够走在全国前列的重要支撑。二是科学谋划方案，精心推行实施。根据国务院体改办领导关于深圳在文化体制改革方面进行超前探索的要求，深圳政府随即制定颁布了一系列文化体制改革的工作方案。如 2005 年市政府颁布《深圳市文化发展规划纲要（2005—2010 年)》，对文化发展作出全面部署；2007 年年底颁布《深圳市文化产业发展"十一五"规划》和《深圳市文化产业发展规划纲要（2007—2020 年)》，2009 年正式公布《珠江三角洲地区改革发展规划纲要（2008—2020 年)》，等等。这些目标明确、科学规划、精心设计、分步实施文化体制改革工作方案，是深圳文化体制改革取得飞跃式发展的重要保障。三是培育文化品牌，形成发展规模。在文化体制改革实践中，深圳政府培育了"文博会"等文化品牌，促进了文化事业的规模发展。从 2004 年至今，文博会已经成功举办了八届，成为深圳文化体制改革实践中形成的、具有国际影响的战略品牌，成为世界各国文化交流与合作的国际平台。四是在长期的改革实践中，凝炼出坚持"文化改革"与"文化发展"相促进、坚持"主流引领"与"鼓励多样"相结合、坚持"社会效益"与"经济效益"相统一、坚持"国际化特征"与"本土化特色"相兼容的基本工作原则和重要指导思想，使深圳的文化始终植根于优秀的中华文明，真正建成中国特色、中国风格、中国气派的国际文化名城①。这些基本原则，虽然是深圳文化体制改革实践经验的总结，但对于其他省市的文化体制改革具有重要指导意义和参考价值。

**2. 北京市文化体制改革的经验与启示**

有学者回顾了北京市 20 年来文化体制改革的基本历程，总结出四

---

① 王荣. 在深入实施文化立市战略建设文化强市工作会议上的讲话 [N]. 深圳特区报, 2012 - 02 - 29.

个方面的经验：第一，改革要以发展为主题，要把深化改革和规划发展
相结合。第二，改革要以法制为基础，要把深化改革和科学管理相结
合。第三，改革要以创新为动力，要把深化改革和推动创新相结合。第
四，改革要以需求为导向，要把深化改革和振兴产业相结合。概括了文
化体制改革的基本启示：一、把文化体制改革作为一项长期的事业纳入
国民经济和社会发展的重要议程。二、把"试点"作为一项重要的政
策工具善加利用。三、抓住文化市场主体的培育这一中心环节。四、积
极推动文化经济要素禀赋结构的升级。五、切实重视加强文化领域的法
制化建设。六、进一步促进文化与相关行业的融合发展。①

**3. 江苏省文化体制改革的成功探索**

　　有学者总结了江苏省文化体制改革取得的宝贵经验，认为江苏省坚
持文化事业和文化产业"两手抓"，努力实现文化事业与文化产业协调
发展；坚持政府投入与体制改革"两到位"，繁荣文化事业政府投入到
位，发展文化产业体制改革到位，以"两到位"落实"两手抓"；坚持
公益性文化事业与经营性文化产业"两分开"，促进社会效益与经济效
益相统一；坚持促进繁荣与加强管理"两结合"，以科学有效的管理推
动文化大发展大繁荣。在推进改革的进程中，充分考虑文化领域各个单
位的具体情况，坚持区别对待、分类指导，先行试点、逐步推开。经营
性文化单位的改革，大体分三步推进：第一步，重点推进政事分开、管
办分离，组建文化产业集团；第二步，重点推进转企改制、整合资源，
培育文化市场主体；第三步，鼓励跨行业跨地区跨所有制联合重组，做
大做强骨干文化企业。坚持以改革的深化促进文化繁荣，以文化发展的
成果检验改革成效，努力实现"出活力、出人才、出效益、出成果"。
实践证明，加快文化体制改革，解放和发展文化生产力势在必行，早改
革早主动、晚改革就被动、不改革没出路，大改革才能带来大发展大
繁荣。②

---

　　①　孔建华. 20 年来北京市文化体制改革的历程、经验与启示［J］. 新视野，2011（1）.
　　②　梁保华. 全面深化文化体制改革　推动文化大发展大繁荣［N］. 新华日报，2009 -
08 - 17.

### 4. 辽宁省文化体制改革的成功探索和新鲜经验

有学者认为，辽宁省文化体制改革取得的宝贵经验是：推进文化体制改革，必须进一步转变政府职能，实现由"管脚下"向"管天下"、由管微观向管宏观转变；必须坚持把深化改革与加快资源整合有机结合，实现文化产业结构战略性调整；必须健全文化法律法规和政策体系，推进文化市场综合执法改革逐步到位；必须深化公益性文化事业单位内部改革，规范经营性文化单位经济行为，努力提高服务水平。真转真改，就是把企业化、市场化作为经营性文化单位改革的基本方向，把政府职能真正由办文化转到管文化和提供公共服务上来，实行政事分开、政企分开、政资分开，把不留壳、不借壳、不造新壳，不可逆、可核查作为基本原则，总体设计、统筹规划、整体实施、全面推进，努力取得实实在在的成果。①

### 5. 陕西广电网络传媒公司以资本运作为文化企业搭建大舞台

当前中国文化产业进入一个飞速发展期，而资金始终是制约企业快速扩张的瓶颈。放眼全国，很多省市的文化企业先后走上资本运作之路，迅速提高了市场占有率。陕西广电网络传媒公司 2001 年借壳上市，短短几年间，经营业绩综合水平名列全国"上市公司五十强"中第 6 位。2006 年，公司增发 8000 万新股，融资 8.8 亿，全面收购广电网络信息股份公司。2007 年，信息股份公司全部人员和资产整体转入陕西广电传媒股份公司。通过资本市场，陕西广电网络实现国有资产大幅增值，目前国有股市值超过 13 亿元，增值 12 亿元，增幅达 13 倍。他们的实践证明，中国文化企业正在步入一个新的资本运作时代，关键是转变观念。只有打开视野，才能赢得更大的发展空间。②

### 6. 浙江华数数字电视传媒集团以业态创新推动文化产业升级延展

创新文化业态，是当今文化产业发展的一个重要趋势。各省市区的文化企业，或运用高新技术改造传统产业，或在单一产业基础上延伸产业链，抢占未来文化产业发展的制高点。浙江华数数字电视传媒集团，

---

① 张江. 真转真改是深化文化体制改革的要害 [J]. 求是, 2011 (2).
② 兄弟省市区文化体制改革许多成功实践值得借鉴 [N]. 新华日报, 2009 - 08 - 17.

在国内首创广播与交互融合的"互动电视"技术、高清互动和3D娱乐
数字电视服务、数字电视与手机互通、通过电视获取互联网信息等多项
领先技术，开展节目点播、公共信息、财经证券、教育、游戏娱乐、商
务、政务、支付、彩票九大类130多项服务，彻底改变了百姓看电视的
方式。如受众可通过电视银行实现水、电、煤气账单查询和在线缴费，
变看电视为用电视，为数字电视赋予了全新的内涵和广阔的发展
空间。①

此外，上海、宁夏等地和文化单位也进行了富有成效的实践探索，
为其他地区和部门的文化体制改革提供了有益参考。②

## 三、简要评析

与中国特色社会主义文化建设研究的其他部分相比，关于文化创新
和文化体制改革的研究具有比较鲜明的特征：由于我国推进文化创新和
文化体制改革的政策已经基本明确，所以，这部分研究必然具有较强的
政策性，多是对政策必要性和紧迫性的论证；文化创新和文化体制改革
既是理论问题，又是实践问题，所以，这部分研究必然具有较强的实践
性，多是对中央精神和战略部署的解读与论证，对地方各级政府推进文
化体制改革实践的经验总结；文化创新和文化体制改革涉及政府职能转
变、文化事业单位改制、现代文化市场建设等多方面内容，所以，这部
分研究必然具有较强的综合性，研究者中有不少是直接参与文化体制改
革实践的政府官员。十七大以来，学者们围绕文化创新和文化体制改革
开展研究，取得了不少有价值的成果，同时地方各级政府按照中央统一
部署，结合本地实际，积极推进本地的文化体制改革，取得了一些宝贵
经验。这些研究成果和实践经验，为我们进一步推进文化创新和文化体

① 兄弟省市区文化体制改革许多成功实践值得借鉴 [N]. 新华日报, 2009 - 08 - 17.
② 张涛甫，贺艳燕. 文化体制改革的前沿探索——试论上海文化体制改革 [J]. 东岳论
丛, 2011 (5)；培育文化产业集团 推进文化体制改革——全区文化体制改革工作会议综述
[J]. 共产党人, 2008 (9).

制改革及其相关研究，提供了有价值的参考与借鉴。

### 1. 深化了对文化创新的研究和认识

关于文化创新，学者们在回顾和总结我国社会主义文化建设历程特别是文化创新历程的基础上，得出了以下认识：文化的发展繁荣最根本的是创新，创新是文化的本质特征。文化创新，是指立足于我国现代化建设实践和民族复兴的伟大事业，面对我国本土文化和世界文化的丰富资源，批判扬弃、继往开来、推陈出新，创造转化，实现文化在内容和形式手段等方面的革新或飞跃，创造出一种面向世界、面向现代化和面向未来的民族的、科学的、大众的社会主义先进文化。在当代中国，无论是适应建设创新型国家的战略需要，还是更好地满足人民群众多层次多方面多样性的精神文化需求；无论是在激烈的国际文化竞争中赢得主动，还是为人类文明进步作出新的更大贡献，都需要我们大力推进文化创新。推进文化创新的基本原则有：文化创新源于大众又归于大众。文化创新要有世界眼光。文化创新的前提是要继续解放思想。推进文化创新的基本途径是：最基本的出路就是要依照当前文化发展的现实状况，以群众需要作为文化创新的出发点。生活是文化创新的源泉，文化创新应该基于对生活的"文化自觉"。在继承优良传统中推进文化创新，是在"咀嚼""吃透"传统文化的丰富营养的基础上，创造出符合当下时代特征的新的文化产品和新的文化业态。

由此可见，文化创新是文化事业不断进步发展的内在要求。推进文化创新，必须把握时代脉搏以准确反映世界发展的大势，必须反映时代精神以科学总结社会进步的真谛，贴近实际生活以获得生生不息的发展动力，引领人民思想以体现文化本身的资政育人功能。如果仅仅是从理论上谈文化创新，常常会流于纸上谈兵，因此，必须把推进文化创新的目标要求与文化体制改革的社会实践紧密结合起来，在丰富的社会实践中贯彻文化的创新精神，实现文化事业的科学发展。

### 2. 深化对文化体制改革的研究和认识

关于文化体制改革，学者们从理论角度进行了较深入的研究，得出以下认识：进一步推进社会主义文化体制改革，是不断满足人民群众日益增长的文化需求的迫切需要，是积极应对经济全球化的严峻挑战的迫

切需要，是弘扬民族文化、维护国家意识形态安全的迫切需要，是有效
应对新技术革命的巨大挑战的迫切需要，是应对思想文化领域重大挑战
的迫切需要，是解放和发展文化生产力的迫切需要。改革开放以来，我
国文化建设不断取得新成就，开辟了中国特色社会主义文化发展道路。
回顾我国文化体制改革的基本历程，学者们从多个方面总结概括了基本
经验，如坚持以思想的新解放推动改革取得新突破；坚持以体制创新为
根本；坚持以人为本、充分尊重群众的主体地位和首创精神；坚持以改
革促发展、用发展的成果检验改革的成效；坚持以完善政策、加强组织
领导作为深化改革的重要保障；坚持把社会效益放在首位等。同时，学
者们也对文化体制改革进程中面临的问题与挑战进行了分析研究，并从
深化国有文化单位改革、健全现代文化市场体系、创新文化管理体制、
完善政策保障机制、推动中华文化走向世界等方面提出了不少有价值的
意见建议。在从理论角度深化文化体制改革研究的同时，学者们还对深
圳、江苏、辽宁、北京等地方政府结合本地实际，积极推进文化体制改
革的实践经验进行了总结，归纳出如科学规划，分步实施，培育品牌，
形成规模，坚持文化事业和文化产业"两手抓"，实现政府职能由管微
观向管宏观转变、以资本运作为文化企业搭建大舞台、以业态创新推动
文化产业升级延展等鲜活经验。这些实践经验，是开展文化体制改革研
究和进一步推进文化体制改革的宝贵财富。

### 3. 进一步推进文化创新和文化体制改革研究的思考与建议

如何推进文化创新和文化体制改革，是中国特色社会主义文化建设
的热点和难点问题之一。之所以成热点，是因为社会主义文化建设面临
的诸多问题，要通过文化创新特别是文化体制机制的改革才能得到有效
解决，这是社会主义文化建设进程中一个无法绕开的重大课题。之所以
成难点，是因为在世界文化多样化发展的大趋势下推进文化创新，不能
只是停留于理论论证上，而是要落实于实际行动之中。由于文化体制改
革起步相对较晚，理论准备不足特别是实践经验缺乏，导致对这一改革
的理论剖析虽然不少，但具有可操作性的对策性意见建议却不多。因此，
解决这一既是热点又是难点的重大课题，既应该深入领会中央精神，高
度关注国家文化发展的战略部署，又应该及时了解地方政府推进文化体

制改革的实践经验，还应该全面收集学者关于文化创新与体制改革的研究成果，三个方面紧密结合，才能有效推进文化创新和文化体制改革研究。但是，在当前的相关研究中，关于文化创新和文化体制改革的研究，多是包含在社会主义文化建设的总体研究之中，作为其中一个部分内容加以分析，常常是寥寥数语，或是对国家政策的解读，或是对基本概念的阐释，或是从宏观理论论证其重要性和必要性，关于文化创新的实践途径和文化体制改革的具体建议等研究却很少。要进一步推进文化体制改革研究，应该在现有研究成果基础上，加强对实践经验的总结、对实际工作的探讨、对世界发达国家先进经验的借鉴、对相关理论的深入研究。

文化创新既是一个比较新的研究课题，又具有较强的实践性特征。这就要求我们的文化创新研究不但需要较高的理论基础，而且需要具有一定的实践经验。但是从当前的研究状况来看，学者们多侧重于重要意义、基本原则、主要途径等方面的研究，难以从实践层面提出具有可操作性的意见建议。因此，要进一步推进文化创新研究，应该积极分析研究世界各国文化发展的成功经验，以拓宽眼界、丰富认识、提供借鉴；应该及时关注各级地方政府和广大人民群众推进文化体制改革的实践经验，并加以理论总结，以指导今后的文化体制改革的实践；应该在分析研究实践经验的基础上，深入开展理论研究，努力把握文化创新的基本规律，以进一步推进和丰富社会主义文化建设研究。

在文化体制改革研究方面，学者们多侧重于对文化体制改革重要性必要性的论证，侧重于对文化体制改革政策的解读，对文化体制改革中出现问题的分析较少而难以深入，对文化体制改革实践经验的总结概括较少且没有形成系统认识。在新的形势下，要进一步推进文化体制改革研究，必须深刻理解我国文化体制改革的基本政策和根本精神，对文化体制改革中产生的问题进行更为深入系统的分析，及时关注和分析总结地方政府开展文化体制改革的新鲜经验与成功探索，全面把握学者们关于文化体制改革的研究成果。同时，必须把这三个方面紧密结合起来，文化体制改革研究才能够既体现中央的主要精神，具有一定的高度，又能够反映文化体制改革的最新实践，具有鲜明的时代性，还能够展示当前这一学术研究领域的最新成果，具有指导实践的现实意义。

# 第六章　关于文化人才队伍建设研究

　　国以人立，业以才兴。文化建设作为中国特色社会主义事业的重要组成部分，其快速健康发展的根本保证在于加快人才队伍建设。十七大以来，关于文化人才队伍建设的研究，日益引起学术界的关注。党的十七届六中全会通过的《中共中央关于深化文化体制改革、推动社会主义文化大发展大繁荣若干重大问题的决定》（以下简称《决定》），明确了建设社会主义文化强国的宏伟目标，强调要"深入实施人才强国战略，牢固树立人才是第一资源思想"，提出了"建设宏大文化人才队伍，为社会主义文化大发展大繁荣提供有力人才支撑"的重要任务。回顾十七大以来学术界关于文化人才队伍建设的研究成果，对于在新的形势下，进一步推进文化人才队伍建设实践及理论研究，都具有重要意义。

　　关于"人才"概念，有学者指出，人才是指具有一定的专业知识或专门技能，进行创造性劳动并对社会作出贡献的人，是人力资源中能力和素质较高的劳动者。国家各项事业的发展，归根结底靠人才。人才是我国经济社会发展的第一资源，是社会文明进步、人民富裕幸福、国家繁荣昌盛的重要推动力量。[1] 也有学者提出，文化领域中的人才是指从事文化事业或文化产业的相关人员，包括文化产品的发掘者、研究者、创造者、传播者和使用者。[2] 也有学者从分类的角度把"文化人

---

[1]　徐平，包路芳. 建设宏大的文化人才队伍［J］. 人民论坛，2011（32）.
[2]　赵亮. 浅议推动文化大发展大繁荣的人才策略［J］. 人力资源管理，2012（2）.

才"分为广义和狭义两个范畴，广义的文化人才，是指与文化领域有关的各类人才的总称，既包括宣传文化领域的人才，也包括涉足文化领域的专业技术人才、企业经营管理人才、高技能人才等；狭义的文化人才，仅指宣传文化领域的人才，包括新闻出版、广播影视、广告设计、动漫产业等方面的人才。① 也有学者提出，"文化人才队伍是我国社会主义现代化建设的重要方面军，是文化繁荣发展的第一宝贵资源"。②

# 一、加强文化人才队伍建设的重要性

当今世界，文化与经济和政治相互交融，在综合国力中的地位越来越重要，在综合国力竞争中的作用越来越突出。党的十七大从党和国家事业发展全局出发，对兴起社会主义文化建设新高潮、推动社会主义文化大发展大繁荣作出了战略部署。十七大以来，全党认真贯彻落实党的十七大精神，努力推进文化体制改革，大力发展文化事业和文化产业，开创了文化建设新局面。这期间，学术界围绕加强文化建设、推动社会主义文化大发展大繁荣做了大量的学术研究及理论宣传工作，使"提升文化软实力、加强文化建设"的观念在社会各界日益深入人心，人们对文化人才队伍建设重要性的认识也越来越深刻。充分认识加强文化人才队伍建设的重要性和紧迫性，对于我们更加主动地培养和造就文化人才，为建设社会主义文化强国提供丰富的智力资源和坚实的人才保障，具有十分重要的意义。

## （一）时代发展的必然要求

有学者认为，应该清醒地认识文化人才的时代价值。一个民族的灿烂文化，必然要有一批文化人才来支撑。加强先进性文化建设，实现地方和国家文化发展战略目标，需要一批批的文化人才。在文化发展中，

---

① 郝荣峰. 文化人才是文化强国建设的关键［J］. 东北师大学报（哲学社会科学版），2012（3）.

② 李伟. 建设宏大文化人才队伍［J］. 求是，2011（23）.

人才是最活跃、最积极、最关键的要素，文化的生产、传播、教育、交流等都离不开文化人才。① 从世界范围看，文化软实力的竞争在综合国力竞争中的影响和作用日益凸显，而文化的竞争归根结底是文化人才的竞争。美国、日本等文化发达国家的重要发展经验之一，就是培养和造就了一批适应文化发展需要的人才，发达国家和新兴国家都在制订计划，加紧培养适应未来文化战略需要的文化人才。从国内看，经过改革开放三十多年的建设，随着国民经济的持续快速增长，人们的物质生活需求趋于满足，精神文化需求则与日俱增，需要进一步加快文化建设的步伐，而文化繁荣、产业兴盛，不仅体现在创作更多优秀文化产品上，而且体现在培养和造就大批优秀文化人才上。② 因此，文化人才在提升国家文化软实力的过程中具有不可替代的时代价值，加强文化人才队伍建设已经成为时代发展的必然要求。

### (二) 推动文化大发展大繁荣的关键

繁荣人民群众文化生活、发展文化事业与文化产业，归根结底要靠队伍、靠人才。有学者认为，提升中华民族的文化力，必须推出一批拥有自主知识产权和市场竞争力的文化品牌。这就需要大力加强以文化行政人才、文化经营管理人才和文化艺术专业人才为主体的文化人才队伍建设。这是文化建设领域一项基础性和战略性的工程，对进一步发展繁荣我国文化事业，推动社会主义文化大发展大繁荣，具有决定性的重要作用③。有学者进一步提出，文化人才队伍建设对于推动文化大发展大繁荣的关键作用体现在三个方面。首先，文化人才队伍是实现社会主义文化大发展大繁荣的主力军。文化人才队伍是社会主义先进文化产品的生产者和传播者。正是他们不懈地努力，不断创作优秀的精神文化产品，才满足了人民群众不断增长的精神文化需求；也正是他们对优秀文化产品不遗余力的宣传，才有了文化的不断发展和进步。其次，建设文化人才队伍可以提高社会主义先进文化的传播能力。如果没有一支强大

---

① 李敏. 文化人才队伍建设的分析与思考 [J]. 江汉论坛，2010 (9).
② 俞彬. 论如何加强新时期文化人才队伍建设 [J]. 大众文艺，2012 (12).
③ 方彦富. 新时期文化人才队伍建设的若干思考 [J]. 东南学术，2010 (5).

的文化人才队伍作为支撑，就难以对内统一思想，凝聚民心，增强认同；对外提高文化竞争力，维护我国的文化安全，宣传我国的良好形象。再次，建设文化人才队伍可以促进我国文化产业的发展。没有一支庞大的高素质的人才队伍，就不可能有文化产业的发展。因此，建设高素质的文化人才队伍无疑是实现社会主义文化大发展大繁荣的关键所在。①

### （三）提升文化人才质量和规模的迫切需要

有学者提出，未来 10 年不仅是我国经济发展的重要战略机遇期，而且是文化发展的重要战略机遇期。能否成功抓住机遇，很大程度取决于文化人才队伍的整体质量的高低和规模的大小。从产业结构调整的角度来看，文化产业将是当前和今后重要的新的经济增长点。而文化产业是以创造力为核心的经济形式。在文化经济中，人才的发散效应尤为显著，一个人、一群人、一个创意带动整个产业、整个门类的现象时有发生。"创意与人才将比传统的生产要素例如劳动力和资本，更快地成为可持续发展的强大动力。"我国文化产业发展势头迅猛，但与美国、韩国、日本等国家仍然存在着巨大的差距，究其原因，文化产业人才的匮乏和人才培养的混乱是重要的制约因素。文化产业强调创意和创新，其核心竞争力就是文化人才。② 从目前情况看，我国文化人才总量不足、高端人才紧缺、基层队伍薄弱、人才结构不合理等问题还十分突出。党的十七届六中全会紧密结合我国文化建设实际，针对文化人才队伍建设现状，鲜明提出了加快培养造就德才兼备、锐意创新、结构合理、规模宏大的文化人才队伍的工作目标，及时作出了加强人才队伍建设的一系列重大部署。贯彻落实好《决定》提出的工作任务，必将有力促进文化人才质量和规模的进一步提升，推动形成各类文化人才不断涌现、社会文化创造活力竞相迸发的生动局面。③

---

① 申占平. 加强文化人才队伍建设　推进文化大发展大繁荣 [J]. 中共郑州市委党校学报，2011（6）.
② 李敏. 文化人才队伍建设的分析与思考 [J]. 江汉论坛，2010（9）.
③ 李伟. 建设宏大文化人才队伍 [J]. 求是，2011（23）.

### （四） 实现文化强国建设宏伟目标的重要保障

十七届六中全会提出要建设社会主义文化强国，这是与我国深厚文化底蕴和丰富文化资源相匹配、与中国特色社会主义事业总体布局相适应、与建设富强民主文明和谐的社会主义现代化国家的目标相承接的宏伟目标。① 放眼世界，文化人才已经成为世界各国文化竞争的重点。作为当今世界唯一的超级大国，美国利用其雄厚的资金和成熟的市场，从世界各地吸收大量优秀文化艺术人才；在人才引进的同时，美国还根据产业发展的需要，通过大学、企业等多种方式和途径来培养高素质文化产业人才。② 我们目前与西方发达国家在文化软实力上还有相当差距，应当虚心借鉴其发展经验。建设规模宏大的高素质文化人才队伍，正是实现建设社会主义文化强国宏伟目标的必备条件和重要保障。归根结底，文化靠人创造，人才强才能事业兴。实现社会主义文化大发展大繁荣，最终要体现在出精品、出人才、出效益上，而出人才则具有基础性、根本性。精品力作、名篇巨制的出现，要靠人才去创作；社会效益和经济效益的实现，要靠人才去创造。③ 因此，只有切实加强文化人才队伍建设，牢固树立人才是第一资源思想，坚持尊重劳动、尊重知识、尊重人才、尊重创造，最大限度地发挥各类人才的积极性创造性，形成各类人才竞相涌现、高端人才层出不穷，人尽其才、才尽其用的生动局面，才能推动社会主义文化大发展大繁荣，实现建设社会主义文化强国的宏伟目标。

## 二、文化人才队伍建设的现状及存在的问题

中国共产党历来高度重视文化工作在革命、建设、改革中的重大作用，重视文化人才队伍建设。十七大以来，各级领导对文化建设的认识

---

① 李长春. 关于十七届六中全会决议的说明 ［N］. 人民日报，2011 – 10 – 27.
② 李敏. 文化人才队伍建设的分析与思考 ［J］. 江汉论坛，2010 （9）.
③ 李伟. 建设宏大文化人才队伍 ［J］. 求是，2011 （23）.

有了很大提高，从国务院各部委到各省市以至县、乡、街道、社区、各单位，都采取了很多措施加强文化建设，在加强文化人才队伍建设方面也做了很多探索，取得了令人瞩目的成绩。围绕当前文化人才队伍建设的现状及不足，有关政府部门和学术界作出了分析和概括。

### （一）十七大以来我国文化人才队伍建设取得显著成效

十七大以来，我国文化体制改革的不断推进，文化人才队伍也在不断壮大，文化人才队伍对社会主义文化建设的支撑作用也越来越明显。这些显著变化主要体现在如下几方面：

一是文化人才队伍建设统筹规划水平全面提升。事业的发展需要良好的规划，文化人才工作也不例外。中宣部、文化部、新闻出版总署、国家广电总局等中央部门高度重视人才工作，认真贯彻中央部署，推出了《全国宣传思想文化中长期人才发展规划（2010—2020 年）》《全国文化系统人才发展规划（2010—2020 年)》《新闻出版业"十二五"时期发展规划》《广播影视"十二五"人才发展规划》等一系列规划，为文化人才工作指明了发展方向和路径，也提供了坚实的保障。[1] 在中央部门推动下，全国各省市地方政府部门和相关单位也及时出台了一系列文化人才队伍建设规划和实施方案，纷纷加大文化人才开发力度，有力地推动了文化人才队伍建设。例如，上海根据《上海市"十二五"文化人才发展规划》，努力建设在国内外具有重要影响力的文化人才高地。甘肃出台《甘肃省文化系统人才队伍建设规划（2011—2015 年)》，重点建设四支文化人才队伍。[2]

二是文化管理部门公务员队伍建设得到进一步加强。首先是领导班子和领导干部队伍建设进一步加强。近年来，根据中央有关要求，中央文化管理相关部门出台了一系列关于干部管理的意见、办法、规定和规则，涉及干部人事制度改革，领导班子思想政治建设，后备干部队伍建设，干部考核、培养锻炼、问责等方面，为开展干部工作提供了制度保

---

① 刘晓燕. 百花齐放人才兴——国家部委推进文化人才培养综述 [J]. 中国人才，2011（12）.

② 2011 年全国人才工作盘点 [J]. 中国人才，2011（12）.

障。其次，以全面贯彻实施公务员法为契机，以提高机关公务员队伍整体素质和能力为目标，通过完善考试录用、选拔任用、考核评价、激励约束等机制，进一步提高公务员队伍管理制度化、规范化、科学化水平，进一步优化队伍结构，不断加强公务员队伍能力建设，增强活力和创造力，努力建设一支政治坚定、业务精湛、作风过硬、结构合理的机关公务员队伍。此外，文化部还大力加强驻外人员的忠诚教育，坚持学习教育与实践锻炼相结合，引导驻外文化干部在经济全球化、政治多极化的复杂环境中能够始终坚定共产主义理想和中国特色社会主义信念；积极拓宽选人用人渠道，以满足不断增长的文化外交人才需求。①

三是专业人才队伍建设进一步加强。高层次人才是推进文化繁荣、带动文化创新的中坚力量，青年人才是文化事业大发展的未来希望，他们是文化人才队伍建设的重中之重。文化部坚持以提高文化创新能力为核心，以领军人物和拔尖人才为重点，把建设一支学风严谨、业务精湛、品德优良、成就突出的高层次文化艺术专业人才队伍作为人才队伍建设的重要内容。充分发挥政府在高层次文化人才培养中的导向和扶持作用，自 1992 年起在全国文化系统开展"文化部优秀专家"选拔，在文化艺术领域培养了一批造诣比较深厚、成就比较突出的中青年人才；建立重点专家联系制度和专家咨询机制，适时组织专家参加重大问题研讨交流活动，关注专家的工作动态，并组织高层次人才为文化发展的重大决策以及重大工程项目提供咨询服务，充分发挥他们在科学决策中的参谋和咨询作用；同时，2006 年至今多次组织专家休假，为专家采风、交流创造条件。②广电总局积极探索人才培养新机制，以项目为依托培养高层次人才，取得良好成效。总局实施了青年导演、青年编剧扶持计划，中影集团实施了青年导演、青年制片人培养工程，促进了青年影视艺术人才的成长。总局设计院、电影科研所等单位以项目为载体，为高层次人才搭建了事业发展平台。国际台、北京电台、上海文广新闻传媒集团等单位注重发挥带头人的引领示范效应，实行了采编播译首席制，培养了核心团队。目前，具有广播影视特色的分层次、分类别、多形

---

①② 屈菡. 文化人才队伍建设整体水平全面提升［N］. 中国文化报，2012－06－19.

式、重实效的教育培训格局已初步形成。各级广电部门坚持以提高履行岗位能力为核心，紧紧围绕广播影视中心工作、重点工作开展培训，并在开展普遍培训的基础上，认真抓好关键岗位、重点岗位人员培训和紧缺人才培训，针对性和实效性不断增强。①

四是青年作家和网络作家得到大力扶持培养。青年作家、网络作家是繁荣文学创作的生力军，是文学事业兴旺繁荣的希望所在。近年来，中国作协把扶持和培养作家作为工作重点，采取各种积极有效措施，发现、培养文学新人。在会员发展工作中特别重视和关心青年作家、网络作家，积极吸纳一批富有创作潜力的文学新秀入会；根据他们的年龄结构和创作特性，围绕当前文学创作面临的一些问题，制定有针对性的培训课程内容，采取既严谨认真又生动活泼的教学模式，帮助他们打开认识世界的多维视角和宏观视野，丰富他们的文化知识和艺术涵养；组织作家到改革开放前沿、社会主义新农村、国家重点工程和大型国企、军营、警营等地采访采风，并为更多的作家下基层挂职、定点体验生活积极创造条件，帮助青年作家激发创作灵感、积累创作素材；与重要期刊、媒体、网络等机构建立联系沟通机制，为更多的青年作家搭建广阔的舞台；在重点作品扶持工作中，给予青年作家更多关注和支持；发挥文学评奖的引导作用。②

五是以用为本推动人才工作良性发展。文化人才培养的工作实践遵循"以用为本"精神，形成了人才引领创新—创新带动发展—发展造就人才的良性发展生态链。文化部以特殊专业、重点项目、重点工程、重点基地为平台，全面锻炼人才队伍，依托全国文化信息资源共享工程、非物质文化遗产保护工程等文化建设各重大工程、重点项目，着重加强对艺术表演人才、基层文化人才、特殊专业领域人才等各类文化人才的培养，提高人才的基本素质和专业能力，不断出精品、出名家。广电总局注重在重点工程、重大项目、重要岗位实践中培养人才、锻炼队伍，在完成急难险重任务中提高能力，近年来出色完成了奥运会、汶川及玉

①② 刘晓燕.百花齐放人才兴——国家部委推进文化人才培养综述［J］.中国人才，2011（12）.

树地震救灾等重大宣传任务和重大公共突发事件报道，培养锻炼了一大批新闻宣传和艺术创作人才；大力实施村村通、农村数字电影放映、安全播出等重点工程，培养了一批高层次技术研发和应用型人才；推进实施数字广播影视、移动多媒体广播电视、网络广播电视、下一代广播电视网等重点技术项目，加快了新媒体新业务人才的成长提高；实施走出去工程，国际传播人才队伍不断扩大，国际传播能力显著提高；深化体制机制改革、大力发展广播影视产业，锻炼培养了一批勇闯文化市场的产业经营管理人才；还有一大批专门从事少数民族语言广播影视的优秀人才，专门从事广播影视行政管理、党务群团工作人才，专门从事法制建设、政策理论研究、档案管理、工程设计、出版发行、文艺演出、教育培训、后勤服务的人才，都在各自的岗位上创造性地完成了各项任务。①

六是为建设发展提供人才保障的水平进一步提高。文化体制改革的核心是人事改革。自 2003 年以来，文化部先后对 8 家直属事业单位进行了转企改制，组建了中国对外文化集团公司等 5 家公司。根据文化体制改革精神，文化部人事司积极参与改革制度设计和政策制定工作，耐心细致做好转企改制单位人员身份转换和分流安置工作，多方协调社保衔接工作，通过申请新成立单位和调整部分单位编制来调整直属单位结构布局，保证了转企改制的顺利进行。同时，积极深化事业单位人事制度改革，全面实行聘用制度、竞争上岗和公开招聘制度。通过不断加强各文化单位人才队伍建设水平，进一步提升了为文化事业发展提供人才保障的水平。②

### （二） 队伍总体状况还不能适应建设文化强国的需要

学者们研究认为，十七大以来，在文化人才队伍建设方面取得成绩无疑是巨大的，但是，当前文化建设正是用人之际，公共文化事业日益扩展，文化产业方兴未艾，文化人才队伍还不能完全满足工作需要。③

① 刘晓燕. 百花齐放人才兴——国家部委推进文化人才培养综述 [J]. 中国人才, 2011 (12).
② 屈菡. 文化人才队伍建设整体水平全面提升 [N]. 中国文化报, 2012 – 06 – 19.
③ 蔡武. 在第二届院团长与院校长座谈会上的讲话 [N]. 中国文化报, 2008 – 10 – 27.

主要表现在以下几个方面。

一是对文化人才队伍建设重视不够。当前，一些地方和部门还没有把文化人才队伍建设放到应有的位置，还存在着对文化人才忽视、轻视、偏视的观念。一些领导把文化人才队伍建设视为是软任务，认为可抓可不抓。有学者认为，这导致两方面问题：一是文化人才队伍总体数量不足。二是财政支持力度不够，文化工作人员待遇偏低，人才流失严重。① 一些地方和单位常常抱怨没有人才，不惜物力、财力到外面引进人才，却对本地区、本单位的人才视而不见。对人力资源的浪费，还压抑了现有人才的积极性、创造性，甚至出现"人心思走"的现象。②

二是文化人才的创新能力需要提升。创新是文化的本质特征，是推动文化繁荣发展、提高国家文化软实力的不竭动力。文化人才的原创力成为推进文化创新的最重要因素，文化人才的创新能力是影响文化未来发展潜力的重要因素。有学者认为，现阶段，我国文化人才的原创能力十分欠缺，主要表现为：高端文化人才尤其是大师级文化创意人才匮乏，制约我国文化原创能力的提升；文化产业创新主要成型于国外，尤其是新兴文化产业③。据波士顿咨询公司的最新研究结果，"中国的创新能力居全球第27位，落后于新加坡（第1位）、韩国（第2位）、美国（第8位）、日本（第9位）等。"④

三是文化人才供求矛盾与结构性失衡。有学者强调，文化人才队伍不仅要高数量、高质量，而且要结构优化合理。要提升公共文化的专业性、科学性和有效性，就需要多层次、多样化的人才与之匹配，所以应该将人才队伍建设的数量、质量与结构优化综合考虑。当前，我国文化人才培养与社会需求严重脱节。一方面大量文化人才找不到工作，另一方面，社会需要的文化人才又供应不足。2009年，对三十多个行业人才紧缺指数进行分类统计，发现我国文化产业的人才紧缺首屈一指，仅

---

① 申占平. 加强文化人才队伍建设　推进文化大发展大繁荣 [J]. 中共郑州市委党校学报，2011 (6).
② 李敏. 文化人才队伍建设的分析与思考 [J]. 江汉论坛，2010 (9).
③ 李舫. 突破瓶颈，人才先行 [N]. 人民日报，2009-06-25.
④ 蔡尚伟，等. 文化产业：破冰扬帆正逢春 [N]. 光明日报，2010-01-07.

网络游戏人才的缺口就达 15 万至 20 万人。在人才培养方面，如何解决文化产业迅速发展与文化产业人才总量不足、结构失衡的矛盾，加快制定文化产业各类人才的培养计划，特别是文化产业领军人物和各类高层次专门人才的培养，是当前文化人才队伍建设面临的严峻挑战。① 有学者把文化产业的"人才荒"现象生动地归纳为"三多三少"："从人才从业状况看，当前从事传统文化产业生产经营的人数较多，从事新兴产业的较少；从事产业下游服务业的从业人员较多，从事上游创意型人才较少；从事低端的资源依赖性产业的人员较多，而能够运用高新技术、创造高附加值的创新型人才较少"。② 有学者则强调了战略型文化管理人才缺乏的问题，认为现有的文化管理型领导人才缺乏市场竞争意识、创新精神，把握全局、驾驭全局的能力不强；一些文化管理人才知识结构老化，视野不宽，观念陈旧，缺乏开拓创新精神，跟不上改革的步伐；一些文化事业单位囿于枝节，陷于事务，在引进人才上抓不住关键，坐失良机；随着文化体制改革进程的加快，文化事业发展与文化专门人才不足的矛盾日益凸显，尤其是视野宽、懂策划、有创意、善经营、会管理的"复合型"文化专门人才严重匮乏。③

四是文化人才管理体制机制不够完善。从我国的基础环境来说，体制是一个难点，因而大多数学者的讨论都涉及体制机制方面。有学者认为，改革文化人才的培养和评价标准是一个很迫切的问题。目前，各方面似乎更关注应用型文化人才的培养，但高素质人才队伍中最根本的是思想型的人才、观念型的人才、战略型的人才，是能把握时代脉搏、厘清社会发展方向的创造型人才。现在人才的培养和评价完全瞄准了论文量、出书量、学术级别和项目多少等，这与在经济社会发展中唯 GDP 论并无两样，其实很难培养出高素质的创造型文化人才。目前的文化体制间接导致了一个比较封闭的文化圈出现，官本位甚嚣尘上，许多作品的价值不依照其自身的艺术性，而是依附于创作者的行政级别，成为文化圈里的怪现象。因此，如果文化体制没有新的突破，那么高素质文化

① 徐平，包路芳. 建设宏大的文化人才队伍 [J]. 人民论坛，2011 (32).
② 欧阳友权. 文化产业人才建设：问题与思路 [J]. 福建论坛，2012 (2).
③ 李敏. 文化人才队伍建设的分析与思考 [J]. 江汉论坛，2010 (9).

人才难以真正地成长。①

有学者认为，近年来，尽管我国出台了不少制度来规范人才的管理，但是我国尚未建立起与社会主义市场经济相适应的人才发展机制，导致我国文化的发展一直深受权威意识和官本位思想等封建残余及计划经济体制的影响和制约，集中表现在选拔机制、培养机制、考核机制、奖励机制等方面。在人才选拔过程中，容易受到身份、级别、年龄、学历、关系的限制，不能真正做到不拘一格选人才；在人才考核与晋升过程中，论资排序、拉关系"开后门"的现象比较严重；此外，激励机制不够完善，专业文化人才的积极性得不到充分发挥。②

有学者就文化人才培养提出三方面问题：一是文化人才培养的体系不健全，对文化人才的培养主要集中在高校和职业院校，更多的是注重精英人才的培养，而对于数量众多的民间文化人才的培养较为薄弱，缺乏对业余文化人才进行培养的机构；二是文化人才队伍的学习培训制度不健全，相当一些地方和部门一直没有制订文化队伍的培训计划，有些虽然有培训计划，但流于形式，根本没有落实；三是对文化团体和文化从业人员的管理与引导不够，对他们的活动方式过问得较少，对其演出的节目也没有进行很好的审查与指导。③

对于文化人才评价激励制度，有学者认为我国目前无论是制度还是社会价值取向，都尚未给予文化人足够的尊重。在大量的文化活动中，被摆到重要位置的往往是各方面的领导；在人才晋升方面，许多时候是靠政治技巧，靠血缘、地缘关系；在人才评价标准上，缺乏对文化产品生产规律的认识和尊重，导致"简单行政"和"外行管理内行"，人才评价唯学历、唯数量、唯资历、唯亲疏。不重文化生产能力及成果的社会价值，造成"文艺作品数量很多，质量不高；文艺队伍很大，水平不高"的尴尬现实。④ 还有学者认为，我国依靠市场机制科学合理进行分

① 罗旭，等. 高素质文化人才队伍如何造就 [N]. 光明日报，2012 – 03 – 27.

② 俞彬. 论如何加强新时期文化人才队伍建设 [J]. 大众文艺，2012 (12).

③ 申占平. 加强文化人才队伍建设 推进文化大发展大繁荣 [J]. 中共郑州市委党校学报，2011 (6).

④ 徐平，包路芳. 建设宏大的文化人才队伍 [J]. 人民论坛，2011 (32).

配的分配制度尚未建立，人才考核、评价体系尚未完善，官本位和论资排辈思想依然有很大的市场，择优使用、绩效考核等仍停留在理论和口头上，评估主体不中立、评估客体不全面、评估标准不科学等现象依然存在，造成高层次人才的劳动价值、贡献、效益与分配不成比例，致使知识、技术、管理等要素参与分配的权利未得到很好的体现。①

此外，文化人才的流动仍存在体制性障碍。有基层文化工作者在文章中描述，受编制的限制，需招收、引进的人才进不来，不适应的人员出不去，人才结构得不到优化和改善，反而有所退化、劣化，造成整体文化素质降低，制约了文化事业的发展。② 有学者认为，我国尚未建立起与社会主义市场经济相适应、与促进文化事业大发展大繁荣相适应的人才发展机制和人事管理体制，人力资源难以优化配置，制约了文化人才的开发。一方面是优秀的文化人才引不进，自身的文化人才留不住，另一方面因单位性质、个人身份等因素，文化人才内部流动不畅。文化系统下辖的事业单位，有参照管理、全额、差额、自收自支四种性质。事业单位人事改革以后，政府职能部门对逆向调动把关较严，致使系统内部相当一部分人受身份限制不能调整到更适合的技术与管理岗位。③

五是文化人才队伍道德作风建设亟待加强。目前来看，关于职业道德建设和作风建设并没有引起研究者足够的重视，相关文献较少。有文章指出，改革开放以来，我国文化人才队伍整体素质明显提高，职业道德和作风建设不断加强。但是，也要看到，当前文化人才队伍建设方面还存在一些值得注意的问题，比如，有的脱离实际、脱离生活、脱离群众，心态浮躁、急功近利，致使一些文化产品质量不高甚至格调低俗，社会效益不好。这直接影响着我国文化产品和服务的质量，损害了人民群众的利益，也损害了文化工作者的形象。这些问题的产生，从根本上讲，与一些文化工作者思想道德素质不高、作风不端正有关。④

---

① 杨曼. 浅论文化人才创新能力的建设问题 [J]. 山西青年管理干部学院学报，2012 (9).

② 古盛桂. 加强文化人才建设　推动文化发展繁荣 [J]. 大众文艺，2012 (12).

③ 李敏. 文化人才队伍建设的分析与思考 [J]. 江汉论坛，2010 (9).

④ 为什么要重视加强文化人才队伍的职业道德建设和作风建设 [N]. 新华网（http://news. xinhuanet. com/politics/2012－02/02/c_111479490. htm).

综上所述，尽管近年来我国文化人才队伍建设得到了发展，但总体上还远远满足不了文化改革发展的实际需要。与专业技术人才等其他类别人才比较，文化人才发展也是滞后的。文化强国战略的确立，对文化人才队伍提出了更高的要求，这需要我们必须全面贯彻党管人才原则，准确把握文化人才队伍建设现状，重点解决文化人才工作和人才队伍建设中的突出问题，为建设文化强国提供有力的支撑。

## 三、加强文化人才队伍建设的总体要求和主要任务

十七大以来，围绕加强文化人才队伍建设的总体要求和主要任务，学者们在认真领会中央有关文件和政策的基础上，开展研究，取得了共识。

### （一）总体要求

十七届六中全会《决定》指出：加快培养造就德才兼备、锐意创新、结构合理、规模宏大的文化人才队伍。学者认为，这是当前文化队伍建设的总体要求。"德才兼备"是文化人才应具备的基本品格。文化工作者只有具备良好的政治品质、道德品行和工作本领，以德为先，德艺双馨，才能担当起建设社会主义先进文化的使命。"锐意创新"是文化人才必备的重要素质。文化引领时代风气之先，创新是文化工作的本质特征。文化人才只有勇于变革，锐意创新，才能准确把握时代脉搏和立人民精神文化需求的新变化，在文化创新中勇立潮头，创作出反映时代精神、贴近现实生活、引领人民思想的精品力作。"结构合理"是发挥人才队伍整体优势的客观要求。结构决定功能。建设一支由高层次领军人物引领、以高素质专业人才为中坚、基层文化人才为支撑的门类齐全、梯次合理、比例协调的人才队伍，使各类文化人才优势互补、相得益彰，将形成整体大于部分之和的倍增效应。"规模宏大"是文化大发展大繁荣的迫切需要。加强文化人才队伍建设，不仅有质的要求，还需要量的保证。要调动各方面的积极性，培养造就各类文化人才，推动形

成英才汇集、新秀层出、群星璀璨的文化人才队伍建设新局面。①

**（二）主要任务**

其一是造就高层次文化领军人物。《决定》针对高端文化人才紧缺的实际，鲜明提出，要造就一批人民喜爱、有国际影响的名家大师和民族文化代表人物，并提出了一系列重要措施和政策。①继续实施"四个一批"人才培养工程。进一步加强对相关各类人才的选拔培养、教育培训、联系沟通、扶持激励、宣传推介，进一步扩大人才培养工作的覆盖面，把新媒体新业态人才、基层宣传文化骨干人才、民营文化企业和民间文化人才纳入选拔培养计划中来。②继续实施文化名家工程。从2011年开始，每年要确定一批哲学社会科学、新闻出版、广播影视、文化艺术和文物保护、文化经营管理、文化科技等方面的名家，对他们开展创作研究、参与国际文化交流合作、开展学习调研和考察采风进行资助扶持，鼓励支持文化名家发挥智库作用，宣传推介文化名家优秀成果和先进事迹，助力文化名家成长。③建立重大文化项目首席专家制度。建立这项制度，有利于发挥首席专家的学术号召力和艺术影响力，聚集专家团队，承担完成重大文化项目；有利于凸显首席专家的领军作用，带徒传艺，培养新人；有利于增强首席专家的荣誉感、责任感，提高知名度，扩大影响力，造就一批人民喜爱、有国际影响的文化名家大师。④抓紧设立国家级文化荣誉称号。这是以国家名义对成就卓著的文化工作者表彰奖励的最高荣誉，是文化人才队伍建设的一项重大举措。设立这项制度，将充分彰显国家对成就卓著文化工作者的尊重和褒扬，有力提升民族文化代表人物的社会认同度和世界影响力，为广大文化工作者树立追求的目标和学习的榜样。②

其二是培养高素质专业文化人才。文化领域智力密集，专业性强，需要一大批学有专攻、业有专长的专业文化工作者。《决定》从我国文化人才队伍结构的实际出发，明确了专业文化人才培养的重点和主要环节。①适应文化发展急需，抓紧培养4类人才。一是善于开拓文化新领

---

①② 李伟．建设宏大文化人才队伍［J］．求是，2011（23）．

域的拔尖创新人才；二是掌握现代传媒技术的专门人才；三是懂经营善管理的复合型人才；四是适应文化"走出去"需要的国际化人才。②遵循人才成长规律，抓好4个培养环节。一是实践锻炼；二是系统培训；三是学校教育；四是制度保障。①

　　其三是壮大城乡基层文化人才队伍。城乡基层文化人才队伍是基层文化工作的基础力量和重要支撑。胡锦涛总书记指出，国际形势越是复杂多变，我国社会越是深刻变革，改革发展稳定任务越是艰巨繁重，我们越要做好抓基层、打基础的工作。《决定》对加强基层文化人才队伍建设作出专门部署。①落实3项举措，做强基层文化人才队伍。一是制定实施规划；二是配好配齐干部；三是设立专门岗位。②重视4支力量，充分调动基层群众参与文化建设的积极性。一是扎根基层的乡土文化能人；二是民族民间文化传承人特别是非物质文化遗产项目代表性传承人；三是群众中涌现出的各类文化人才和文化活动积极分子；四是文化志愿者队伍。②

　　其四是加强文化工作者职业道德建设和作风建设。《决定》指出："文化工作者要成为优秀文化的生产者和传播者，必须加强自身修养，做道德品行和人格操守的示范者。"一要引导广大文化工作者特别是名家名人自觉践行社会主义核心价值体系，增强社会责任感，弘扬科学精神和职业道德，发扬严谨笃学、潜心钻研、淡泊名利、自尊自律的风尚，努力追求德艺双馨，坚决抵制学术不端、情趣低俗等不良风气。二是鼓励文化工作者特别是文化名家、中青年骨干深入实际、深入生活、深入群众，拜人民为师，增强国情了解，增加基层体验，增进群众感情。三是要求文化工作者要相互尊重、平等交流、取长补短，共同营造风清气正、和谐奋进的良好氛围③。有学者指出，文化人才作为文化产品的生产者和传播者，首先要成为社会主义核心价值体系的践行者、道德品行和人格操守的示范者。要成长为高素质文化人才，关键要与加强

---

　　①② 李伟. 建设宏大文化人才队伍 [J]. 求是，2011 (23).
　　③ 中共中央关于深化文化体制改革、推动社会主义文化大发展大繁荣若干重大问题的决定 [J]. 求是，2011 (21).

文化人才自身修养紧密结合起来。①

## 四、加强文化人才队伍建设的途径和措施

十七大以来，围绕加强文化人才队伍建设的途径和措施，各级政府部门和相关单位在实践的基础上提出了大量工作总结和调查报告；学术界着眼于建设社会主义文化强国的宏伟目标，开展了积极的理论研讨，提出了如下政策建议：

第一，进一步提高对文化人才队伍建设的认识。政治路线确定之后，干部就是决定因素。有学者提出，实现文化强国的战略性跨越，要用战略眼光看待人才工作，把对人才的重视真正体现在发现培养、选拔和使用的各个方面和各个环节，最大限度地发挥人才资源开发在宣传文化事业中的基础性、战略性、决定性作用；要牢固树立科学人才观，把以人为本的理念贯穿于文化人才队伍建设始终；要形成育才、引才、聚才、用才的良好环境和政策优势，为深化文化体制改革输送高素质人才。② 也有学者提出，在文化人才队伍建设中要充分发挥党的政治优势和领导核心作用，各级党委和政府要将文化人才队伍建设作为一项重要的工作来抓，将文化人才队伍建设纳入领导班子建设和人才队伍建设的总体规划。调动一切积极因素，尊重知识、尊重人才、尊重劳动、尊重创造、鼓励创新，尽一切努力为文化人才的发展创造一个良好的环境，为文化人才施展才华提供一个宏大的平台；要进一步加强文化领域领导班子和党的组织建设，把各级领导班子建设成为坚强的领导集体，把党组织建设成为坚强的战斗堡垒，文化战线全体共产党员要在推进文化改革发展中发挥先锋模范作用。③ 有学者认为，"党管人才"原则不能简单地理解为像"党管干部"那样，仅仅依靠行政的考核管理和思想政

---

① 罗旭，等. 高素质文化人才队伍如何造就 [N]. 光明日报，2012-03-27.
② 徐平，包路芳. 建设宏大的文化人才队伍 [J]. 人民论坛，2011 (32).
③ 申占平. 加强文化人才队伍建设　推进文化大发展大繁荣 [J]. 中共郑州市委党校学报，2011 (6).

治工作，而是要强调以推动文化创造为核心，以激发创造力为重点，转变文化管理和文化人才培养管理的模式，同时更加重视文化人才，积极培养文化人才，建设强大的文化人才和文化产业队伍。① 有学者提出要树立四方面理念：一是树立文化人才是文化事业发展第一资源的理念；二是树立文化人才不求所有、但求所用的理念；三是树立文化人才高端引领的理念；四是树立文化人才投资是效益最大投资的理念。② 还有学者则认为，要创新文化人才培养的思路和途径，走出一条中国特色社会主义的文化人才队伍建设的新路，应当确立"遵循规律，以人为本；尊重人才，服务人才；能力为本，业绩优先；突出重点，放手使用"的文化人才队伍建设新思路。③

第二，进一步完善文化人才管理体制机制。要造就宏大人才队伍，当前还面临不少体制机制瓶颈。有学者认为，文化人才的培养和管理，应围绕培养、选拔和使用这三个关键环节，从培养方式、竞争机制、倾斜政策、重奖突出成果、改革分配制度、搭建工作平台、加强人事管理等方面建立规范系统的管理措施。重点是三个方面：一是用人制度。要克服旧的用人制度中"非动态"的管理模式，以及论资排辈、求全责备等思想观念的束缚，建立能上能下、人尽其才、才尽其用、动态管理的用人机制；引入竞争机制，重能力、重业绩，公开招聘，竞争上岗；充分发挥市场的有效配置作用，改人才"单位所有""部门所有"为"社会所有"，使人才"能进能出"，在竞争和流动中真正做到"人尽其才"。在管理模式上，采用相对灵活的客席聘用制、项目合作制、签约制、兼职制等灵活多样的方式；在人才引进上，采取更加灵活的措施和政策，为优秀人才开辟"绿色通道"，实行"无障碍"引进，形成更加科学、更具活力的人才工作运行机制。二是分配制度。分配制度直接关系人才积极性、主动性和创造性的发挥，关键是要充分体现多劳多得、优劳优得、不劳不得的分配原则，在具体措施上向优秀人才和关键岗位

---

① 六中全会提出文化人力资源开发新模式 [J]. 人才开发，2011 (12).

② 郝荣峰. 文化人才是文化强国建设的关键 [J]. 东北师大学报（哲学社会科学版），2012 (3).

③ 方彦富. 新时期文化人才队伍建设的若干思考 [J]. 东南学术，2010 (5).

倾斜。对专业技术骨干和承担重大项目的带头人，探索实行项目工资、协议工资、结构工资及年薪制、利润分享等多种分配方式。借鉴国外的薪酬管理办法，通过管理入股、科技入股、成果入股、知识产权入股等方式加大对人才的激励。特别是要对体制外的人才一视同仁，并加大保障力度，使编制内外的文化人才在职称评定、养老保险以及社会保障上享受同等待遇。三是激励机制。克服旧体制赏罚不明、优劣不分的问题，建立激励机制，奖勤罚懒、鼓励冒尖、发人奋进。主要措施有：探索建立特殊职业、特殊专业、特殊人才岗位津贴，对高层次专门人才实行特殊补贴；设立重奖项目，奖励在科研、创作、管理上取得重大成绩或在经济效益和社会效益方面作出突出贡献的文化人才；建立文化人才培养和引进基金，对重点培养对象的研修、演出、创作和科研项目进行资助，解决引进高层次人才工作中遇到的特殊困难；制定相关优惠政策，对优秀人才在职称评定、荣誉表彰、成果奖励等方面出台更多具体化、精细化的措施；以及不同层次、不同级别的影视、出版、娱乐、演艺等各个文化事业领域的表彰制度。[1]

也有学者提出，必须进一步完善人才教育培养机制、选拔使用机制、考核评价机制和人才联系制度。主要从四个方面：一是以社会需求为导向，将培养与使用相联系，创新文化人才的培养机制；二是以分级分类管理为基础，以能力业绩为导向，创新文化人才的评价机制，统筹推进专业技术职称和职业资格制度改革；三是以实现人才价值为导向，促进人力资源优化配置，创新文化人才的使用机制，实现人才效能最大化和人才价值最大化的有效统一，拓展文化人才的职业发展空间；四是以维护人才权益为导向，创新文化人才的激励机制，实现知识、管理、技术、技能参与分配，进一步强化业绩作用。[2]

第三，进一步加大文化人才队伍建设的资金投入。文化建设也需要投入。有学者提出，一个国家的文化竞争力不仅在于培养文化人才的能力，更在于吸引和使用文化人才的能力。各级政府应加大对文化系统人

① 方彦富. 新时期文化人才队伍建设的若干思考 [J]. 东南学术, 2010 (5).
② 徐平, 包路芳. 建设宏大的文化人才队伍 [J]. 人民论坛, 2011 (32).

才队伍建设工作的政策扶持和经费投入，为文化人才的成长和作用发挥创造良好的工作条件，提供更大的发展空间。需借鉴国外文化强国的经验，设立文化人才基金，如建立"文化人才引进专项基金""高级文化人才培训基金""高级文化人才突出贡献奖励基金"等。要继续加大扶持力度，为文化人才承担重大课题、重点项目等提供足够的经费资助。要给予文化人才以充分的生活保障，使他们能全身心地工作。要给予文化人才学习考察的机会，丰富他们的知识，扩大他们的视野。①

第四，进一步加强文化人才培养。有学者提出加强文化人才培养的三条途径：一是要发挥高校和文化科研机构人才培养的作用，优化专业结构，鼓励高校和文化科研单位与文化企事业单位共建培养基地，为文化大繁荣大发展储备更多的人才。二是要加强在职文化从业人员的继续教育工作，鼓励在职人员自学，对自学成才者给予支持和奖励；要选送年轻专业人才赴高校和相关培训部门进修学习，也可选送出国、出境深造。三是要加强对文化领域尤其是基层文化领域大量急需的普通文化管理工作者、文化市场营销工作者、文化创造者和制作者的培养，为文化事业的发展提供人才保障。②

有的学者强调要更加关注稀缺人才的培养。认为当前视野宽、懂策划、有创意、善经营、会管理的"复合型"文化专门人才，以及有广泛影响的学科带头人、文化领军人物和掌握现代信息技术手段的高科技型人才普遍缺乏；体制内专家型的理论研究人才不足，文化团体内专业文艺工作者青黄不接，现有高层次人才年龄趋于老化，等等。其中最为突出的，一是复合型经营管理人才的奇缺，二是基层特别是农村文化人才的短缺。因此，统筹协调，优化结构，广开渠道，加大力度培养和造就一批复合型、高层次、具有战略思维眼光的外向型文化经营人才，是当前文化人才队伍建设的当务之急。为了缓解复合型文化人才稀缺的问题，应当建立相应的应急机制。在人才选拔、引进、培养、激励、保障等方面要打破常规，破除条条框框和体制性障碍，实行特殊政策。在稀

---

① 李敏. 文化人才队伍建设的分析与思考［J］. 江汉论坛，2010（9）.
② 申占平. 加强文化人才队伍建设 推进文化大发展大繁荣［J］. 中共郑州市委党校学报，2011（6）.

缺文化人才培养的途径和渠道方面，建议采取多渠道、分层次、有计划的人才培养、引进方式。高等院校应当抓住机遇，联合文化企业和研究机构，加快文化产业相关学科建设和人才培养。文化产业研究机构和单位也应当积极参与文化人才队伍建设。国内知名文化企业可以与高校或研究机构建立战略合作联盟，通过产学研用合作教育方式，以及双向交流、定向培养等多种途径，加快培养社会急需的复合型经营管理人才。此外，加强交流合作、培养国际视野，有计划、有目的地引进部分海外高端优秀人才，发挥他们领军人物的作用，无疑是一种快捷有效的办法。基层文化人才的培养尤其需要打破常规、创新思路。①

　　有学者强调，文化人才的培养还应注重世界眼光。为抓住国际文化市场变化的新机遇，需要一批了解国际规则、擅长市场化运作、具有战略思维的外向型经营人才，以实现文化产业"走出去"战略的新突破。要在人才自主培养开发的基础上，加强文化人才的国际交流合作，积极引进海外人才和海外智力。特别是要引进一批高端人才和领军人物，通过他们的引导学习国际前沿管理理念、创意思路和运营模式，从而带动和影响国内的文化人才队伍。有条件的高校、研究机构、企业和文化单位可以联合举办国际性的高层文化论坛，积极打造面向世界的对话交流平台，提升文化人才队伍的整体素质和国际视野。②

　　鉴于中国特色社会主义事业日新月异的发展形势，为满足文化建设的需要，必须加快培养造就高素质文化人才队伍。在这个过程中需要注意以下问题：一是必须全面贯彻党管人才的原则，为人才工作沿着正确方向前进提供根本保证。二要统筹促进各类文化人才发展，针对各类人才的不同特点和成长规律，分类指导，用事业造就人才，用环境凝聚人才，用机制激励人才，用荣誉褒奖人才，用学习提升人才，用法制保障人才，最大限度地调动各层次广大文化工作者的积极性、主动性、创造性。三要与加强文化人才自身修养紧密结合起来，使文化人才首先成为社会主义核心价值体系的践行者、道德品行和人格操守的示范者，自觉

---

① 方彦富. 新时期文化人才队伍建设的若干思考 [J]. 东南学术，2010 (5).
② 王虹. 我国文化产业人才培养对策探讨 [J]. 中国经贸导刊，2010 (7).

肩负起传播先进文化的神圣职责，身体力行地贯彻"二为"方向，坚决抵制各类不良风气，增进与人民群众的感情，努力成为德艺双馨、深受人民群众喜爱的文化工作者。①

第五，进一步优化文化人才发展环境。文化人才是精神文化产品的创造者，他们的工作具有个性化和创新性特征，他们的成长和发展特别需要有良好的环境。有学者提出，可从三方面改善文化人才发展环境：一要创新人才观念。要坚持"二为"方向，认真贯彻"双百"方针，在学术研究中提倡不同观点的自由讨论，在艺术创作中提倡不同风格的自由发展，努力形成尊重文化、尊重艺术的浓厚氛围，形成生动活泼、民主团结、宽松和谐的良好局面。要鼓励探索，支持创新，包容失败，最大限度地调动知识分子的积极性、主动性、创造性。二要拓宽培养渠道。要把短期培训与脱产进修结合起来，把岗位培养与挂职锻炼结合起来，既培养又使用，真正让文化人才能够不断进步、不断提高。三要创造有利于文化人才工作的条件。对文化人才的优秀成果和作品，要通过多种方式进行宣传、推介，扩大社会影响。领导要建立经常性的联系制度，了解文化人才的工作生活情况，多办实事好事，帮助他们解决实际困难。②

也有学者从制度层面提出建议：首先，要强化文化人才在收入分配方面的激励办法。其次，要不断改善文化人才工作条件和生活条件。第三，要健全知识产权保护制度。第四，要加强有关文化人才发展的法制化建设。③还有的学者从深化改革的角度提出，要继续不断深化文化领域的各项改革：一是要继续深化文化管理体制改革；二是要不断深化文化部门的人事制度改革；三是要深化分配制度改革；四是要逐步建立激励机制。④

第六，进一步加强文化人才队伍职业道德和作风建设。有学者认

---

① 新华社特约评论员. 加快培养造就高素质文化人才队伍 [J]. 理论参考，2011 (11).
② 李敏. 文化人才队伍建设的分析与思考 [J]. 江汉论坛，2010 (9).
③ 徐平，包路芳. 建设宏大的文化人才队伍 [J]. 人民论坛，2011 (32).
④ 申占平. 加强文化人才队伍建设 推进文化大发展大繁荣 [J]. 中共郑州市委党校学报，2011 (6).

为，文化人才要加强道德建设：一是自觉践行社会主义核心价值体系，增强社会责任感；二是弘扬科学精神和职业道德，关键是要尊重和反映客观规律，求真务实，勇于追求真理；三是严谨笃学、潜心钻研、淡泊名利、自尊自律，做到坚定正确的政治方向、精湛深厚的艺术造诣、积极进取和甘于奉献的品行操守有机统一；四是努力追求德艺双馨，坚决抵制学术不端、情趣低俗等不良风气。加强作风建设，则要重点要做好两方面工作，一是鼓励文化工作者深入实际、深入生活、深入群众，增强国情了解，增加基层体验，增进群众感情；二是文化工作者要相互尊重、平等交流、取长补短，共同营造风清气正、和谐奋进的良好氛围。① 有的学者则建议：首先在文化人才队伍中遵循以思想道德建设为中心；其次坚持观念、制度与规范相结合的原则来开展思想道德建设；再次构建文化人才队伍的良性社会机制。② 还有学者强调，要对不道德行为进行抨击，帮助人们辨别是非，抵制假恶丑，营造良好的道德文化氛围。③

　　总之，针对当前我国文化人才队伍总体状况与建设社会主义文化强国的时代要求还不相适应的现状，学者们普遍认为，必须高度重视文化人才队伍建设，探索新思路，研究新机制，解决新问题，科学统筹文化人才培养、选拔、引进、使用、评价、激励等各个环节，建设宏大的文化人才队伍，使之能够满足新时期文化发展和人们日益增长的文化需求。

## 五、简要评析

　　十七大以来，随着中国特色社会主义事业的蓬勃发展，中国的综合

① 魏礼群.加强文化人才队伍职业道德建设和作风建设 [N].光明日报，2011-11-11.
② 宗雪红，杜磊.新时期文化人才队伍的思想道德建设路径思考 [J].中国人才，2012 (4).
③ 赵亮.浅议推动文化大发展大繁荣的人才策略 [J].人力资源管理，2012 (2).

国力突飞猛进，在国际上的影响力日益增强，国内外对中国"文化软实力"的关注度也日益提高，文化建设的重要性、紧迫性在社会各界形成日益广泛的共识，全党全国人民在推动社会主义文化大发展大繁荣的实践中做了大量探索。作为文化建设的根本所在和关键环节，文化人才队伍建设也受到高度重视，相关研究具有明显特点。

### （一）近年来文化人才队伍建设研究的特点

第一，研究选题时代感强。文化建设是国家建设的老题目，但是"建设宏大文化人才队伍"却是新课题，是中国特色社会主义事业特定发展阶段的产物。这里面既有党对人才工作的一贯重视的传统，也有近年来人才工作已经上升到党和国家战略全局高度的铺垫，更有明确建设社会主义文化强国目标的鼓舞。面对全球综合国力竞争中文化软实力影响日益扩大的现实，面对文化创意产业作为新的经济增长点在经济结构调整中的极大潜力，面对广大人民群众在物质生活水平稳步快速提高的同时日益增长的文化生活需要，推动文化大发展大繁荣已经是紧迫的任务，而作为文化建设的根本和关键，文化人才队伍建设及其相关研究被赋予了强烈的时代感、紧迫感。也正是带着为建设社会主义文化强国提供坚实的人才支撑这种时代感、紧迫感，全党全国人民带着极大的热情投入到文化建设的实践工作中。与之相适应，有关工作研究和理论研究的热潮也随之而起，并呈现出方兴未艾之势。

第二，社会各界普及参与。纵览文化人才队伍建设研究的参与者，既有各高等院校、科学院所等教学科研机构研究人员，也有从国家领导人、各级党政部门负责人尤其是文化工作部门负责人，特别是数量众多的来自文化实际工作者和研究人员。这反映了文化工作内涵深刻、外延广泛，涉及社会发展方方面面的突出特点；也反映了文化人才队伍建设既是重要的实际工作，又具有理论研究价值的特点。同时，这也是近年来党和国家在推动哲学社会科学繁荣发展的过程中，引导广大哲学社会科学工作者紧紧围绕党和国家工作大局，深入研究阐释关系中国特色社会主义事业发展的重大理论和现实问题，扎实推进哲学社会科学创新的一个缩影。

第三，研究内容比较广泛。如前所述，学术界对文化人才队伍建设的研究范围涉及"文化人才"自身概念的内涵和外延，文化人才队伍建设在建设社会主义文化强国、人才强国以及全面建设小康社会、实现中华民族伟大复兴中的地位和作用，文化人才队伍建设的特点和规律，文化人才队伍建设的目标、任务和总体要求，当前文化人才队伍建设主要成绩、重要经验和存在问题，进一步推动文化人才队伍建设的途径和措施等。总体来说，学术界对文化人才队伍建设研究较为广泛，尤其是来自基层实践探讨性研究文章数量非常可观。

第四，研究重点比较突出。从检索到文献内容、主题及数量分布来看，学术界对文化人才队伍建设的研究主要集中于探讨中央文件精神的内涵、总结近年来文化人才队伍建设取得的成绩和经验、分析当前文化人才队伍建设存在的问题，以及推进干部人事管理体制改革、加大文化事业投入、改善文化人才发展环境、营造文化人才发展氛围等各种促进文化人才队伍建设的各方面途径、渠道和可供选择的措施建议等方面。在这些问题的研究中，又相对集中于阐释解读中央文件精神、总结政府各项规划举措取得的成绩和经验及其相关问题，以及提出相关政策建议，尤其后者在数量上相对是比较庞大的。

综上，近年来学术界对文化人才队伍建设问题的研究紧扣时代主题、参与者众多、范围广泛、重点突出、成果丰硕。

**（二）进一步推进文化人才队伍建设研究的建议**

当然，近年来我国文化人才队伍建设研究也还存在一些不足，主要体现在以下几个方面：一是理论研究有待进一步深入；二是道德作风建设值得关注；三是实证研究有待进一步加强。

第一，有关理论研究有待进一步深入。纵览研究文献，总结工作成绩和经验者居多，研究阐释中央文件以及文化人才建设相关理论问题的相对较少；理论阐述上泛泛而谈者较多，有理论深度的文章仍较为少见。在下一阶段的研究中，应进一步重视文化人才队伍建设的理论探讨，充分挖掘马克思主义经典著作的基础理论，活学活用党在领导中国特色社会主义建设中的理论创新成果，积极吸收中国优秀传统文化和其他值得借鉴的人类文明成果，归纳总结国内外在文化人才建设方面的成功经验（尤其是大量来自基层文化工作者的实践成果和经验），从而进一步拓展相关理论研究的深度，推出更多文化人才队伍建设的理论创新成果，以进一步加强对文化人才队伍建设实践的指导。

第二，职业道德和作风建设值得进一步关注。目前关于文化人才队伍建设的研究中存在忽视职业道德和作风建设的倾向，相关文献较少。学术界在文化人才队伍建设研究中热衷于对体制改革、加大投入、改善环境、营造氛围等方面出谋划策，却似乎不约而同地"忘记了"加强文化人才队伍的职业道德建设和作风建设，或者偶有涉及却着墨不多。实际上，我们在现实生活中所能感受到的广大人民群众对于文化界的批评，除了作品方面的问题，主要就是职业道德和作风方面的问题。才智是人的力量，品德是人的灵魂。德才兼备是文化人才的第一要求，道德教化是文化人才的重要使命，建议在今后的研究中加强对文化人才队伍职业道德和作风建设的关注。

第三，实证研究有待进一步加强。文化人才队伍建设是实践性很强的问题，绝不能仅仅停留于理论阐述以及文件解读上，更不能紧紧满足于一般性地总结实际工作的成绩和经验。目前的研究除了有少数文章侧重于理论阐释，多数是基于工作总结、计划形成的一般性工作研究文章，而建立在严谨的实地调查研究基础上的数据收集整理和实证分析相对不足。不是说前者没有价值和意义，而是这种缺乏科学性的泛泛的理论阐释和缺乏科学方法指导获得的实践总结缺乏说服力，也不利于基于宝贵的实践取得新的具有指导意义的理论成果。例如，关于推进干部人事管理体制改革的文章较多，多是从理论到理论的逻辑分析为主，而就其中具体改革措施（比如改革人才评价机制）的实证研究则非常缺乏，有的虽有涉及，也往往举个浅显的例子了事，在逻辑演绎推理中缺乏具体的例证和翔实的数据分析。缺乏科学的实证研究，将不可避免地造成有关研究的结论缺乏说服力，甚至丧失其对实际工作的指导作用。建议进一步加强相关问题的实证研究，加强对实际工作者的培训，帮助其掌握实证研究的基本理论和科学方法，以提高其对工作研究的能力和水平。

　　综上所述，文化人才队伍建设作为建设社会主义文化强国的根本所在，是当今中国学术界、理论界乃至社会各界关注和研究的热点。在今后的研究中，我们要不断地创新研究思路，拓展研究领域，改进研究方法，深化理论研究，促进实践研究，不断推出更多高水平研究成果，以指导和促进文化人才队伍建设实践不断取得新的成绩。

# 附论一　党的十七大以来网络文化研究述评

　　网络文化是一种只在互联网上流通的独特文化。近年来，随着互联网的发展，网络文化已在我国得到了迅速发展。网络文化创作生产空前活跃，网络文化产品和服务日益丰富，网络文化阵地不断壮大，网络文化产业风生水起，网络文化管理体系日臻完善。① 网络文化的快速发展，为传播信息、学习知识、宣传党的理论和方针政策发挥了积极作用，同时也给我国社会主义文化建设提出了新的课题。能否积极利用和有效管理互联网，能否真正使互联网成为传播社会主义先进文化的新途径、公共文化服务的新平台、人们健康精神文化生活的新空间，关系到社会主义文化事业和文化产业的健康发展，关系到国家文化信息安全和国家长治久安，关系到中国特色社会主义事业的全局。

　　党的十七大以来，学术界围绕网络文化的积极意义、存在的问题、主要特征以及如何加强网络文化的建设与管理等进行了研究，系统梳理这些研究成果，对于探索建设中国特色网络文化具有重要的理论意义和实践价值。

---

　　① 党的十七大以来我国网络文化建设综述［N］. 新华网，2011－10－13.

# 一、发展网络文化的积极意义

发展健康向上的网络文化，加强网络文化建设和管理，充分发挥互联网等信息网络在我国社会主义文化建设中的重要作用，有利于提高全民族的思想道德素质和科学文化素质，有利于扩大社会主义精神文明的辐射力和感染力，有利于增强我国的软实力，有利于构建社会主义和谐社会。

## （一）健康向上的网络文化能促进人的全面发展

有研究者认为，这种促进表现在以下几个方面：一是网络文化能拓展人的生产方式，促使生产方式的人本化和劳动者的智能化、生产资料的信息化和虚拟化、生产范围的全球化、生产过程的直接化和网络化以及生产竞争的灵捷性和合作化、产品市场的虚拟化和社会化及分配制度的知识倾向性。二是网络文化能拓展人的交往方式，拓展了交往时空和开辟了新的交往时空，提高了人的交往能力和水平、加速了社会发展的进程，促进了人类的经济基础、社会结构的变革，推动了人类文化价值的变革与整合，促进了人类文化的交流与融合。三是网络文化能拓展人的组织方式，推动了组织规模的全球化、个性化和组织结构的网络化，促进了组织管理的扁平化、直接化和组织关系的人本性，发展了组织中信息联系的直接性、交互性，组织决策和运行的灵活性、柔性，以及组织方式的动态性、开放性；四是网络文化能拓展人的思维方式，在思维主体和思维整体结构方面，从一定整体混沌到二元分离对立，再发展到多元整合与互联；在时间性和空间性维度上，由面向过去到面向现实再到面向未来，由封闭走向区域开放再走向全球化开放；在思维方法及思维方式上，向思维的纵深层次的深化和向人类整体存在层次的泛化。①

还有研究者认为，网络文化能促进人的全面发展。一是促进人的类

---

① 杨宗建. 网络文化的哲学探析 [J]. 宁夏党校学报, 2011 (4).

特性的发展，每一个都会根据自己的能力、兴趣以及价值取向自由地进入或退出网络，自由地发表观点，自由地参与各种网络活动。二是促进人的社会性的发展，网络文化不仅拓展了人的社会关系的范围，使得人际交往不再受到地缘、业缘、血缘等因素的限制，而且调整了个体在各种社会关系中的地位，使得各个阶层、各种身份、各类职业的人处于同一起跑线上，社会关系更加平等。三是促进人的个性的发展，网络文化的多元性、多媒体性和快速性，使得信息的总量大为扩展，人类不仅拥有了庞大的信息数据库，而且知识和信息获取的便捷程度大大提高，使人类智能的延伸获得坚实的基础。①

**（二）健康向上的网络文化对青少年思维方式、学习方式、生活方式以及价值观的形成产生积极影响**

有研究者认为，随着互联网的产生和发展，网络文化已经形成并渗透到校园的各个领域，其超强生命力和影响力对当代校园的文化生活和学生的健康成长正在产生着广泛而重要的影响。一是校园网络文化带来了思维方式的变革，推进了校园文化的转型和跃升。依托高新技术手段，以数字化形态出现的校园网络文化，同依托传统载体（文字、纸张），以非数字化形态存在的传统校园文化相比，它具有极强生命力、辐射力、交往力、扩张力。它的产生不仅拓展了学生的思维空间，而且促使学生的思维方式由一维向多维、由平面向立体、由线性向非线性、由收敛型向发散型转变，促进了学生的文化价值观及信息观、交往观、时空观、等级观、实体观的变革，催生了新的认知模式。二是校园网络文化带来了学习方式、工作方式、生活方式的深刻变化。电子邮件、网络调查、网上会议、电子银行、网上会客、网上书店与网上图书馆等现象和活动，都是网络文明呈现出的关于当代校园生活、学习、工作方式的新景观。作为新文明成果的网络文化，不仅深刻地影响了校园传统文化的产生、流通、传播和接受方式，而且促进了校园传统文化生成的转

---

① 赵惜群，翟中杰. 双刃之利剑：网络文化价值初探［J］. 首都师范大学学报（社会科学版），2011（2）.

型和校园文化形态的提升。三是校园网络文化引起了学生交往方式的变革，打通了与社会普遍交往的大通道，促进了学生交往的大发展。网络化的交往突破了时空限制，大大提高了学生的交往效率，打破了国家和地域界线，拓宽了现实的社会交往领域；更为重要的是，它还创造了超越现实的新交往领域——虚拟社会，在一定程度上突破和摆脱了已有现实社会关系对交往活动的制约，为当代学生同不同国度、不同地区、不同民族的不同文化形态间的交往、对话创造了便利的平台。而且在"电脑空间"里密切了学生跨国度、跨民族的交流，强化了学生的心理认同感。①

有研究者认为，健康的网络文化对青少年价值观的形成具有积极影响：一是文化观——文化权威淡化。受网络文化的影响，青少年的主体意识增强，导致了文化权威的减弱。二是道德观——促进了道德的发展。网络文化的非中心化和个性化促使很多新的道德标准也应运而生，扩大的交往范围使青少年的社会交往关系更加复杂和多样化，由于这些关系的进一步激化，新的青少年道德标准被不断唤醒。② 还有研究者认为，网络文化对 90 后大学生的积极影响是：一是有利于大学生丰富知识、拓宽视野；二是有利于大学生响应创新创业精神，扩展就业途径；三是有利于大学生塑造思维，形成人生观、世界观、价值观；四是有利于大学生丰富课余生活、提升人际交往能力。③

### (三) 网络文化的健康发展可以有效地推动基层民主政治建设

有研究者认为，网络文化对我国基层民主政治建设的功用表现在：一是网络文化蕴含的民主信息具有满足基层网民不同层次需求的作用，网络文化集报纸、广播、电视的传统功能于一身，无限量的信息存储和无限制的信息共享可以最大限度地满足城乡居民不同层次的需求，图文并茂、视听并存的信息表达方式又能够让文化程度较低的基层群众有效

---

① 李秀丽.校园网络文化对学生产生的积极影响［J］.中国教育技术装备，2012 (11).
② 张品仲.后现代主义视角下网络文化对青少年价值观的影响及对策［J］.中国报业，2012 (2).
③ 杨慧谊.网络文化对 90 后大学生的影响与措施［J］.现代企业，2012 (4).

地内化民主信息，培养自主性和创造性，扩大政治视野。二是网络文化对基层网民参与民主政治生活具有强有力的导向作用，网络文化基于其交互性，更能加强对民主选举、决策、监督等相关知识的普及力度，调适基层群众参与民主政治活动的不同心理，引导他们理性地对待基层民主政治建设这项重任。三是网络文化对基层网民的法治意识具有显著的强化作用，当前我国基层民主政治建设必须在法治的前提下健康稳定、合理有序地发展，但基层群众法治意识现状显然不能满足基层民主发展的要求，因此可积极依靠网络文化来填补这片空白。网络文化为广大基层网民提供了一个自由的虚拟社区，同时也便于国家法律法规以及各项决策以数字形式进行宣传，并将自由平等理念贯穿于对网页栏目的编排设置中，基层民众只需点击鼠标就可以在第一时间浏览到相关的法律条文，了解民主参与程序等，这不仅有利于缓解基层群体间的矛盾，更有利于潜移默化地强化基层网民的法治意识和法治精神。①

有研究者认为，当前，网络文化方兴未艾，为我们不断丰富民主形式、拓宽民主渠道提供了新的途径。重视并发挥网络文化在发展民主政治中的作用，可以使我国社会主义民主政治呈现出更加旺盛的生命力。一是网络文化的发展可以更迅捷地传播社会主义民主政治的信息。长期以来，我们主要是通过传统媒体，使党和政府的信息层层下达，使群众的意愿层层上传，信息传播受到一定局限。互联网是分布式结构，依托于互联网，社会主义民主政治信息可以实现全方位、跨时空、多形态地传播。二是网络文化的发展可以提升人民群众参与社会主义民主政治的素质。发展社会主义民主政治，一个重要方面就是培养人民群众的民主意识和民主观念，提高人民群众的民主素质。基于资源共享理念而形成的互联网呈扁平化形态，具有内在的平等性。网络文化的发展为人民群众的民主参与提供了一个平台，使广大网民在民主参与中潜移默化地增强民主意识，提升政治参与能力。三是网络文化的发展可以显著提高社会主义民主政治的效率。长期以来，人民群众主要是通过定时定点会

① 贾晓英，梁增华. 我国基层民主政治建设之网络文化路径探析 [J]. 内蒙古农业大学学报（社会科学版），2011（2）；赵惜群，翟中杰. 双刃之利剑：网络文化价值初探 [J]. 首都师范大学学报（社会科学版），2011（2）.

议、传递文字材料等途径进行政治参与，效率较低且成本较高。而网上
论坛、网上投票、网上调查、手机短信等"在线参与"快捷方便，大
大提高了民主参与的效率。①

研究者还认为，发挥网络文化的积极作用，促进社会主义民主政治
的发展，必须结合网络文化的特点，积极探索其实现途径。当前，根据
实际情况，可以探索以下几种途径：一是建立社情民意的网络资源库。
了解人民群众的所想所愿所需，是发展社会主义民主政治的重要内容。
可以利用网络，建立社情民意的网络资源库。网络资源库的建立应定位
准确、设计科学，畅通信息采集渠道，及时整理分析信息，以便为党和
政府的决策提供参考。二是建立网络发布平台。人民群众参与政治生活
需要以一定的信息为基础，对相关信息掌握的程度直接影响政治参与的
水平。这就需要党和政府建立信息的网络发布平台。平台应以党和政府
网站设立的党务公开和政务公开栏目为主导、以商业网站为补充，同时
积极发挥手机媒体的信息传播作用。三是建立网络交互平台。应重点建
好两大平台：党和政府与普通群众的交互平台，各级党代表、人大代表
与普通党员、群众的交互平台。②

### （四）健康向上的网络文化有利于先进文化建设

有研究者认为，健康向上的网络文化对先进文化建设的促进作用主
要体现在以下几个方面：首先，有利于继承和发扬我国传统文化的精
华。其次，有利于宣传马克思主义及其中国化的理论成果，宣传社会主
义伦理道德，为其提供崭新的、更广阔的宣传平台，为马克思主义及其
中国化的理论成果武装人们的头脑开辟新的阵地。再次，有利于广泛吸
收世界各国文化的有益成果，丰富和拓展社会主义先进文化的内涵，同
时，有利于外国文化与中华民族传统文化、马克思主义文化的融合与渗
透，从而推动新文化、新思想的萌芽和发展。③

有研究者认为，发展网络文化可以从传统文化中获得给养，可以传

---

①②　宋元林．发挥网络文化在发展民主政治中的作用［N］．人民日报，2009 – 04 – 08.
③　赵惜群，翟中杰．双刃之利剑：网络文化价值初探［J］．首都师范大学学报（社会科
学版），2011（2）.

承中华民族传统文化，集中展示中华五千年文明，大力弘扬和培育民族精神，体现中华民族的主流价值观念和高尚的道德追求，使中国特色网络文化具有鲜明的文化个性、强大的文化亲和力、凝聚力。同时，通过吸收世界网络文化优秀成果，面向大众、服务人民，形成具有中国气派、体现时代精神的网络文化。①

## 二、不良网络文化的负面影响

依托互联网技术而发展起来的网络文化因其开放性、自由性、渗透性、虚拟性、多元性等特点，不可避免地会出现一些不良现象，从而对社会的发展、青少年的成长成才产生一系列负面影响。

### （一）不良网络文化给国家意识形态安全带来了严峻的挑战和考验

有研究者认为，来自不良网络文化的挑战和考验主要体现在两个方面：一是错误思潮与不良思想与马克思主义争夺话语权。二是由于互联网空间缺乏制度和道德的约束，网络文化中各功能区域配置的不平衡，监视区域的严重滞后和不健全，导致娱乐区域强势发展、自由化膨胀，先进文化区域和教育科技区域弱势发展。②

有研究者认为，网络文化失范威胁国家意识形态安全，主要体现为：网络文化话语权的不平衡，冲击了国家意识形态的指导地位；网络文化的过度平等和同质观念，冲淡了国家意识形态的认同；网络文化的意义缺失，消解了国家意识形态的凝聚力；网络文化的认知负荷，弱化国家意识形态的管控；网络文化的包装和渗透，削弱了国家意识形态防御能力；网络文化的去中心性，制约国家意识形态的传播方式；网络文化的过度聚焦，加速意识形态冲突；网络文化的价值取向模糊，破坏国

---

① 蔡名照. 网络文化建设是一个系统工程［N］. 人民网，2007－07－30；许玉洁. 论网络文化与传统文化的冲突与融合［J］. 河南司法警官职业学院学报，2011（4）.
② 李娟. 大力发展中国特色网络文化［J］. 理论学刊. 2012（1）.

家意识形态的道德基础。①

## (二) 不良网络文化存在会带来一系列社会问题

有研究者认为，网络文化现存许多尖锐问题：一是内容参差不齐。出言不逊，诋毁他人，侵犯他人的权益是网络上经常见到的现象；黄色信息泛滥，网络语言粗俗化现象日趋严重，败坏社会风气严重影响青少年的身心健康。二是人际关系淡化。沉迷于网络，远离真实世界，减少了同邻居、朋友、亲戚的相聚时间，导致人们之间的关系疏远，交际能力降低；人们经常遇到快乐和苦闷的事情，会到网络上与网友分享，造成倾诉对象的转移。来自中国互联网新闻中心发布的第十一次调查报告显示，80% 的网民在 35 岁以下，对于中老年人来说，他们多数不具有计算机网络知识，他们不熟悉网络的语言和行为准则，这些都加剧了两个群体间的代沟。三是网络病态。一些暴力游戏和赌博游戏，使得一些人失去了宽容和耐心，迷恋暴力；一些青少年迷恋网络，不能自拔，上当受骗，甚至走上犯罪道路；一些家庭因为单方上网也会引发家庭危机，容易产生出现一些心理病态，如网络综合症，导致心理和情感等问题。四是网络犯罪。病毒每天都在增长着，严重威胁着网络安全；因为网络的开放性和便利性，一些人进行网络诈骗，骗取他人财物；在网络中人们的交往都是虚拟的，人们往往在现实世界和虚拟世界中扮演角色不同，有些人就会摆脱现实的各种道德、法律束缚，而在网络中放纵自己，在网络中会造成不道德行为。②

## (三) 不良网络文化催生出许多不良网络语言

有研究者认为，网络文化促进了汉语言的变异：一是语法方面的变异。这种变异首先表现为随意简化与省略现象非常普遍，网络语言首先必须通过键盘输入才能得以实现，通常大家打字的速度是无法与说话的速度保持一致的，这种表达的延迟会促使人产生一种走捷径的心理；其

---

① 管先念. 网络文化规范与国家意识形态安全 [J]. 学习月刊，2011 (22).
② 张莹，付瑞雪. 网络文化现状与发展策略研究 [J]. 中华文化论坛，2011 (4).

次表现为构词具有任意性，缩略语逐步形成，网民利用网络的开放性可以在网上充分地自由运用多种材料，任意组合全新的短语和新词汇；还表现为词性活用，汉语言的构词法也同样受到了网络词汇的影响，产生了一定的变异，出现了词类活用的变化。二是词形变异。在网络文化背景下，汉语言的词汇在形式上也打破了书面语以汉字为主的既定方式，开始了词形的变异，即汉语拼音化与谐音化。比如说"哥哥"，写做"GG"，"妹妹"（也通"美眉"，意为漂亮的女孩）则用"MM"来表示，"BT"表示"变态"，"GM"是"哥们儿"等。此外，还有一种以数字代表的词语，比如"5555"，则表示哭泣，"2"则表示某人某事看起来很低级。"886"则表示"拜拜了"，诸如此类的例子不胜枚举。[①]

### （四）不良网络文化对青少年正确价值观的形成产生不良影响

主要表现有：一是交往观——人际关系冷漠，责任意识淡化。网络文化的非中心化和个性化的后现代主义特征，从一定程度上讲，解除了人们固有的约束与监督，使民主化与自由化得以充分彰显，导致一部分大学生沉浸在虚幻世界里而不能自拔。二是自由观——行为取向无政府化。在互联网的世界里，青少年不但是信息的接收者，同样也是信息的传播者与生产者。由于它的存在，政府部门很难每时每刻对其进行监督和管理，以至于每一个使用者都能够将自己的观点与思想毫无顾忌地在网上发布。[②] 还有研究者持相同的观点：网络文化首先冲击着学生的道德认知和价值选择；其次，限制了学生面对面的人际交往，不利于其道德情感的发展；再次，诱发了青少年学生的道德冷漠；最后，消解了教师道德引导、价值引领的作用。[③]

大学生是青少年中受网络文化影响最大的群体，不良网络文化对他们的影响也尤为明显。有研究者认为，这种影响主要有：一是使一些大

---

① 屠家洵．网络文化背景下汉语言的变异探析［J］．群文天地，2012（1）．

② 张品仲．后现代主义视角下网络文化对青少年价值观的影响及对策［J］．中国报业，2012（2）．

③ 唐爱民，贾素宁．论网络文化境遇下道德教育的变革［J］．山东社会科学，2012（1）．

学生玩物丧志、荒废学业。网络游戏的惊险刺激，扣人心弦，使得大学生为了增加战斗力和武器装备，为获得高级别高积分而每日每夜奋战在网吧；沉溺于网络中的不少大学生，因无钱上网而编着故事向父母索要钱。二是使涉世未深的大学生性格变得更加孤僻和封闭。境内境外的黄色网站，发布黄色图片、信息，使得不少意志力、自制力不强的大学生流连忘返，不能自拔；网络聊天的互不相识、身份的隐藏，说话便无拘无束，海阔天空，既可以诉说心事，指责谩骂，又可以用虚假的情谊、身份去欺骗，特别是对于"性格内向"的大学生，网络给他们提供了展示自我的平台，使他们在现实生活中变得更加内向和自我封闭，更加离群和孤独，以致引发一系列自杀事件。三是使一些大学生滋事生非，损害了校园环境和学习风气。由于网恋而导致的争风吃醋、斗殴，骗取他人钱财的违法犯罪行为也是层出不穷；利用网络窃取试卷和答案，瞒天过海。已经有有识之士将网络游戏、网络色情、网络聊天称为网络里的三只魔爪，它们像海洛因般毒害着涉世未深的大学生原本健康的心灵和肌体[①]，对当代大学生树立正确的社会道德观、性道德观产生负面影响。

## （五）网络文化对个人发展的消极影响

有研究认为，网络文化对个人发展有着消极影响。这表现为：一是影响个人身心健康。网络文化创造的丰富多彩的虚拟世界，对于人类具有强大的吸引力，使人陷入其中而不能自拔，网瘾已经成为当代社会的顽疾。一方面，长时间上网不仅会造成视力下降、精力损耗，而且意味着持续遭受电脑辐射的侵袭，引起人类大脑、脏器以及皮肤等的病变。另一方面，网络虚拟世界的开放性、自由性、平等性是现实世界所望尘莫及的，但无论人在虚拟世界中如何尽情驰骋，终归都要回到现实中来，这种虚拟和现实的冲突造成了人内心的挣扎与矛盾，长此以往，心理控制力减弱、心理承受能力降低、双重人格等心理亚健康状况将极大影响"网虫"们的生活与工作。二是扩大了个人与社会的隔离。同样

---

① 肖素芳.创建健康校园网络文化势在必行［J］.佳木斯教育学院学报，2012（3）.

是由于网络的虚拟性，人在虚拟世界中获得无尽满足感的同时，产生对现实世界的厌倦与逃避，出现了大量的"宅男""宅女"，他们的社会活动急剧减少，其社会关系更多地存在于虚拟世界当中，人的社会性并没有得以拓展，反而使个人与社会的关系越来越疏远。三是随着个人身心健康受损以及社会性的衰退，人的创造能力失去了社会生活这一灵感的源泉，学习能力和实践能力失去了健康身心的支撑，人的能力的降低已是不可避免的后果。①

### （六）网络文化与传统文化的冲突

有研究者认为，网络文化的发展给中国传统文化带来了冲击：一是网络文化中的创新精神冲击了中国传统文化中的墨守成规和循规蹈矩的行为方式；二是网络文化的平等、自由冲击了传统文化中的尊卑等级；三是网络文化强调个性和"自我"，冲击了传统文化的整体性要求；四是网络文化的消闲娱乐特点冲击了传统文化的济世特征；五是网络文化的速变性冲击了传统文化的渐变性特点。② 还有研究者认为，网络文化与传统文化的冲突主要有：一是网络文化与传统文化的语言冲突；二是网络文化与传统文化的价值观念冲突；三是网络文化中的民族文化冲突。③ 此外还有研究者认为，网络文化对传统精神文化的冲击是深层次的，它挤压了传统文化的生存与发展空间，侵蚀了中华民族的精神内核，消解了社会主义核心价值体系对网络文化的引领等。④

### （七）不良网络文化会影响社会主义民主的健康发展

有研究者认为：网络文化虚拟、自由和互动的特点也会影响社会主义民主秩序、侵蚀民主根基、破坏民主权利、阻碍民主进程、损害民主

① 赵惜群，翟中杰. 双刃之利剑：网络文化价值初探［J］. 首都师范大学学报（社会科学版），2011（2）.
② 许玉洁. 论网络文化与传统文化的冲突与融合［J］. 河南司法警官职业学院学报，2011（4）.
③ 曹学娜，蔡静静. 冲突融合中的网络文化与传统文化［J］. 理论与改革，2011（5）.
④ 赵惜群，翟中杰. 双刃之利剑：网络文化价值初探［J］. 首都师范大学学报（社会科学版），2011（2）.

效果，给社会主义民主政治的健康发展带来消极效应。一是网络文化中
的消极因素会影响社会主义民主秩序，二是网络文化霸权主义会侵蚀社
会主义民主根基，三是网络文化中的消极因素会破坏公民的民主权利，
四是网络文化中的消极因素会阻碍社会主义民主进程。五是网络文化通
过僵化人的思维方式、弱化人的组织方式、异化人的行为方式来损害民
主效果。① 还有研究者认为，网络信息的无限性可能导致民主的非理
性，网络传播的盲目性可能导致社会的不稳定，数字鸿沟可能造成政治
参与的不均衡性，等等。②

## 三、网络文化的特征

网络文化作为一种新的文化形态，既有文化的一般共性，又具有鲜
明的自身特点。研究者们围绕网络文化的新特征进行了较为全面的论
述，归纳起来有以下几个方面。

### （一）网络文化具有三大特征

有研究者认为，网络文化具有三个特征：突破时空限制，开放性
强；人人平等参与，自主性强；网络文化虚拟与现实融合，交互性
强。③ 有研究者认为，网络文化的三特点是集大成性、无界性及自主性
和全民参与性。④ 还有研究者认为，网络文化是一种新型的文化形态。
相对于传统的农业文化、工业文化，其在思想性、实践性和时代性方面
有着鲜明的特点。一是思想特征，具体表现为，在认知层面，人人都能
成为知识的生产者、传播者和获取者；在情感层面，表达空间大为扩
张、交流对象成倍增加、情感共鸣成为决定人们关系厚薄的重要因素；

---

① 刘建华. 警惕网络文化对社会主义民主政治发展的消极效应 [J]. 理论导刊, 2011
(12).

② 宋元林. 发挥网络文化在发展民主政治中的作用 [N]. 人民日报, 2009 – 04 – 08.

③ 张欧. 网络文化的意蕴 [J]. 思想教育研究, 2011 (12).

④ 汤宸. 网络文化现状特点及其问题探析 [J]. 价值工程, 2011 (15).

在伦理层面，网络对传统伦理带来多方面冲击，但与网络特性相适应的网络伦理尚未完全形成，这是当前网络上伦理秩序较为混乱的重要原因；在信仰层面，网络社区里的信仰众多，折射出现实社会信仰的芜杂。二是实践特征，具体表现为：巨大的包容性、更新的快捷性和形式上的分散性。三是时代特征，具体表现为：网络文化是人类历史上第三次生产力革命的产物、网络文化中的矛盾与斗争是社会主义与资本主义两大势力较量的重要反映、世界秩序上"一体化"与多样化的矛盾在网络文化中时有出现、实现人的全面发展与进步是当代网络文化的重要内容。[①]

### （二）网络文化具有四大特征

有研究者认为，网络文化是一种消费文化，是一种娱乐消遣性文化，是一种媒介符号性文化，是一种价值解构文化。[②] 还有研究者认为，网络文化有四大特点：一是广泛性。网络文化门槛低，只要计算机可以联网，都可以参与其中，而且又不受地域的限制，不受语言不同的阻碍，大家都可以在平等条件下发帖子、写博客、创作网上个人空间等，这些优越的条件使得参与人数更多，人员身份也愈加复杂。二是多元性。由于网络文化没有严格的审查人员监管，又无专业的严谨的身份认证，大家都可以凭借一个虚拟账号密码来发表自己的言论和观点，形形色色的网民上传着迥异的文化知识，致使网络上的文化果实是"万家争鸣，万花齐放"，其中不但包含我们常见的艺术类型，还囊括了濒临消失的地域特色文化。三是快速性。网络中信息传播速度极快，由于现代通信技术的快速发展，一条信息在短短几秒钟之内就可以传达到天南地北，能引起共鸣的帖子一天可以被访问上百万次，可是从未听说过哪篇纸质文章可以一天时间传递到上万人手中，这就是网络信息时代所带来的便捷。四是共享性。有了网络我们不必再局促于自己营区的小天地，不用再重复那些仅有的文化活动，轻轻一点各大军区信息随你浏

---

① 纪红. 试论网络文化的特征 [N]. 光明日报, 2008 - 01 - 21.
② 王玉娥. 网络文化的内涵及其特点研究综述 [J]. 出国与就业, 2011 (20).

览，各种网络游戏活动任你选择，不但使军营生活更加丰富多彩，也使
得官兵眼界更加开阔。①

### （三）网络文化具有五大特征

有研究者认为，网络文化有五大特征：一是虚拟性。网络是一个有
别于现实世界的、多维的、立体的虚拟世界，是对现实世界的模仿和虚
拟，网络上所有的东西最终都是以电子方式存放在网络硬盘中，这决定
网络文化具有虚拟的特点。二是开放性。网络世界同时是一个开放的世
界，它超越了思想观念、意识形态、文化水平、地理因素的限制，只要
一部电脑和一条网线就可以进入五彩缤纷、纷繁复杂的世界，共享人类
社会文明发展成果。网络文化是一种开放的文化，任何人都可以自由地
在网络上发表自己的观点和言论。三是多元性。在网络世界，各种思想
观念、价值理念、文化观点、思维方式充斥其中，使网络文化呈现思想
多元化、价值多元化、文化多元化等特点。网络上的东西良莠不分，既
有积极向上的健康文化，也有腐朽、没落的思想内容，不同的文化、观
点和理念共存于网络世界上，并相互碰撞。四是社会性。网络是一个虚
拟的世界，也是一个虚拟的社区或社会。网络上各种各样的人、团体和
组织都是这个虚拟社会的成员。网络社会突破了以往国家和地区行政区
划的界限，将某一类具有共同爱好、兴趣或需求的人组成一个社区，甚
至将整个地球连接成一个"地球村"。五是个体性。网络给予任何人自
由发挥的空间，每个人都可以在网络上占有一席之地，宣示自己的存
在，展示自我的风采。如论坛、博客、微博、个人网页、QQ、飞信、
电子邮箱等。"网络文化的这种个性化特征符合当今大学生强调自我、
追求个性的思想特点，受到了大学生的热力追捧。"② 还有研究者提出
了网络文化的另五项特点：一是数字性。作为数字内容的信息，其产
生、传输、加工和使用的速度快而且便利，制作和分发的成本也大幅度
降低。作为数字内容更新速度快，影响广泛，同时具有时效性的特点，

---

① 王薇. 浅谈军营网络文化 ［J］. 现代物业（中旬刊），2011（9）.
② 李潮林. 网络文化对高校学风建设的影响与对策 ［J］. 中国电力教育，2012（11）.

也容易时过境迁。二是开放性。互联网的接入门槛较低，以开放性为特征，各个民族、各种信仰、各种思想观点的人都可以在网络上发布自己的观点，可以通过博客、播客等发布自己的内容。不受时间、空间的限制，没有国界。三是交互性。随着以互动为特征的 Web2.0 的快速应用，人们在网络上可以实现各种各样的交互，每一个人都不仅仅是信息的接收者，同时也是信息的生产者，每天大量增加的微博就是明显的见证。四是虚拟性。在网络上存在的是数字和符号，人在网络上只是代码，在一定程度上避免了等级、身份、相貌的限制。同时缺乏言谈和肢体、表情等，容易隐匿自己的真实身份，可以获得较大的隐私空间。五是社会性。人们可以基于自己的兴趣自由加入各种社区，如开心网、校内网、各种网络游戏、各种论坛等，还有以真实居住小区为地理边界建立的各种网络社区，形成了各种各样的具有社会性的群体。①

### （四）网络文化具有九大特征

有研究者认为，网络文化由很多层面构成，包括："网络文化行为、网络文化产品、网络文化事件、网络文化现象、网络文化精神、网络文化产业、网络文化制度、网络文化秩序与格局等。"② 这些不同层面的网络文化形态具有不同的特征。一是网站文化的特质。网站编辑充当网站文化的"把关人"，网站文化是基于大众传播的文化，网站是主流文化与亚文化的交叉地带。二是论坛文化的特质。虚拟社区是论坛文化形成的基础，意见领袖对于论坛文化的影响明显，群体心理是论坛文化传播的重要基础，论坛是亚文化的主要孕育地。三是网络游戏文化的主要特点。网络游戏是一种体验文化，网络游戏是一种"自我"对话的文化，网络游戏是现实社会的镜子。四是即时通信文化的特质。即时通信是人际交流文化的一个重要发展，即时通信有助于个体社会交往能力的提升，基于社会网络的即时通信也是公共传播的平台。五是博客文化的特点。博客文化是以个人为中心的文化，博客文化的能量释放依赖于社

---

① 张莹，付瑞雪. 网络文化现状与发展策略研究 [J]. 中华文化论坛，2011 (4).

② 彭兰. 网络文化的主要形式及其特质 [J]. 秘书工作，2011 (9).

会关系网络和社会资本，博客文化的影响力格局呈现出"金字塔"型。六是搜索引擎文化的特质。搜索引擎有利于满足网民的文化个性，搜索引擎凸显网民自我把关的重要性，搜索引擎从深层揭示网民的文化共性。七是维基文化的主要特点。维基文化是一种协作的文化，维基文化是一种平等对话的文化，维基文化是"焦点"文化与"边缘"文化的结合。八是 SNS 文化的特点。SNS 是从虚拟互动向现实互动的转折，SNS 促进了熟人圈子的文化，SNS 文化是基于多种互动形式的文化。九是微博文化的特质。微博文化是一种碎片化文化，微博文化形成的基础是社交性大众传播，话语权力中心影响微博文化。

### （五）网络文化具有十大特征

有研究者认为，网络文化有十大特征。具体是：一是以高科技为基础。网络文化是随着计算机技术、通信技术和网络技术的发展而形成并发展起来的，当代信息技术是它的物质基础，可以说，没有现代信息技术所提供的计算机、通讯网等物质手段，该文化根本就不可能存在。二是空间的虚拟性。借助于现代网络通信技术，人们可以用任一名字、任一性别登录任一网站或虚拟社区，成为其中一成员，借助文字、声音、图像与其他成员开展各种交流活动。三是内容的广泛性。互联网上的内容涉及政治、经济、科学、文化、教育、艺术等方方面面，它几乎无所不及，应有尽有，是一个取之不尽、用之不竭的信息资源库。四是速度的快捷性。有人把互联网喻为当今世界最高级别的"高速公路"，其传播速度之快，信息更新的周期之短，是报纸、广播、电视等传统媒体所无法比拟的。五是环境的开放性。网络通信技术打破了时空的界限，缩短了人与人之间的距离。借助互联网人们可以自由地访问不同的网站，与世界各地联网的人进行交流，使得信息的传播呈现出超地域、跨文化的特征。六是表述的形象性。互联网上的页面，包含文字、声音、图片、视频等，具有声色俱全、图文并茂、声情互融等特点。特别是现代多媒体技术的广泛运用，可在屏幕上创造一种活跃、轻松、愉悦的心境，使宣传教育的内容变得生动有趣、直观形象。七是传播的交互性。网络传播提供了一种开放的、多向的信息交流方式，信息资源的作者、传播者与受众之间可以直接交流信息，实现互动。八是创作的自主性。网络文化的创造、发展和运作，是自愿和自我管理的。单就创造而言，有表达个人思想的，有积累和传播知识的，有寻找新的商机的等。九是交流的平等性。互联网上交流具有较大的无约束性，无论是教育者，还是被教育者的地位都是平等的。每个"网民"都可以在网上发表自己的看法、见解、主张和观点。十是发展的变化性。随着网络技术的进步，网络外的资源以及这些资源素材创造的新资源的变化，网民新的网络文化思维方式、新的网络美学观念，以及网络文化的新的创造方式、新的网络社会的出现，都将推动网络文化的发展变化。①

## 四、关于加强网络文化的建设

网络文化是中国特色社会主义文化的重要组成部分，是体现先进生产力的发展要求、服务人民群众的文化。推进网络文化建设，应始终坚持"为人民服务、为社会主义服务"的方向，坚持重在建设，立足加快发展，积极开发利用，最大限度地满足人民群众精神文化需求，促进社会和谐。

### （一）以社会主义核心价值体系为引领

有研究者认为，网络文化是社会主义文化的有机组成部分，社会主义核心价值体系是社会主义先进文化的精髓，是社会主义先进文化建设的精神源泉，网络文化建设必须以社会主义核心价值体系作为其精神内核。同时，社会主义核心价值体系是社会主义先进文化的灵魂，属于意识形态范畴，它的传承与发扬需要网络文化这样具体的物质力量与传播形态的承载。没有社会主义核心价值体系的引领与支撑，网络文化建设就会失去内涵甚至迷失方向；失去网络文化这一重要传播载体，社会主

---

① 李玉香，周国红，宋金玲，任长权，阴立群．浅析网络文化对教师素质的要求 [J]．中国成人教育，2011（23）．

义核心价值体系也难以实现其价值理念。①

有研究者认为，用社会主义核心价值体系引领网络文化发展是提升我国文化软实力的必然要求。为了提高引领的整合力，必须建立长效机制。"一是要建立综合制导机制，使社会主义核心价值体系体现在党关于发展网络文化的各项方针、政策和法规中，贯通到网络文化发展的各个环节中，内化为网民的精神信仰，外化为网民的行为规范。二是要建立融入渗透机制，把社会主义核心价值体系贯穿于网络文化建设的各领域，体现在网络精神文化产品创作生产传播的各方面，在网络境域中形成统一指导思想、共同理想信念、强大精神力量、基本道德规范。三是要建立舆情调控机制，防范西方发达国家利用网络对我国进行意识形态的渗透，严重威胁我国文化的安全。要坚持正确舆论导向，坚持以团结稳定、正面宣传为主，壮大主流舆论，提高舆论引导的及时性、权威性和公信力、影响力，发挥网络在宣传党的方针、弘扬社会正气、通达社情民意、引导社会热点、疏导公众情绪、搞好舆论监督等方面的重要作用，保障网民知情权、参与权、表达权和监督权。"②

还有研究者认为，健康的网络文化应坚持六项原则：一是坚持社会主义意识形态的主导地位，警惕"去意识形态化"等观点误导；二是坚持社会主义核心价值体系为中心的价值自信，警惕"普世价值"论等欺骗宣传；三是坚持以公有制为主体的文化产业格局，警惕有人打着改革的旗号侵吞国有资产；四是坚持始终把社会效益放在首位，警惕拜金、低俗、功利等思想误导网络文化发展；五是坚持发挥市场在文化资源配置中的积极作用，警惕出现唯市场化和西化的倾向；六是坚持全面贯彻党管人才原则，警惕与党离心离德者在改革进程中窃取领导岗位。③

---

① 李荔. 社会主义核心价值体系与高校网络文化建设 [J]. 长春师范学院学报（人文社会科学版），2012（4）；周晏，王旭. 如何发展中国特色的网络文化 [J]. 新闻爱好者，2010（21）.

② 苏星鸿，刘基. 用社会主义核心价值体系引领网络文化发展 [J]. 高校理论战线，2012（5）.

③ 朱继东，李晓梅. 健康的网络文化应坚持六项原则 [J]. 青年记者，2011（35）.

### （二）加强网上思想文化阵地建设

有研究者认为，网站是重要的思想文化阵地，在网络文化建设中发挥着至关重要的作用。发展健康向上的网络文化，必须把加强阵地建设作为一项战略任务来抓，努力形成以重点新闻网站为骨干、知名商业网站相配合、各类网站积极参与，共同推进网络文化建设的生动局面。支持重点新闻网站加快发展，按照中央文化体制改革总体部署，积极推进重点新闻网站转企改制，创新体制机制，增强内在活力，为做大做强做优奠定体制基础；推动重点新闻网站加快技术创新步伐，充分运用技术创新成果，以新技术新业务吸引网民、服务网民、赢得网民，打造一批在国内外有较强影响力的综合性网站和特色网站。注重发挥知名商业网站的积极作用，引导它们健全管理制度，依法诚信经营，多提供健康向上的网络文化产品，在发展繁荣网络文化中发挥建设性作用。着眼满足不同网民群体精神文化需求，着力培育一批网络内容生产和服务骨干企业，使之成为网络文化建设不可或缺的力量。进一步提升互联网行业原始创新、集成创新和引进消化吸收再创新能力，抢占网络传播制高点，形成业务先发优势，培育新兴业态和新的市场需求，延伸拓展产业链，不断增强我国互联网行业的整体实力和核心竞争力。[①]

还有研究者专门研究了校园网络文化阵地建设，提出在网络文化建设中，高校应当增强紧迫感、责任感和使命感，进一步完善校园网服务体系，提高校园网的吸引力和感召力。要努力建好融思想性、知识性、趣味性、服务性于一体的校园主网站，同时积极建设思想政治教育类专题网站，构筑师生的精神家园[②]。还有研究者认为，应进一步提高校园网络基础设施的水平，重点培育一批高品质的思想政治教育主题网站，打造具有学校特色的网络文化品牌。继续加大网络文化资源的开发，充实和丰富网站内容，不断增强网络吸引力，将网络应用渗透到相关课

---

[①] 王晨. 加强网上思想文化阵地建设　大力发展健康向上网络文化 [N]. 人民日报，2011 - 11 - 04；张城. 加强网络媒体建设，巩固网络文化阵地 [N]. 荆楚网，2011 - 11 - 24.

[②] 陈垠亭. 加强校园网络文化建设　主动占领网络思想政治教育新阵地 [J]. 河南教育（高校版），2007（11）.

程，重点开发有助于师生学习、工作和生活的共享性网络资源，加强网
络作品的原创性供给服务。①

### （三）加强网络文化的内容建设

互联网上，先进文化、有益文化和落后文化、腐朽文化同时并存。
网络文化建设的实践表明，始终不渝地强化内容建设，是发展健康向上
的网络文化的核心。有研究者认为，内容是文化思想性的根本体现，是
网络文化的"魂"；各种平台、方式及产品是文化实现以文化人的重要
途径，是网络文化的"体"。在内容上，让社会主义核心价值体系，让
人类先进的思想文化成为网上的主旋律，这既推动优秀传统文化瑰宝和
当代文化精品在网络上传播，又制作适合网络传播的精品佳作，鼓励网
民创作格调健康的网络文化产品，人们需要这样的文化自觉和责任
担当。②

还有研究者认为，网站内容的好坏直接影响了人们，特别是青少年
的价值信仰。网站建设应汲取传统文化营养和借鉴国外道德资源，尤其
应注重吸取中国传统文化精华的同时，不断借鉴国外优秀的道德观念，
在我国的传统文化里蕴含着极为丰富的价值理念。这些价值理念如忠
义、仁爱、诚信等一直都是对青年一代进行价值观教育的基础，这些也
同样是全世界人民所共同奉行的崇高信仰。并且，对我国青少年的价值
观教育还应不断借鉴国外优秀的道德观念，用国外优秀的价值观念来不
断丰富中华民族的传统美德，努力实现不同文化间的对话和融合。③

还有研究者认为，我们建设网络文明，就是要发展先进文化，弘扬
健康文化，改造落后文化，抵制腐朽文化，满足广大网民日益增长的精
神文化需求，鼓舞网民投身和谐社会建设，这是"大兴网络文明之风"
的目的所在、使命所在。我们在继承优秀传统文化的同时，应理性对待

---

①　张志宏. 加强网上文化阵地建设 ［N］. 温州日报，2011 - 12 - 26.

②　张研农. 网上思想文化阵地建设是文化建设的迫切任务 ［N］. 人民网，2011 - 11 -
21.

③　张品仲. 后现代主义视角下网络文化对青少年价值观的影响及对策 ［J］. 中国报业，
2012（2）.

外来文化，努力打造属于自己的中国网络文化。随着网络的兴起，全球化的步伐加快，要建设一个和谐的网络文化，不仅是我们一个国家的力量，还需要加强国际合作，营造出真正意义上的精致文化，营造出和谐的中国网络文化。①

还有研究者认为，加强网络文化内容建设，国家应积极作为。一要实施网络内容建设工程，发挥全国文化信息资源共享、中国数字图书馆、国家知识资源数据库等重点项目示范性带动作用，推动网上图书馆、网上博物馆、网上展览馆等的建设，推动优秀传统文化瑰宝和当代文化精品网络传播。发挥公共文化服务机构作用，利用城乡基层文化设施，加快互联网公共信息服务点建设，构建面向广大群众的网络公共文化服务平台。二要实施网络文化精品战略，增强网络文化原创能力，鼓励制作适合互联网和手机等新兴媒体传播的精品佳作，打造一批具有中国气派、中国风格的网络文化品牌，使积极健康的网络文化产品占据网上主导地位。加快传统文化产业与网络文化产业的融合，培育扶持一批国有或国有控股、实力雄厚的网络文化企业和企业集群，不断提高网络文化创作生产的规模化专业化水平。②

### （四）加强高校校园网络建设

高校校园网络建设是网络文化建设的重点，直接关系到青少年正确价值观的培养。有研究者认为，高校网络文化建设应做到"一个目标""二级管理""三个主文化""四项坚持"。"一个目标"是指构建绿色、安全、健康、丰富的高校网络文化。"二级管理"是指，一方面从伦理道德的管理层面入手，建立网络文化伦理道德标准，以规范标准来约束上网行为，使学生从意识上自律，认识真、善、美；另一方面从网络技术的管理层面入手，对高校网络文化的内容进行管控，把粗俗的、暴力的、色情的、反动的、迷信的等不良信息进行屏蔽、删除，还文化一份净土。"三个主文化"是指，以先进文化来主导网络文化方向，以邓小

① 韩晓辉. 我国网络文化建设存在的问题及对策［J］. 工会论坛，2011（5）.
② 王晨. 加强网上思想文化阵地建设 大力发展健康向上网络文化［N］. 人民日报，2011－11－04.

平理论、"三个代表"重要思想和科学发展观为指导，按照十七届六中全会对社会主义先进文化的新要求，推进高校网络文化的前进方向；以正面文化来主控网络文化阵地，以优秀的正面文化占领网络文化前沿阵地，提高高校网络文化的思想性、艺术性、积极性、教育性和指导性，让高校网络文化成为传播时代精神、健康思想和优秀传统文化及民族精神的阵地，以抵制无序网络文化下的负面信息的侵蚀；以高校教师为主干的网络文化，要充分发挥高校教师在网络文化建设中的主干作用。"四项坚持"是指，坚持育人为本，促进和谐网络文化；坚持科学用网，树立正确的上网观，充分运用现代网络资源汲取知识；坚持构建绿色网站，充分发挥教化陶冶作用；坚持特色网络文化建设，通过举办特色的网络活动、晚会、名师讲坛、个人才艺秀等形式营造一种特色的网络文化氛围。①

　　还有研究者认为，高校网络文化建设应该以社会主义核心价值体系为引领，途径主要有：一是以社会主义核心价值体系为支撑，营造高校网络文化氛围。高校校园文化具有深厚底蕴与时代前瞻性，要将高校网络文化的发展纳入到高校教育事业发展和校园文化传承中去，要鼓励和动员全体师生共同营造文明和谐、积极进步的网络文化氛围。二要以社会主义核心价值体系为指针，搭建高校网络文化平台。首先要利用现代化的传播技术手段，迅速广泛地传播反映社会主义核心价值体系的信息、知识，运用图片、动画、音频、视频等大学生喜闻乐见的形式来增强其对社会主义核心价值理念的理解。其次，要有重点地创建红色主题网站，打造品牌栏目。另外，我们不能忽视微博等新媒体传播工具在大学生中的广泛运用，高校网络文化建设需要根据大学生的学习与生活实际来不断扩展文化传播平台。高校微博的开通并不是一劳永逸的，需要我们贴近学生、贴近实际，不断变换形式和充实内容。三要以社会主义核心价值体系为导向，加强高校网络文化监管。网络的开放性和时效性为大学生传送了海量的文化信息，但是应该看到有很多腐朽消极、色情暴力的垃圾信息夹杂其中，给高校网络文化带来消极影响。为此，一方

---

　　① 贾海鹏，宁华，苗婕. 高校绿色网络文化建设研究 [J]. 科技创业月刊, 2012 (5).

面，要以社会主义核心价值体系为导向进一步加强对高校网络文化的管理，认真贯彻国家对于互联网相关的法律规范，以此为依据制定学校网络文化建设管理规章制度，消除高校网络中的不安定因素。另一方面，要以社会主义核心价值体系为导向对大学生进行网络道德教育，促使大学生由他律转变为自律，由外部监督转变为自我管理，培养大学生的网络道德品质，提高大学生的网络道德素养。①

此外，还有研究者认为，引导大学生正确使用网络资源可采取以下管理措施：一是优化校园网络文化，引导学生正确上网。校园网络文化是传统校园文化的延伸，高校的教育不仅仅在于课堂，更在于课后的引导，高校应将校园网络文化建设纳入到学生教育的总规划中。二是树立网络道德规范，加强管理监督教育。网络的日新月异使传统的道德观念滞后于网络技术的发展，而大学生网络不良行为，甚至网络犯罪大多数都是在不懂法的情况下发生。三是丰富网络竞赛活动，提升学生信息素养。既然大学生的课余生活依赖网络程度很高，而基于计算机的各种应用又数不胜数，高校为何不多利用网络开展丰富的各种竞赛活动。四是重视心理健康教育，塑造学生健康人格。面对网络环境的挑战，高校应有针对性地开展心理健康教育，重视心理素质的培养，提高大学生的心理健康水平是抵制网络社会不良影响的有效途径。②

### (五) 加强网络文化队伍建设

有研究者认为，面对新兴的网络文化产业，人才短缺是一个重要的瓶颈。不仅数量上不足，而且人才构成也不平衡，高端人才稀缺，中低端人才也十分紧张。繁荣网络文化，造就网络文化产业人才，首先要着力培育网络文化创意、技术、管理、营销等专业人才，努力形成一支与市场相适应、与品牌相适应、与我们的经济规模相适应的网络文化队伍。其次，要优化人才成长的体制机制，从政策、环境等方面，为网络文化产业人才创业发展提供良好条件。再次，要建设互联网信息服务从

① 李荔. 社会主义核心价值体系与高校网络文化建设 [J]. 长春师范学院学报 (人文社会科学版)，2012 (4).

② 杨慧谊. 网络文化对90后大学生的影响与措施 [J]. 现代企业，2012 (4).

业人员的准入机制，积极引进在国内外文化产业运作方面有经验、有水平的高端人才，投身我国网络文化建设。① 还有研究者从国家的角度提出了看法，认为国家应加大力度培养一批熟练掌握互联网技术的高素质专业人才，为网络文化建设和管理提供有力保障；可以支持和鼓励一些具有计算机教育方面优势的高校开设专门培养掌握互联网专业技术和科学化管理人才的专业。②

　　还有研究者认为，网络文化对教师素质提出了新挑战、新要求。一是教师必须具备强烈的网络参与意识，充分了解这种新型的文化形式。只有参与，教师才能了解网络，才能认识网络文化的各种表现，才能了解青少年学生在网上的各种活动，从而预见青少年在网上碰到的各种危险，采取适当措施来预防各种不良现象的发生，才能消除师生之间的鸿沟，让学生真正感觉到你是他们当中的一员，觉得你是维护他们利益的，从而全心地接受你。二是教师必须具备强烈的社会责任感及敏锐的文化判断能力。教师担负着培养下一代，培养未来社会创造者的责任。三是教师必须具备信息收集与整理能力，具有协作精神与团队意识。收集并高效管理有效信息，是信息时代教师必备的一项重要素质。四是教师必须具备正确的网络文化价值观和高度的自律意识。作为信息时代的教师，应该树立正确的网络文化价值观和自律意识，遵守网上秩序，严肃网上纪律，不能制作、复制、传播各种违法乱纪和不利于先进文化建设的信息，养成个人网络道德的高度自律，做好榜样。③

　　还有研究者认为，学校应努力建设一支高素质的校园网管理队伍和网络评论员队伍。要选调政治素质较高、熟悉新闻宣传、掌握网络技术、党风廉政建设过硬的管理人才进入网络管理领域。要壮大网络采编人员队伍，造就一批网上名编辑、名版主、名专栏主持人；还要着力培养一批能够紧跟信息科技发展前沿、具备较强研发能力的专业技术人才，确保最新技术能够及时运用到网络管理工作中来。要高度重视网上

　　① 韩晓辉. 我国网络文化建设存在的问题及对策 [J]. 工会论坛, 2011 (5).
　　② 周晏, 王旭. 如何发展中国特色的网络文化 [J]. 新闻爱好者, 2010 (21).
　　③ 李玉香, 周国红, 宋金玲, 任长权, 阴立群. 浅析网络文化对教师素质的要求 [J].
中国成人教育, 2011 (23).

评论工作，形成一支专兼结合、反应灵敏的网络评论员队伍。网络评论员要主动介入校园 BBS 和校外网站的交互式栏目，主动导帖、积极跟帖、适时结帖，采用"网来网去"的方法，学会用"网言网语"，参与对话交流，挤压有害信息的传播空间。要建立网络管理和网络评论人员学习、培训、考核机制，不断提高网络管理和网络评论人员的政治业务素质和网上舆论引导能力，为这支队伍的发展、成长创造良好条件。①

## 五、关于加强网络文化的管理

加强对于网络文化的建设和管理，是网络文化健康发展的有力保障。2007 年 1 月 23 日，胡锦涛同志在十六届中央政治局第 38 次集体学习时明确指出：加强网络建设和管理要坚持社会主义先进文化的发展方向，唱响网上思想文化的主旋律，努力宣传科学真理、传播先进文化、倡导科学精神、塑造美好心灵、弘扬社会正气。胡锦涛同志强调，在当代中国，加强我国网络文化建设和管理，必须坚持以邓小平理论和"三个代表"重要思想为指导，全面贯彻落实科学发展观，按照发展社会主义先进文化的要求，坚持积极利用、大力发展、科学管理，以先进技术传播先进文化，促进和谐文化建设，更好地满足人民群众日益增长的精神文化需要，为全面建设小康社会提供有力的思想保证和舆论支持。②党的十七届六中全会通过的《中共中央关于深化文化体制改革、推动社会主义文化大发展大繁荣若干重大问题的决定》指出，要认真贯彻"积极利用、科学发展、依法管理、确保安全"的方针，加强和改进网络文化建设和管理，加强网上舆论引导，唱响网上思想文化主旋律。近年来，研究者们围绕如何采取有效措施加强和改进网络文化管理开展了研究，归纳起来有以下几个方面。

---

① 陈垠亭. 加强校园网络文化建设　主动占领网络思想政治教育新阵地［J］. 河南教育（高校版），2007（11）.

② 胡锦涛. 在中共中央政治局第三十八次集体学习时的讲话［N］. 人民日报，2007 - 01 - 24.

### （一）加大网络的立法、执法力度

没有规矩不成方圆，网络立法是管理的基础。有研究者认为，近年来，我国出台了一系列网络管理的法律法规、部门规章和司法解释，如《全国人民代表大会常务委员会关于维护互联网安全的决定》《中华人民共和国电信条例》《互联网信息服务管理办法》《中华人民共和国计算机信息系统安全保护条例》《信息网络传播权保护条例》《计算机信息网络国际联网安全保护管理办法》《互联网新闻信息服务管理规定》《互联网电子公告服务管理规定》等，并在《刑法》《刑事诉讼法》《民法》《民事诉讼法》《社会保险法》等相关法律条文中写入了有关计算机信息安全方面的条文。但是，具体实施中仍然存在着不完善、不配套的问题，网络立法还不能适应网络发展形势的需要。要加强网络文化建设和管理，必须将法律、法规覆盖到网络所到之处，涉及网络运行的全过程，做到网络文化建设和管理有法可依。鉴于网络发展出现的新情况新问题较多，未知领域较多，立法应遵循这样一些原则：先政策后法规，先法规后法律，先地方立法后全国立法，使立法有一个从小到大、从地方到中央、从不成熟到成熟的过程。另外，也可以采取急需先立、重点先立、预防苗头性问题先立、借鉴别人成功的做法先立、国际通行做法先立等做法。当前，亟须加快基础性立法工作，对网络内容、网络娱乐、网络游戏的分级以及对网上色情暴力等问题进行立法。中央和地方立法机关以及政府有关部门应该制定出一个立法规划，排出时间表，逐步加以实施。①

还有研究者更为明确地指出：要把网络管理的立法工作纳入到国家整个法制建设的框架中思考设计，做到要跟踪网络文化的最新动态，加快立法进程，使网络文化建设尽可能做到有法可依；做到严格执法，保护合法权益，如保护知识产权，打击网络上的违规违法、经济犯罪、民事犯罪等，做到执法必严、违法必究，为建立一个文明健康的网络文化

①  曲青山.进一步加强网络文化建设和管理［J］.理论前沿，2009（9）；黄传武.网络文化中的低俗现象及对策研究［J］.北京邮电大学学报（社会科学版），2010（5）；宋厚振.加强网上思想文化阵地建设之我见［N］.中直党建网，2011－11－08.

环境提供制度和法律支持。①

## (二) 完善网络管理机制

网络文化建设和管理涉及中央和地方的众多部门和众多单位。网络音乐、网络游戏由文化部门管，网络出版、电子出版物、网络视频、网络音频由新闻出版广电部门管，网络广告由工商部门管，网络新闻宣传还涉及宣传部门和对外宣传部门，网上犯罪涉及公安部门，网上医疗卫生服务涉及卫生部门，建立网站、申请网址，还涉及通信管理部门。有研究者认为，理顺体制有两种思路：一是按照组建大文化部门的思路，将网络文化管理中的所有事项统统纳入一个部门进行管理，统一决策，统一部署，统一执法，统一监管。二是在现有机构设置的基础上，建立联席会议制度。按照各自职责分工，明确任务，狠抓落实。而对文化执法则采取以市县为单位，组建综合执法队。为了加强党对网络文化建设和管理工作的领导，党委应该牵头抓总，各地应成立由党委分管宣传工作负责同志挂帅的领导小组，不定期研究网络文化建设和管理工作的重大问题。领导小组办公室应设在宣传部门或外宣部门，负责日常工作和事务性协调。通过网络新闻通气会、情况研判分析会、网络提示、网络舆情、网络参阅、网络简报等形式，加强上下信息沟通和工作指导。②

还有研究者认为，应建立健全从中央到地方、从党政机关到网络行业既统一管理又分级负责的富有效率的、具有权威的网络意识形态工作领导体制。明确和细化有关部门的领导责任，并赋予其相应的权力，使他们在工作中既分工明确、各负其责，又紧密衔接、有效配合，防止责任交叉、责任空白和工作漏洞；明确网络意识形态工作负总责单位，由其统筹网络意识形态工作；明确和细化上级与下级对口部门的责任，理顺上级部门与下级部门的权责关系、领导或指导关系。健全完善统一指挥、协调有力、运转高效的互联网宣传管理体制，健全完善信息通畅、协同配合、

---

① 张莹，付瑞雪. 网络文化现状与发展策略研究 [J]. 中华文化论坛，2011 (4)；韩晓辉. 我国网络文化建设存在的问题及对策 [J]. 工会论坛，2011 (5)；周晏，王旭. 如何发展中国特色的网络文化 [J]. 新闻爱好者，2010 (21).

② 曲青山. 进一步加强网络文化建设和管理 [J]. 理论前沿，2009 (9).

反应快速的联合工作机制。健全完善统一指挥、协调有力、运转高效的
互联网宣传管理体制，健全完善信息通畅、协同配合、反应快速的联合
工作机制。加强网络法制建设，加快形成法律规范、行政监管、行业自
律、技术保障、公众监督、社会教育相结合的互联网管理体系。①

### （三）大力倡导"文明办网、文明上网"

加强网络文化建设和管理，行业自律和网民道德自我约束必不可少。
有研究者认为，健全网络道德规范，引导网络从业人员和广大网民增强诚
信意识和社会责任意识，自觉抵制有害信息和低俗之风。各基础电信运营
企业、互联网接入服务单位和各类网站都应坚持把社会效益放在首位，认
真落实自律公约，建立有效的有害信息发现机制、监督机制和处置机制，
自觉对网上信息内容进行监管。各类网站应主动开展自查自纠，不链接不
健康网站，不发送不健康短信，不登载不健康广告，不运行、不传播有暴
力色情内容的游戏、图片、视听节目和文学作品，及时发现、过滤和删除
网上有害信息。要在广大网民中开展社会主义荣辱观和网络道德教育，提
高素质，养成科学、文明、健康的上网习惯。要充分发挥广大公众的监督
作用。要落实举报奖励制度，定期向社会公布受理和查处情况。要加强网
络文化法制教育，加大宣传力度，倡导文明上网，倡导人们自律。要建立
网络公民权利和网络公民道德规范，引导网络公民的行为和道德走向。要
充分发挥行业自律组织的作用，制定行业自律标准，划分管制主体和管制
对象的职责、权限，制定相关从业人员的责任。②

还有研究者认为，要广泛开展社会主义荣辱观教育，大力推进网络
文明建设，积极倡导诚信守法经营、办文明网站，积极倡导文明上网、
做文明网民，积极倡导网络道德法制、树文明新风，积极倡导群策群
力、创文明环境。各类互联网运营服务企业都要认真落实社会责任，正

---

① 韦佳勇. 加强网上舆论引导 [N]. 广西日报，2012 - 01 - 17；黄传武. 网络文化中的
低俗现象及对策研究 [J]. 北京邮电大学学报（社会科学版），2010 (5).
② 曲青山. 进一步加强网络文化建设和管理 [J]. 理论前沿，2009 (9)；李慧，邹爱荣.
网络文化安全问题研究 [J]. 科学大众，2012 (5)；张莹，付瑞雪. 网络文化现状与发展策略
研究 [J]. 中华文化论坛，2011 (4).

确处理社会效益与经济效益的关系，始终把社会效益放在首位，加强自我管理、自我约束，切实把网络文明建设的要求落到实处。要充分发挥网民在网络文明建设中的主体作用，大力提倡理性思考、文明创作，大力倡导积极健康有益的网络表达和文明互动，共同抵御网上低俗之风，共同建设文明诚信、安全有序的网络空间，使互联网真正成为共建共享的精神家园。①

### （四）加强对网络的行政监管

行政监管是法律手段和道德约束之外的一个手段。有研究者认为，要在网络上设立"报警岗亭"和"虚拟警察"，接受群众举报，并建立网上接受举报、网下迅速处置的工作机制；要探索建立网络信誉等级评价体系，分类分层定位管理，并定期评估、定期公布；要探索建立网络从业人员资质认证制度，加强对从业人员的执业约束；要积极稳妥地建立 BBS 准入制，大力推行网站备案制，逐步探索实行上网实名登记制和开设博客、播客、论坛版主、QQ 群主、聊天室主等实名登记或注册制；要完善市场准入和退出制度，加快建立违法违规记录制度，对严重违法违规者实行行业禁入；要建立网站绩效考核评价标准，完善网上阅评机制；要明确互联网新业务的许可审批，完善监管措施，规范服务行为；要实行网吧年检制；要根据形势不断开展打击网上各种违法行为的专项整治行动。②

### （五）强化网络管理的技术保障

网络文化的建设与管理，需要多方因素的综合考量，其中网络技术的应用与发展是创造良好的网络文化发展环境重要方面。有研究者认为，必须把技术研发与内容创新结合起来，把技术应用与完善服务统一起来，不断提升网络新技术应用水平和业务保障能力。一要充分利用互联网新技术拓展新业务。应支持重点新闻网站，大力发展网络杂志、网

---

① 王晨．加强网上思想文化阵地建设 大力发展健康向上网络文化［N］．人民日报，2011－11－04.

② 曲青山．进一步加强网络文化建设和管理［J］．理论前沿，2009（9）.

络视听新业务，积极进入即时通讯、博客播客、搜索聚合等新领域。二要努力提高现代信息技术自主研发能力。网络的核心技术和应用技术烙有研发者的文化观念和文化样式，谁的技术领先，谁就有可能创造自己的文化形态，引领文化风尚。目前，网络媒体的关键技术主要掌握在美国等西方国家手中，我国管理手段单一，技术措施滞后，信息安全、技术安全等都存在较大隐患。我们应加大人财物的投入，密切跟踪网络技术前沿动向，引进和学习国际最新网络安全技术，从战略高度对网络重大问题进行立项研发，组织科研人员攻关，加强对网络防病毒技术、防火墙技术、防攻击入侵检测技术、远程监控技术、防网络游戏成瘾技术、智能搜索技术、舆情监控及预警技术等的研究与开发，形成独立知识产权的核心技术优势。尤其要重视新一代无线传输技术和下一代互联网技术的研发，加大投入，集中力量攻关，抢占未来互联网发展的技术制高点，把我们的网络文化发展建立在自己掌控的技术平台基础之上。①

## 六、简要评析

自胡锦涛同志提出"大力发展中国特色网络文化"以来，相关研究已经取得较大进展，研究者们对发展网络文化的重要性，网络文化的特点、社会效应、发展规律、不良网络文化的负面影响以及如何加强网络文化建设和管理等问题进行了深入研究，达成了广泛共识。综合起来看，一是研究内容涉猎较广。网络文化研究既涉及网络文化自身的特质，又关注了网络文化对人、对社会、对传统文化、对民族文化等带来的影响。二是从研究的学科和方法看，体现出综合性和交叉性的特点。社会学、政治学、文化学、法学、传播学、哲学、伦理学、经济学、马克思主义理论、心理学等学科的研究者，从自身的专

---

① 曲青山. 进一步加强网络文化建设和管理 [J]. 理论前沿, 2009 (9)；张莹, 付瑞雪. 网络文化现状与发展策略研究 [J]. 中华文化论坛, 2011 (4)；黄传武. 网络文化中的低俗现象及对策研究 [J]. 北京邮电大学学报 (社会科学版), 2010 (5)；韩晓辉. 我国网络文化建设存在的问题及对策 [J]. 工会论坛, 2011 (5).

业角度对网络文化进行"专业化"的理论性研究和应用性探索。网络文化研究取得了丰硕成果，为进一步开展网络文化研究奠定了良好的学术基础，为研究中国特色社会主义文化中的网络文化提供了较好的学术资源和学术背景。

但是，网络文化研究还远远不能满足实际工作的需要，比如，网络文化研究内容过于集中，主要集中于网络文化的基本理论、网络文化与高校德育、思政工作的关系等方面，对网络文化建设中存在的问题、网络文化与其他文化形态的关系等方面的研究非常缺乏。而且现有研究成果相似程度非常高，重复研究现象普遍存在，既有研究成果应用推广率较低。比如，关于网络文化与中国传统文化的关系，许多学者关注的焦点在于网络文化与中国传统文化的冲突。但是，如果采取发散型的思维方式，从网络文化与传统文化的转型、网络文化与传统文化的现代化、网络文化与中国先进文化的前进方向的角度来研究，可能更有现实研究意义。再比如，虽然近年来国内学者对我国网络文化产业的发展作了很多的调查和研究，但大多是对网络文化产业的现状和战略地位的全局性阐述，具体到区域性网络文化产业的地位以及网络文化在促进地方经济发展的功用方面的研究相对来说还是比较少的，这也是值得进一步研究的地方。纵观国外的网络文化研究，其方法论已包括社会学、人类学、人种学、符号学等多种研究视角，我们可以借鉴国外的研究成果和研究方法，加强我们网络文化研究中的薄弱环节。

总体而言，我国网络文化的研究还处在起始阶段，存在着一定缺陷与不足。一是国内的网络文化研究突出表现为"应对性强，而主动性弱"，面对日益纷繁复杂的网络文化发展态势，我国多数研究者对网络文化秉持"应对"心态，对于网络文化的发展缺少战略性和宏观性的长远谋思。比如，过于重视对网络文化的工具理性分析，忽视了对网络文化的价值理性研究；注重对网络文化一般特征的研究而忽视了对中国特色社会主义国情的研究。我们应该以积极的态度、冷静的观察和缜密的思考去对网络文化进行深入而独到的探讨和研究。二是对网络文化的研究侧重于宏大叙事性的研究，难以对网络文化具体行为进行深入调查和分析研究。不重视对网络文化行为主体内在心理和价值倾向、网络文化的发展政策、相关法律法规、网络文化制度以及网络文化精神等层面的研究。

所以，我们要继续丰富研究内容，可以从以下几个方面拓宽研究：比如，网络文化对大学生伦理道德影响的研究、高校校园网络文化建设和管理研究、国外网络文化对我国青少年的影响研究、高校校园网络文化建设若干问题研究、中国特色社会主义文化中的网络文化研究、网络文化境遇下青少年网络道德教育研究、大学生网络道德责任的缺失与建构研究、高校校园文化建设理论与实践研究、后现代网络文化对当代大学生负面影响的效果研究。再比如，当前我国网络文化安全问题研究、网络文化发展趋势和作用研究、网络文化与人的全面发展研究、网络舆情与网络文化安全预警技术研究、网络文化研究的哲学观问题、构建我国网络文化安全评价指标体系的实证研究、全球化背景下网络文化建设的研究、中国网络文化安全不良信息评价指标体系实证研究、网络文化视野下的权力分解和权利开放研究、中国网络文化安全推荐信息评价指标体系研究、网络技术与网络文化的互动关系研究、网络文化中的低俗现象及对策研究。努力开拓网络文化研究的新视野。

同时，网络文化研究应该由理论探讨为主转向理论指导下的实证研究为主。网络文化科学研究的目的主要是为了指导实践，为网络文化建设实践提供理论支撑和工作规范，提高网络文化发展实践的经济社会效益，为繁荣中国特色网络文化作出切实的理论贡献。比如，军营网络文化建设问题与对策研究、中国先进网络文化的民主政治建设功能研究、各个地区网络文化建设和管理现状与对策研究、社会主义意识形态与网络文化研究、指向人的全面发展的网络文化内容结构体系研究、网络文化生态研究现状与系统构建策略研究、我国网民对网络文化价值体系的态度适应研究、博客的网络文化价值及政策规范研究、网络文化中的网络语言研究。再比如，网络经济边际效应与网络文化产业发展模式研究、中国网络文化产业的发展战略研究、网络文化产业发展保障研究、网络文化产业与网络消费研究、社会主义核心价值体系融入网络文化产业研究、我国政府在推进网络文化产业发展中的问题与对策研究、网络文化产业发展影响研究、我国网络文化产业的发展方向及重点研究等。最终实现理论研究为现实需要服务的目的。

# 附论二　关于大学校园文化建设研究综述

　　大学校园文化是中国特色社会主义文化的重要组成部分，越来越成为大学创造力和影响力的重要源泉，是提高高等教育水平的重要因素。对于高等学校自身来说，大学校园文化既是大学发展的传统积淀，又是推动大学与时俱进发展的重要动力。推进大学校园文化建设，既是深入贯彻落实科学发展观、加强社会主义文化建设题中的应有之义，又是把社会主义核心价值体系融入学校教育的重要举措，既能为提高高等教育质量提供强大动力，又能为人才培养奠定坚实基础。

　　自20世纪80年代大学校园文化的概念提出以来，我国大学校园文化理论研究取得了很大成绩。2004年，中共中央、国务院颁发《关于进一步加强和改进大学生思想政治教育的意见》，明确指出要大力建设校园文化。同年12月，教育部、团中央颁发了《关于加强和改进高等学校校园文化建设的意见》，进一步对大学校园文化建设作了具体部署。党的十七大报告高度概括了文化在中国当代发展进程中所应当承担的历史责任，提出了关于"提高国家文化软实力"的时代命题，确定了文化在整个国家发展战略中的核心地位，肯定了文化在推进社会发展进程中所应起到的积极历史作用。大学校园文化建设的重要作用被进一步认识，作为社会主义文化的重要组成部分，大学校园文化也可以并应该在提高国家文化软实力中发挥重要作用。

　　十七大以来，大学校园文化从理论研究到实践探索都取得了丰硕的成果，各级教育主管部门、各高校都逐步认识到大学校园文化的重要作用，并力图发挥其更大的功能，推进高等教育发展、引领先进文化的前进方向。理论界对大学校园文化的概念、内涵、价值、功能以及大学校园文化建设的基本原则、工作机制等，都进行了广泛的研究。随着中国特色社会主义理论体系和社会主义文化建设理论研究的不断深入，大学校园文化的研究也取得了长足进展，取得了很多研究成果。

# 一、关于大学校园文化内涵、特征及功能的研究

## （一）大学校园文化的内涵与特征研究

什么是大学校园文化？大学校园文化的基本特征是什么？这是人们对当代大学教育进行重新审视所不能回避的问题。在新形势下，正确认识和把握大学校园文化的内涵实质和基本特征，从宏观上加深对大学校园文化建设的整体性认识，是保证大学校园文化建设沿着正确道路健康发展的重要条件。

### 1. 大学校园文化的内涵

大学校园文化作为一种在大学发展过程中逐渐形成、不断发展并积极作用于全体师生员工思想和行为的群体文化形态，是历代大学人在教育教学、科学研究和社会服务过程中逐渐积累和共同创造而成的。人们根据不同的标准、从不同的视角对大学校园文化进行分类，其中最常见的分类方法是以文化现象的存在形态为标准来划分，并被学术界普遍认可。

有学者认为，大学校园文化主要包括学校的价值观念、思维模式、行为方式及其活动结果，其外在表现形式则为深具学校个体特色的精神形式、制度形式和物质形态。① 校园文化不仅包括丰富优质的物质文化、以人为本的制度文化、积极向上的精神文化，而且三者彼此交织、相互依存，并没有天然界限。其中，物质文化是精神文化、制度文化的

---

① 李继星．把握现代学校文化的发展脉搏［N］.现代教育报，2010－02－26.

前提和基础，精神文化是校园文化的核心和灵魂，制度文化是物质文化、精神文化的桥梁和保障。① 还有学者将大学校园文化分为物质文化、制度文化、行为文化和精神文化，认为这四个层次相互联系、相互渗透，形成一个不可分割的有机整体。② 也有学者将大学校园文化进一步分类，分为观念文化、学术文化、制度文化、环境文化、活动文化等方面，集中体现了一个学校的历史传统、精神风貌、目标和理想、信念与追求。③ 也有学者将大学校园文化分为物质文化、制度文化、组织文化、行为文化、精神文化。其中物质文化是校园文化的基础，制度文化是校园文化的保障，而精神文化则是校园文化的核心和精髓。④

有学者持不同观点，认为大学校园文化有广义与狭义之分。广义的大学校园文化指在大学历史发展过程中由大学人创造并存在和发展于大学校园中的一种文化，是大学内部一切活动及活动方式的总和；狭义的大学校园文化是指大学精神，强调大学师生的科学素养和人文精神，表现为一种共同的价值观念、道德规范和行为准则。⑤ 大学之所以称为大学，不仅在于它是一种客观存在，更因为它是一种文化的存在，一种精神的存在，这是大学区别于其他社会组织的身份标志。概括起来，我们认为：大学校园文化是以大学为载体，是大学人在长期学术实践活动中日益积累的物质和精神成果的总和，具体分为物质文化、精神文化和制度文化三类，表现为共享的价值观念和行为准则，核心是大学精神文化。

有学者认为，搞好大学校园文化建设，首先要确立一个理念，即从"校园文化"走向"文化校园"。要走出狭隘的、表面化的校园文化建设的误区，变狭窄的"校园文化"为宽广的"文化校园"，而不再像过去那样把大学文化建设仅仅理解为课堂知识传授之外的一些校园文化活动。其次，要找准两个着力点，在继承和创新中构建大学文化。一是着

---

① 邱琳. 浅谈创建大学和谐校园文化 [J]. 学习月刊，2009 (10).

② 周文宣. 大学校园文化的基本内涵探析 [J]. 中国冶金教育，2010 (3).

③ 陈海娟. 关于大学校园文化建设的现状及对策思考 [J]. 价值工程，2010 (14).

④ 胡伯项，贾凌昌. 论大学校园文化的教育导向功能 [J]. 南昌大学学报（人文社会科学版），2010 (3).

⑤ 孟凡华. 试论大学校园文化建设 [J]. 南华大学学报，2010 (4).

力对"已然"状况的总结、凝炼、继承、弘扬，在理清大学的创建缘起和历史发展脉络的基础上，全面挖掘和总结已经形成的文化要素，加以凝炼，并予以继承和弘扬。二是着力对"应然"状态的思考、创造、灌注、培育，面向未来，不断培育新的精神要素，赋予其新的文化品格。第三，要把握四个维度，找准自身的文化定位。一是中国文化和教育传统的维度；二是近现代西方大学发展规律和治理理念的维度；三是中国共产党领导下的中国特色社会主义大学的文化使命和意识形态功能维度；四是大学自身的维度。①

**2. 大学校园文化的特征**

何谓特征？即一事物区别于其他事物的显著特点。作为社会主体文化系统的一个分支，大学校园文化除具有广义文化的一般特征外，又有着自身的个性特征。有学者认为，从大学校园文化的功能特征来看，大学校园文化是提高高校核心竞争力的重要体现，在塑造理想与道德情操、倡导科学与人文精神、磨炼师道示范与治学精神、培养团队与合作精神、孕育自立与创新精神等方面发挥着重要作用。② 从大学校园文化的性质来看，有学者指出大学校园文化特性主要体现在四个方面：①大学文化的主体是"人"；②大学文化发展的动力是内化与外化的统一；③大学文化具有历史性和继承性；④大学文化的意义和目的是"化人"。③ 大学校园文化是一种有别于其他文化形态的文化类别，其建设和发展的方式也有自身的特征。

**（二）大学校园文化功能研究**

大学校园文化是现代大学建设的重要内容，是贯彻和落实党的方针政策的重要载体，对提高办学质量和人才培养质量具有重要作用。教育部、共青团中央《关于加强和改进高等学校校园文化建设的意见》强调指出："高等学校校园文化是社会主义先进文化的重要组成部分。因此，加强校园文化建设，从战略和全局的高度思考校园文化，对于推进

---

① 张世文. 文化时代与大学建设的任务 [N]. 光明日报，2010 – 04 – 09.
② 李大伟. 试论新形势下大学文化与高校核心竞争力发展 [J]. 才智，2010（17）.
③ 韩延明. 如何强化大学文化的育人功能 [J]. 教育研究，2009（4）.

高等教育改革发展、加强和改进大学生思想政治教育、全面提高大学生综合素质,具有十分重要的意义。"在新形势下,加强大学校园文化建设,必须正确认识大学校园文化价值与功能的重要作用。

大学校园文化的功能,主要体现在它使置身其中的广大师生在生活、学习等各个方面都受到熏陶和感染,在引导他们形成符合时代要求的价值观、规范他们的思想行为等方面发挥着重要作用。

### 1. 大学校园文化的功能范畴界定

当前学术界对大学校园文化功能范畴的界定基本形成了共识,如有学者认为,大学校园文化的功能主要包括五个方面:一是导向功能,就是指大学校园文化对师生员工的价值观念、行为规范、生活方式和人格建构等方面所起的引导作用。二是凝聚功能,大学校园文化作为一种组织文化,本身就具有凝聚人心的内在功能。三是约束功能,大学师生置身校园,受到强烈文化气息熏陶的同时,他们的道德行为、思想品德必将受到校园文化的规范和制约。四是陶冶功能,大学校园文化在陶冶人格和灵魂方面具有独特的功能。五是创新功能,培养具有创新精神和创新能力的人才,是现代高等教育所追求的重要目标。而创新人才的产生,需要创新的校园文化氛围。大学校园文化在创新人才的培养中起着极为重要的作用。①

### 2. 大学校园文化的核心功能

在大学校园文化的诸多功能中,有些功能发挥着突出作用。有学者认为,育人功能是大学校园文化的本体功能,体现在四个方面:一是导向功能。大学校园文化决定着学生的发展方向,左右着学生的价值判断、思维方式和行为习惯,是每一个学生深层次的精神追求和严格要求的行为准则。二是激励功能。大学校园文化的激励功能,是指当一种价值观被师生员工共同认可之后,就会成为一种黏合剂,从各个方面将其成员聚集和团结起来,从而产生一种巨大的向心力、凝聚力和推动力。三是价值认同功能,大学校园文化时时刻刻都在影响着师生员工的治学理念、价值判断、思维方式和行为习惯。大学生是通过文化过程认知和

① 周文宣. 论大学校园文化的主要功能 [J]. 社科纵横, 2010 (3).

剖析社会现实，从而形成符合现实和社会发展需要的一定的价值观。四是情感陶冶功能。教育旨在激发人的力量，而大学内在的不可替代的教育力量，乃在于其文化影响。大学校园文化对学生的影响具有潜在性、深刻性和持久性。①

加强大学校园文化的育人功能，进一步发挥大学校园文化的积极作用，需要以大学生的思想政治教育、校园环境建设、良好的校园人际关系等方面为切入点，建立规范有序的长效机制，开展丰富多彩的文化活动。为此要把握规律，创造文化育人的有利条件和良好环境，充分发挥大学校园文化的育人功能，实现校园文化的可持续发展。有学者认为，校园文化培育的不只是莘莘学子，而是要满足整个社会对各方面建设人才的需求。因此，高等院校要着眼当今形势的发展变化和整个社会文明进步的步伐，按照"大文化"的格局进行宏观规划和精心设计，把突出校园文化特色与体现大学生的职责感、使命感紧密结合起来，把思想政治建设与院校文化建设工作紧密结合起来，发挥校园文化的多重性和复合性的功能。② 伴随着高校毕业生就业形势的研究，加强大学生的就业指导逐渐成为高等学校重要的任务之一。有学者从进一步全方位探索毕业生工作和校园文化建设结合的新思路，构建培养大学生高尚道德情操的校园文化建设模式，强化校园文化的就业指导功能作用的角度出发，认为校园文化反映了引导大学生形成符合时代要求的职业价值观的客观要求，并且强调校园文化不仅能够活化就业指导的内容和方法，扩大就业指导的影响，增强就业指导的实效，而且能够营造和谐的就业指导环境，创造有利于大学生成长的良好氛围。③

总之，大学校园文化的这些功能，相互联系，相互影响，明确了大学人的行为方向，提供着大学人活动的动力，调整和规范着大学人的行为，凝聚着大学文化建设的力量，辐射和带动着整个社会文化的发展和进步，在完成高校培养社会主义事业建设者和接班人的根本任

---

① 韩延明. 如何强化大学文化的育人功能 [J]. 教育研究, 2009 (4).
② 苏冰星. 浅析如何发挥大学校园文化的育人功能 [J]. 学校党建与思想教育, 2010 (35).
③ 祝治国. 大学校园文化的就业指导功能研究 [J]. 中国商界, 2009 (11).

务方面，起着不可替代的作用。

# 二、关于大学校园文化在大学生思想政治
## 教育中地位和作用的研究

### （一）大学校园文化是对大学生进行思想政治教育的有效载体

众多学者认为，当前高校思想政治教育正面临着由传统灌输转向隐形渗透的现实挑战，而大学校园文化自身具有辐射面广、渗透力强、延续性长等诸多特点，是当前实现高校思想政治教育的新载体之一，对于增强高校思想政治教育有效性具有重要意义。

传统的思想政治教育以理论教育、时事政策教育和革命传统教育为主要内容，以灌输教育和自我教育为主要形式和方法，这种教育模式对帮助大学生树立正确的世界观、人生观和价值观发挥了重要的作用。进入 21 世纪以来，随着社会主义经济体制的转型，人们的思想道德、价值观念更趋多元化，大学生的价值取向、理想信念也受到一定的影响，再加上网络技术的飞速发展带来了知识迅速更新，"你打我通、你说我做"的教育方式已经满足不了大学生成长成才的需要；由于学生的自主意识增强，主体性呼声日趋高涨，显性教育面临着理论脱离实际、学生参与意识弱化和务实心理增强等严峻挑战。有学者认为，把思想政治教育的内容渗透到各种生动活泼、形式多样的校园文化活动当中，能使学生在快乐中接受教育，在教育中体会快乐。[①] 思想政治教育参与校园文化建设，有利于形成由"实践"到"理论"，由"内化"到"外化"的转化，为思想政治教育提供实践的空间。[②] 优秀的校园文化对于大学生思想政治教育的环绕力深刻而持久，而思想政治教育则有利于达到学生思想上的认同，营造良好的文化氛围和精神环境，优化和提升校园文

---

① 王静. 校园文化建设与思想政治教育的融合 [J]. 学校党建与思想教育, 2009 (1).
② 张颖. 论校园文化建设与大学生思想政治教育 [J]. 柳州职业技术学院学报, 2009 (6).

化的品位。在思想政治教育过程中，二者相互强化、相得益彰。①

**（二）大学校园文化是增强大学生思想政治教育针对性和实效性的
重要途径**

思想政治教育的针对性和实效性问题一直是专家学者探讨的热点，
也是困扰大学生思想政治教育工作的难题。大学校园文化是增强高校思
想政治教育实效性的重要途径，主要表现在：

**1. 大学校园文化建设坚持"以人为本"的原则，增强了思想政治
教育的针对性**

大学校园文化的主要建设者和受惠者是在校大学生，校园文化的各
项活动都要围绕学生展开，这同高校思想政治教育"以受教育者为主"
的原则是相一致的。有学者认为，校园文化各项建设工作必然是以学生
的实际为依据，大到校规校纪、各级管理制度的设置和校园环境的设
计，小到学生宿舍、学生社团、校园文化活动的开展，都是围绕着学生
的年龄、认知程度、个性气质、兴趣爱好来进行的，从学生出发，为学
生服务，这不但增强了思想政治教育的针对性，避免了一锅端的现象，
而且有效地将课堂所接受到的思想政治教育理论与实践结合起来，增强
了思想政治教育的实践性，提升了思想政治教育的实效性。②

**2. 大学校园文化活动使思想政治教育有形化，增强了思想政治教
育的亲和力**

大学校园文化活动主要包括社团活动、社会实践、理论学习、文艺
活动等多项内容，通过组织各种生动活泼、大学生喜闻乐见的大学校园
文化活动，学生在参与活动的同时，能够放松心情，愉悦身心，促使思
想政治教育有形化。有学者认为，校园文化具有渗透性强、影响持久、
形象生动、直观易懂等特点，将思想政治教育与校园文化活动有机结
合，能活化思想政治教育的内容，使思想政治教育的形式更加生动活
泼，教育更具吸引力和影响力，更易为人们所接受。同时，校园文化可

---

①② 杨娜. 校园文化：高校思想政治教育创新的新手段 [J]. 思想政治教育研究，2009
（2）.

以覆盖到校园的每一个角落，影响到校园里的每一个人，从而使思想政治教育的影响范围进一步扩大，使其作用在学校最大范围内得到全面实现。① 还有学者提出，在大学校园文化活动中，大学生可以展示其全部感情和真实自我，自由地进行娱乐和消遣活动，在娱乐中陶冶性情，调剂生活，愉悦身心，缓解多方压力，促进身心的和谐，为心理健康教育提供平台。②

**3. 大学校园文化延伸了思想政治教育的空间，增强了思想政治教育的感染力**

有学者认为，相比较而言，作为第二课堂，校园文化总能联系学生思想实际开展活动，满足学生自我管理成才的需要。通过参与各种实践活动，使学生自觉地对社会中各种文化、思潮进行挑选，参与自我认同和社会协调的过程，达到认识、情感与意志发展一致性的目的，真正实现思想政治教育内化与外化的统一。③ 高校校园文化符合青年大学生的身心发展特点，体现了青年大学生的需要，它紧密联系时代，关注并积极回应社会；通过举办一系列丰富多彩的活动，可以广泛吸引大学生的兴趣和积极参与；此外，校园文化集中体现着全体成员的共同价值观念，它像一根无形的纽带，联结着全体成员，使个体有意无意地受到启发和感染，进而形成一种自觉、内在的驱动力，促使大学生去遵循校园文化的价值规范。因此，通过校园文化进行思想政治教育，不但紧密联系了学生的个性、心理特点，而且能够使学生在思想政治教育中，变被动接受为主动探索，是一个行之有效的途径。④

**（三）大学校园文化建设优化了大学生思想政治教育环境**

高校思想政治教育的实施，离不开具体的环境。研究表明，一个和

---

① 黄卫平. 浅论高校校园文化思想政治教育功能 [J]. 金卡工程（经济与法），2009（3）.

② 张勇. 校园亚文化对大学生思想政治教育的积极影响 [J]. 山西高等学校社会科学学报，2009（8）.

③ 杨娜. 校园文化：高校思想政治教育创新的新手段 [J]. 思想政治教育研究，2009（2）.

④ 金文斌. 高校校园文化与大学生思想政治教育关系探析 [J]. 教育与职业，2009（11）.

谐融洽、积极向上的教育环境，便于思想政治教育取得成效，相反，消极的环境易压抑人的情感，削弱学生的积极主动性，思想政治教育自然也不会取得好的效果。因此，良好的思想政治教育环境的建设，也是高校思想政治教育的重要环节之一。校园文化从宏观上看涉及各种物理因素、社会因素、历史因素等，是校园人、社会人、历史、环境共同作用的结果，从微观上看，它是以学校为依托，以学生为主体，以校风、学校精神为灵魂的第二课堂和生活社交圈，它通过对学校人文环境和自然环境的设置来营造思想政治教育所需要的氛围，实现宏观环境和微观环境的有机结合。① 和谐校园文化环境是指校园的各个组成部分在相互协调中达到一种相对稳定、发展、和谐、相互依存的状态，它包括教育者与受教育者之间的和谐、学校领导与教职员工之间的和谐、教师之间的和谐、学生之间的和谐等。良好的校园文化环境是促进大学生健康成长的催化剂。② 加强校园硬件建设是改善思想政治教育条件，提高思想政治教育水平的一个重要途径，而软性文化建设更能使学生经常处于一种良好的教育环境之中，因而校园文化建设更应重"软件"。③

### （四）大学校园文化建设丰富和充实了大学生思想政治教育的内容和形式

大学校园文化涵盖的范围十分广泛，部分学者认为，校园文化是在学校育人环境中，以学生为主体，以教师为主导，以促进学生成才和提高全体人员文化素质和审美情操为目标，由全体师生员工在教育、科研、管理、生产、生活、娱乐等各个领域的相互作用而共同创造出来的一切物质和精神的总和。④ 在校园文化的构成中，校园精神文化，如办学理念、学校精神、优良传统、思想观念、价值取向、精神风貌、道德

---

① 杨娜. 校园文化：高校思想政治教育创新的新手段 [J]. 思想政治教育研究，2009（2）.
② 白俊. 加强高校思想政治教育 构建和谐校园文化环境 [J]. 传承，2009（9）.
③ 杨义芹. 高校校园文化建设与大学生思想政治教育探析 [J]. 学校党建与思想教育，2009（4）.
④ 曹建荣，高岩，张宪涛. "80后"大学生思想政治教育与校园文化建设研究 [J]. 学理论，2009（2）.

水准、校风学风等都属于思想政治教育的范畴，由校园自然环境、规划格局、校园建筑、活动场所、绿化和文化传媒设施等构成的校园物质文化，无一不体现和渗透着思想政治教育的目的和要求。广大青年学生在优秀的校园文化氛围中，自觉不自觉地受其熏陶、影响和激励，并通过选择教育、自我教育，逐步升华和完善自身，这也是思想政治教育本身的目标和所要追求的教育效果。① 作为高校思想政治教育的重要载体，大学校园文化喜闻乐见的表现方式更容易吸引青年大学生参与进来，在大学生思想政治教育中起到隐形教育的作用。另外，大学校园文化也包含着思想政治教育的深刻内涵，以其特有的形式充实和发展了思想政治教育。有研究认为，大学校园文化要以思想政治教育为主导，突出主题，把德育、教育、体育、美育渗透到校园文化活动中，使大学生主动参与其中。要加强党团建设，利用五四青年节、国庆节、"一二·九运动"等重大节日开展主题教育活动，唱响爱国主义、集体主义、社会主义主旋律，把思想道德教育融入到大学生的日常学习生活中，从点滴做起，培养学生良好的道德情操，促进大学校园文化的传播。② 要精心设计和组织开展内容丰富、形式新颖、吸引力强的思想政治、学术科技、文娱体育等校园文化活动，把德育、智育、美育渗透到校园文化之中，使大学生在活动参与中思想感情得到熏陶，精神生活得到充实，道德境界得到升华。③

## （五）大学校园文化建设推动了大学生思想政治教育创新

伴随着科学技术的突飞猛进，经济全球化趋势加速发展，大学生思想政治教育也面临着诸多新问题、新情况。有学者认为，校园文化活动以丰富多彩、喜闻乐见、寓教于乐的方式，弥补了传统思想政治教育在方法上、形式上的不足，把思想政治教育的内容在无形中渗透到学生的

---

① 洪满春. 高校校园文化的内涵及其思想政治教育功能［J］. 咸宁学院学报，2010（2）.

② 陈蕊，马宁宁. 建设和谐校园文化，以思想政治教育和学生素质拓展为依托［J］. 科技资讯，2009（1）.

③ 杨斌. 试论新时期高校校园文化思想政治教育功能的优化［J］. 学校党建与思想教育，2009（12）.

思想中去，大大拓宽了思想政治教育的渠道，增强了思想政治教育的效果，提升了思想政治教育的水平，推动了思想政治教育的创新，符合时代的要求和思想政治教育的客观需要。①

有学者提出，校园文化以其开放性、适应性的特点与社会密切联系，社会上最新的思潮与时尚都会敏感地被校园文化所接受，对此，思想政治教育工作者不可能为保持所谓的思想政治教育工作的"神圣"和校园的"纯洁"而自我封闭，必须密切关注社会文化的"热点"和学生思想的"兴奋点"，更新观念，改进工作，增进加强思想政治教育工作的紧迫感，以增强政治理论教育的实效性，引领学生朝着正确的方向发展。②

## （六）大学校园文化建设促进了大学生综合素质全面提升

有学者指出，大学校园文化为大学生思想政治教育提供了新的教育内容和教育方式，它以我国优秀的传统文化、社会主义价值体系引导着学生全面成才；通过长期不断地施加影响，对大学生形成无形的强大的向心力、感召力和凝聚力；通过对精神、心灵、性格、能力的塑造，促进大学生社会化；通过开展集思想性、知识性、学术性、娱乐性和运动性于一体的活动，促进大学生个性心理的全面发展。③还有学者认为，校园文化有利于促进大学生形成健康的思想观念、正确的政治观点、符合党和社会要求的思想道德品质，④有利于引导大学生形成符合时代要求的价值观，有利于更好地规范大学生的思想行为，提升其道德水准，有利于陶冶大学生情操，培养大学生正确的审美观念和健康的心理素

---

① 谢明．浅谈职校校园文化建设与思想政治教育问题［J］．青年文学家，2009（11）.

② 张弘．论高校隐性思想政治教育——构建和谐校园文化［J］．湖北函授大学学报，2009（12）.

③ 余华俊．高校校园文化建设与思想政治教育互动关系探讨［J］．湖北函授大学学报，2009（3）.

④ 张颖．论校园文化建设与大学生思想政治教育［J］．柳州职业技术学院学报，2009（6）.

质。① 也有学者指出，校园文化作为特有的文化现象，既具有强烈的学术和专业特征，同时也具有一切文化载体所共有的特征，即表现形式上的多样性、对人的影响的全面性、行为方式的渗透性，它既能影响大学生的价值观、人生观、世界观，又能影响大学生的人文素养、科学精神、专业技能，还能影响大学生的思维方式、审美情趣和身心素质，在培养、提高大学生综合素质的过程中发挥着极为重要的作用。②

# 三、关于大学校园网络文化的研究

在网络化、信息化日益发达的新形势下，校园网络文化正在成为一种新型的校园文化，也越来越受到专家学者们的重点关注。综观相关文献，近年来国内学术界对"大学校园网络文化"的研究主要集中在以下几个方面。

## （一）对大学校园网络文化内涵进行解析

大学校园网络文化已发展成为一个备受关注的话题，但对于"什么是大学校园网络文化"，学者们的解释却不尽相同。有学者认为，高校校园网络文化是以高校师生为活动主体，以校园文化为依托，通过网络进行信息沟通的行为方式及其道德和规范的总和。③ 也有学者从行为学的视角，认为"高校校园网络文化是社会网络文化的一个内容，但又有别于社会网络文化，它是以校园数字化信息为基本形态，以校园为聚合点的地域性文化，其内涵包括网络精神文化、网络内容文化、网络行为文化和网络制度文化"。④ 这一概念强调，网络精神文化是校园网络文化的核心。还有学者则从物质、制度、精神等三个层面来界定大学校园

---

① 黄卫平. 浅论高校校园文化思想政治教育功能［J］. 金卡工程（经济与法），2009（3）.

② 杨光. 大学校园文化的思想政治教育作用研究［D］. 西安科技大学硕士学位论文，2009.

③ 王军. 和谐视野下高校校园网络文化的建设与管理［J］. 思想教育研究，2009（4）.

④ 周鸿铎. 发展中国特色网络文化［J］. 山东社会科学，2009（1）.

网络文化，认为"高校校园网络文化是校园文化的一种形式，也可分为物质、制度、精神等三个层面。物质方面，包括高校教育者与被教育者拥有使用权的计算机、网络、手机、数字电视等；制度方面，涵盖了管理规范网络传播和高校教育者与被教育者网络行为的规章制度、组织方式等；高校教育者与被教育者通过网络进行的工作、学习、交流、娱乐等活动，参与创建的网络媒体传播内容，与其在网络内容影响下形成的价值取向、思维方式、行为方式等，共同构成高校校园网络文化的内核，也就是精神层面"。[①]

## （二）对大学校园网络文化的特征进行描述

与其他文化形态相比，大学校园网络文化有着非常鲜明的个性特征。综合来看，学者们主要将大学校园网络文化的特征归结为以下三个方面：

一是形式多样，载体多变。大学校园网络文化是一个充满活力的开放系统，不仅校园内许多教学与管理行为是通过校园网络来实施，师生间的交流也往往通过校园网络来进行，学生学习和交往的方式发生了变化，他们可以灵活地使用图形、动画、影像等手段来理解和记忆学习内容，借助文字教材、音像教材、网页和多媒体光盘等载体进行学习；他们也可以通过 QQ、飞信、论坛、博客、收发 E-mail 等方式，参与校园内的文化活动和各种在线交流活动。

二是个性凸显，创造性强。高校校园网络文化"由于传播的技术性、交互性、开放性、共享性、多元性，它以层出不穷的各种新思维、新信息，来提升主体思维的创造性；创建中的互动、开放、平等，凸显了主体的个性化，形成主体高度自主的文化特征；网络中开放的信息传播、自由的社区聚合，使网民个性得到尽情发挥和他人认可，推动网络文化的创造性发展"。为此，我们需要"对网络使用实行科学管理和法规约束，弘扬我国优秀的传统文化，传递健康、向上的信息"[②]，使网

---

① 祝焱. 探析高校校园网络文化的涵义特征 [J]. 才智, 2010 (10).
② 向英明. 近年来关于网络文化的研究综述 [J]. 图书馆, 2004 (1).

络成为大学生健康的网上精神家园。

三是跨越性强，高度开放。学者认为，由于"高校网络文化的文化载体，如网络、手机等是流动性强、不再局限于高校校园的移动性数字化信息平台，具有特殊的语言符号形式、海量的信息存储和跨地域的共时性信息交换，文化主体的享受和创建行为也具有虚拟特性"，为此，它就具有了载体移动方便迅捷、信息来源高度开放、交流共时互动、传播跨越时空和身份界限等特性，教育者与被教育者的文化创造与信息交流范围打破了校园疆界、破除了地域鸿沟，高校范围内的信息也更为及时地形成社会影响，同时，社会上的热点问题和焦点信息也能第一时间在校园内引起关注。①

### （三）对校园网络文化与传统校园文化的关系进行论证

校园网络文化与传统校园文化之间既有区别，又有联系。学者们大致是从三个方面对两者的关系进行了阐述。

第一，大学校园网络文化是传统校园文化的虚拟化。有学者认为，交往的虚拟性是校园网络文化的鲜明特征，这种主体参与方式的改变，使大学生真正成为校园文化的主体。同时，校园网络空间内的个体，又仅仅是一个虚拟的角色符号，大家可以平等地交流，这就克服了现实中的同学、同乡等种种交往小圈子的限制。网络的虚拟性，"为人际交往提供了安全屏障，使校园文化的构建呈现出开放、平等的特点"②。虚拟中的交往是平等的，大家可畅所欲言，互动性和民主气氛都很强，具有极大吸引力，"这与学生对传统的基于'教师—学生—干部'之类等级和角色分工的活动普遍缺乏热情形成了鲜明对比"③。

第二，大学校园网络文化是传统校园文化的延伸。有学者认为，网络文化冲击着的大学传统校园文化，一方面表现为"网络文化意识的创新、开放、民主，打破了以教师为中心、以课堂为中心的传统教育方

---

① 唐亚阳，梁媛. 高校网络文化的特征与功能［N］. 光明日报，2007 – 08 – 10.
② 董清爽，马秀峰，周伟. 高校校园网络文化定位与建设探究［J］. 信息技术，2010（3）.
③ 网络化对校园文化的影响. http://www.bjyouth.gov.cn/qnxx/12522.shtml.

式，取而代之的是学生主体位置的加强、教学要注重实践的现代教育方式"①，从而给学生足够的空间去更多参与校园管理工作、了解校外信息、发挥创造力，给人自由发言、平等交流的机会。另一方面表现为"网络文化特点及其影响对青年大学生的道德规范、品德发展和道德教育等方面表现出正与负效应兼具的双面性，有的负效应还相当大"②，有时甚至会破坏思想政治教育工作的成效。

第三，大学校园网络文化是传统校园文化的发展。有学者强调，一方面，校园网络更好地将学校的行政管理、教学管理、科研管理、信息管理、后勤管理等连接起来，使得这些部门之间的沟通更加及时、方便，学校行政管理人员与教师、教师与学生之间的工作协调性更好，提高了工作效率。特别是"数据库的使用，使得管理者拥有更详细、准确的教师与学生的信息，学校管理人员和教师不再是校园的支配者、控制者，而是担当着服务者的角色"。此外，网络技术及应用的快速发展"使高校师生的思维方式、价值观念、行为方式和认知模式都发生了巨大的改变"，大家对校园事件及综合管理的认识也"由一维向多维、平面向立体、线性向非线性"③ 发生着转变。

### （四）对加强大学校园网络文化建设的重要意义进行阐述

当前，网络不仅仅是载体和工具，甚至已成为大学生学习、生活的"第三课堂"。能否积极利用和有效管理互联网，能否真正使互联网成为传播社会主义先进文化的新途径、公共文化服务的新平台、学生健康精神文化生活的新空间，关系到高等教育事业的长远发展。从相关文献来看，学界大多认为：

首先，加强大学校园网络文化建设，是"占领宣传思想文化主动权的客观需要"④。有学者指出，互联网是一个强大的信息传播平台。"互

---

① 网络文化的十大悖论. http://www.southcn.com/nfsq/ww/wwyj/wj/200405290488.htm.
② 曾黎明. 网络文化对大学校园传统文化的冲击及对策［J］. 中国高教研究，2004 (12).
③ 向英明. 近年来关于网络文化的研究综述［J］. 图书馆，2004 (1).
④ 熊绍辉，张继良. 牢牢掌握网络条件下宣传思想工作的主动权［J］. 江西社会科学，2000 (11).

联网这种强大的群际传播和社会动员功能，客观上必然成为各种杂乱观点、各种社会思潮、各种利益诉求汇聚的平台。"特别是在经济全球化、社会信息化的条件下，许多国际政治问题、国内社会矛盾问题、思想理论热点问题，通过互联网的催化和放大，很容易使一些局部性问题扩大为全局性问题，使一般性问题演变为政治性问题，使个人的偏激言论扩散为非理性的社会情绪，直接影响社会和校园的和谐稳定。实践证明，面对庞大的网络空间，先进的思想文化不去占领，正面的舆论不去引导，各种错误的思想观点和腐朽落后的东西就会乘虚而入，滋生蔓延。看似虚拟的网络空间管理不好，就会带来严重的社会问题。个别教师和学生通过互联网散发的噪声杂音和不满情绪，如果管理不及时、引导不到位，就会给学校的日常管理、生活秩序和信息安全带来不良影响。[①]

其次，加强大学校园网络文化建设，是促进大学生身心健康发展的迫切需要。时下绝大多数青年学生都喜欢浏览网页信息，享受网络文化带来的精神愉悦。网络文化在满足学生精神文化需求的同时，由于技术和管理等多方面因素，网上有害信息、腐朽文化难以得到及时有效控制；网络色情、暴力、赌博、欺诈等问题屡禁不止，严重侵蚀大学生的心灵，影响他们的身心健康；特别是依法打击网络淫秽色情和暴力内容网站的长效机制尚待建立和完善。如果不进一步加强对大学生科学、健康、文明上网习惯的培养，对网络不良信息控制不力，就容易导致一些大学生在虚拟世界中迷失自我、诚信缺失、责任弱化、道德滑坡。

再次，加强大学校园网络文化建设，是进一步创新育人模式的现实趋势。有学者认为，百年大计、教育为本，教育的宗旨就是要培养中国特色社会主义事业的合格建设者和可靠接班人。当前，增强育人效果，既要发挥思想政治工作传统渠道的保障作用，也要发挥新形势下校园网络文化得天独厚的优势。校园网络覆盖面广、吸引力强，潜移默化地影响着学生综合素质的养成。网络技术始终处于不断进步的状态，作为网

---

① 董清爽，马秀峰，周伟. 高校校园网络文化定位与建设探究 [J]. 信息技术，2010 (3).

络技术人才摇篮的高校，也应该及时跟踪技术发展动态，在学科建设、专业科目、科创活动等方面做出相应调整。校园网既是青少年学生学习知识、获取信息的重要渠道，又是表达思想、交流感情的重要场所，更是熏陶心灵、转化行为的重要载体。随着开心网、校内网、占座网、土豆网等 SNS 模式网站的逐步崛起，网络已从 web1.0 时代过渡到了 web2.0 时代，甚至有专家说已经进入了 web3.0 时代，在这种环境下，我们一定要从育人的高度，探索创新育人的有效途径，"大力加强校园网络文化建设和管理，努力营造文明健康、积极向上的校园网络文化氛围，让校园网成为校园文化服务的新平台、成为立德树人教育的新空间"①。

### （五）对大学校园网络文化的建设路径和举措进行探索

基于建设健康和谐网络文化的现实需要，学界和高等教育管理者都加大了探索的步伐。总体看来，大家的焦点主要都集中在"夯实网站阵地建设、把握网络舆情规律、凝炼网络文化产品、加强网络教育管理"等方面。

第一，以体制机制为抓手，形成网络文化建设与管理的新格局。高校网络文化建设和管理的内涵广、涉及部门多，要切实改进高校网络文化建设和管理工作，首先需要从宏观上思考，构架科学的领导体制及工作机制。有专家认为，应及时成立"网络文化建设与管理工作领导小组"②，明确由校领导直接分管，校内网络文化建设与管理工作的相关部门，如党办、校办、宣传部、学生处、团委、网络信息中心、保卫处以及其他相关学院单位等，都要纳入到小组成员单位中，对经费、资源、人员等进行全方位的支撑保障。有专家认为，应尽快"落实专职部门建制"③，可称为"网络舆情工作办公室""网络宣传与管理工作办公室""网络文化建设办公室"等；至少应保证 2—4 个编制，具体职数

---

① 李卫红. 深入贯彻党的十七大精神　不断开创高校校园网络文化建设和管理工作新局面 [J]. 思想理论教育导刊，2008（1）.

② http://www.sz-window.com/sznews/showzcfg.aspx? strcomid=7&strid=1330.

③ http://www.sjtu.edu.cn/newsnet/shownews.php? id=20821.

可视工作需要而定。有专家认为，应"进一步做好分工，注重联动"①。从职能分工看，党校办应负责涉及学校管理的意见和建议的回应及督办，宣传部应负责宣传口径的制定和部分主题网站的建设，网络信息中心应负责技术支撑，保卫处应负责与文保、公安系统的联络，学生工作系统应负责部分主题网站建设及学生的网下教育处理。相关单位要定期召开碰头会，沟通信息，研讨问题。还有专家认为，要根据"疏堵结合，以疏为主"的原则，建立 BBS 舆情管理及长效引导机制，做到线上线下结合，及时有效地管理 BBS 信息，适时开展网络思想政治教育。②

第二，以网络文化建设为中心，凝炼塑造知名的网络文化产品。网络不是现实世界的简单复制，有其独特的发展规律。网络文化的内涵十分丰富，如何提供优质的文化产品、打造传播先进文化的品牌产品，是高校网络文化建设与管理工作的中心。宏观上看，有专家指出，各高校应在现有经验的基础上，围绕学校发展战略和中心工作，围绕师生特点和需要，进一步凝炼内涵，尝试创建不同的网络文化产品，"塑造若干个符合各校实际的网络文化品牌"③；有专家则认为，要从面上推动高校加强网络文化建设规划，努力形成"以红色网站为旗帜，以校园门户网站为主体，以学术、新闻、服务类网站为补充的校园网络文化阵地的分层次格局"。微观上看，不少专家相继提出，应经常性地"开展校园网络文化建设和管理的调研"，大力推广把现实学生集体建到网上，逐步形成"e-class""e-研究院""e-教授讲堂""e-辅导员"等"e"系列产品；集中发展学生喜闻乐见的网络文化产品，积极扶持高校"建立辅导员实名'思政博客'"④，鼓励优秀大学生建立博客，促进广大大学生与身边先进人物的交流。

第三，以网络舆情研判为基础，科学创建有效的网络舆情分析机

---

① http://www.jnrp.cn/xuanchuan/NewsDetail.asp?id=107&cid=3.
② 教育部思想政治工作司，教育部高等学校社会科学发展研究中心. 大学生思想政治教育"十个如何"研究［M］. 北京：高等教育出版社，2007：206.
③ http://wenku.baidu.com/view/839c214733687e21af45a9d1.html.
④ http://www.sjtu.edu.cn/news/shownews.php?id=25309.

制。高校网络舆情是在开放的互联网环境中产生的，对有害信息的及时发现，是有效处理有害信息，减少对大学生负面影响的关键。在这个问题上，绝大多数专家认为，首先要"加强网络思想政治工作队伍建设"①，即学校管理队伍（包括学校层面的管理队伍和各级网站的管理队伍）、学生自主管理队伍（包括 BBS 站务组、网管部和部分网站的学生参与者）、教育引导队伍（包括网络志愿者、网络辅导员和网络名家大师）等。有不少专家还就舆论引导的问题进行了深入的分析和研究，提出"要加强网上网下的互动，积极开展网上的正面引导"②，要通过网下的思想政治教育促进网络文化的建设，将网上折射出的现实问题予以适当的回应和引导；积极引导学生网上非正式群体，鼓励学习型群体的发展，为兴趣型群体的发展提供空间，关注消极群体的动向，在网络上提倡讲究道德、遵纪守法的社会责任。有专家认为，要尊重传播学的规律，建设好网上评论员的队伍，适时、及时地加强网上学生热点问题的疏导和引导。③ 还有专家从技术的层面提出，"要尝试建设高水平的校内信息平台"④，除 BBS、即时通讯、博客外，其他一些重要资源的服务平台，也需要通过网络用户之间、网络用户与平台之间的交互方式来建设。

　　第四，以网络规范化建设为根本，完善提升网络文化建设与管理工作的规范及水平。网络的规范化建设是大势所趋，也是各高校网络文化建设与管理工作一直努力的方向。专家学者关于网络规范化建设的观点主要包括：首先，进一步加强网络阵地的规范化建设。在网站建设规范、常用程序备案、后台数据库管理等方面下功夫，不断提升校园网站的服务功能，加强校园网站的内容建设；充分发挥学生党员和学生干部在网络阵地宣传中的正面榜样作用，继续坚持"积极利用、大力发展、科学管理"的原则，通过开展丰富多彩的主题活动，建设有广泛影响力

① 徐建军，张朝晖.加强网络思想政治工作队伍建设［J］.求是，2005（4）.
② http://www.bjdj.gov.cn/Article/ShowArticle.asp? ArticleID=26975.
③ 教育部思想政治工作司，教育部高等学校社会科学发展研究中心.大学生思想政治教育"十个如何"研究［M］.北京：高等教育出版社，2007：207.
④ http://www.aisixiang.com/data/7791.html.

的网上思想文化传播平台。其次，"要加快制定网络言行规范"①。从网络主体意识入手加强网络行为规范，形成网站制度约束、网民自律、社会监督、网下教育相结合的规范机制；制定出合理的网络宣传规则，进一步在网上网下倡导文明上网、文明办网，加强信息安全管理，净化网络环境，保障校园网络安全。再次，"要制定网络信息安全制度，切实保障校园网络安全"②。学者们建议就校园网的建设、BBS 的管理、网络舆情的分析等问题，从网络安全、信息发布、信息检查、日志备份、舆情研判、报告处理、IP 管理等方面，继续巩固校园网 BBS 用户实名注册制，制定校内上网场所的管理规定；完善校园网络突发事件应急预案，加强工作的督导检查，为网络舆情的稳定提供可靠的制度保障。

# 四、关于社会思潮对校园文化建设影响的研究

近年来，社会思潮对校园文化建设的影响逐步引起学界的关注。这一方面是由于进入 21 世纪以来，各种社会思潮相对活跃，大学作为社会思潮产生和传播的重要场所，必然会受到影响。另一方面，中央明确提出建设社会主义核心价值体系，用马克思主义引领社会思潮，在校园文化建设中，如何引领社会思潮也成为一个重要的问题。

## （一）近年来对大学生影响较大的主要社会思潮

有学者将社会思潮分为积极的和消极的两类。积极的思潮主要有集体主义、社会主义、生态主义等，消极的思潮主要有愚昧迷信和伪科学思潮、新自由主义思潮、历史虚无主义思潮、民主社会主义思潮、殖民文化思潮、拜金主义思潮、极端个人主义思潮、享乐主义思潮等③。

有学者认为近年来对大学生思想影响比较大的思潮主要是民主社会

---

① http://xcb.cdu.edu.cn/display.php? id=4493.

② http://www.xhms.com/Article/ShowArticle.asp? ArticleID=1947.

③ 陆岩，成方哲. 刍议当代社会思潮与校园文化的相互影响 [J]. 思想政治教育研究，2006 (1).

主义思潮、新自由主义思潮、历史虚无主义思潮、大陆新儒学思潮。民主社会主义思潮干扰了一些师生形成科学社会主义价值观，特别是对一些青年教师和学生的政治价值观念产生了迷惑效应；以极端个人主义为表现的新自由主义思潮，贬低和否定集体主义，这与我国坚持公有制的主导地位，提倡集体主义的社会主义制度是背道而驰的，这种思潮严重侵蚀了部分高校青年师生的思想意识；公共知识分子思潮在高校青年学生中产生了一定影响，许多青年学生以获取和认同这种思想观点为时尚；历史虚无主义主要是否定中国人民的革命运动、中国共产党的领导、马克思主义的指导、社会主义制度和人民民主专政，同时美化和歌颂帝国主义与封建主义，在高校中具有相当市场；大陆新儒学尽管在当今社会的影响不是那么广泛，但对于它的严重危害，我们也应引起高度重视。另外，拜金主义、享乐主义和极端个人主义在高校中也有着极其广泛的市场。①

另有学者认为，全球化思潮、消费主义思潮和后现代主义思潮是对大学生影响最大的思潮。他们认为："经济全球化思潮弱化了大学生的国家意识，削弱了他们的爱国主义热情，同时对传统的国家主权观、安全观也产生了前所未有的冲击，不知不觉中大学生的主权意识、国防安全意识会消失殆尽。消费主义思潮对大学生的思想道德产生了重大的影响：一是导致了大学生在消费模式和生活方式上的攀比、竞争和模仿，二是阻碍了大学生健康人格的形成，三是引发青年大学生走向犯罪。后现代主义思潮对社会价值多元化的诉求和对个体情感体验的强化使大学生放弃了对社会、对他人的责任，放弃了道德原则、真诚原则，奉行极端个人主义、实用利己主义的人生哲学，由此引发大学生价值观失衡、理想失落、政治意识淡化、政治信仰缺乏、政治观念模糊等严重不良后果。"② 同时，其他社会思潮，诸如西方新自由主义思潮、拜金主义思潮、享乐主义思潮、个人主义思潮、功利主义思潮等，对大学生思想上也造成了许多不良影响。

---

① 李超. 社会思潮对大学生的影响及其对策 [J]. 商情，2009（25）.

② 戴钢书，傅菊梅. 当代社会思潮对高校师生影响的研究现状与思考 [J]. 福建论坛（社科教育版），2009（6）.

有学者将改革开放以来对大学生产生较大影响的社会思潮概括为"激进—保守—多元"这样一个特征。他认为，20 世纪 70 年代末至 80 年代的社会思潮具有明显的激进主义色彩。他列举了 80 年代出现在校园中的"潘晓之人生的路为什么越走越窄讨论""伤痕文学""萨特热""弗洛伊德现象""詹姆斯的实用主义""尼采现象""第三次浪潮""大趋势"等现象，指出这些现象所表现出来的存在主义、未来主义、非理性主义等各种社会思潮，大大丰富了大学生的思想，但由于强烈的社会参与感、变革中国落后现实的紧迫感、改革进程中出现的种种失误以及西方资本主义社会思潮等多种因素的整合，最终导致大学生在理想与现实的尖锐冲突中，逐渐向非理性方向发展。他将这种非理性的倾向在大学校园文化中的表现概括为：关注人性解放，关注政治问题，以及其中明显的西化和反叛倾向。90 年代的社会思潮是保守的，而此时的大学校园文化则是理性的回归。他认为，1989 年政治风波的平息、东欧剧变、苏联解体使激进主义退潮。对激进主义的深入反思，对秩序和稳定的渴望，导致国人处世态度上的保守倾向和哲学上的中庸之道复归。这一时期的校园文化也明显受到了保守主义思潮的影响，文化保守主义推崇的"新儒学"、新保守主义的反"西化"和肯定传统文化的理念以及自由保守主义的既告别"左"又告别"右"的原则，都潜移默化地推动着校园文化放弃"激进"而回归理性。这种回归既具有现实的积极意义，在 90 年代后期更表现为民族主义和爱国主义的高涨，同时也使实用主义充斥了校园文化。21 世纪初的社会思潮呈现出多元化的格局。这种多元化使校园文化打破了传统校园文化独占鳌头的单一局面，形成了多元文化并存与冲突的局面。这种冲突可以看作传统文化与现代文化的冲突，网络文化与本土文化的冲突，大众文化与精英文化的冲突，以及多元文化与和谐文化的冲突。①

也有学者将改革开放以来的社会思潮概括为一条主线，即以人生探索为主线；两个方向，即围绕着对主观世界（自我）和客观世界（社

① 贾敬远. 激进 保守 多元——改革开放以来社会思潮与大学校园文化的互动轨迹 [J]. 思想政治教育研究，2008（2）.

会）的探索与认识两个方向展开；三个内容，即西方思潮（涉及哲学、经济、政治、生活方式等）、爱国主义思潮、全球化（现代化）思潮；六个阶段，分别是反思、追寻、喧哗、回归、爱国和全球化。按照这样的线索，对改革开放以来流行于大学校园中的社会思潮描绘了一幅全景式的画卷。虽然它在对社会思潮的分析和批判上略显不足，但是所提供的社会思潮的发展线索还是比较清晰和生动的。

## （二）社会思潮在大学校园传播的原因及影响

有学者从大学生的思想特点分析了社会思潮在大学生中传播的原因。某种意义上可以说，没有大学生，就没有社会思潮。这是由青年大学生自身的特点决定的。大学生对社会现实的批判性特点，决定了社会思潮的形成与发展必须依靠青年学生的力量。大学生接受社会信息具有的敏感性与偏激性、强烈的求知性与好奇性、独立性和批判性、影响性和可变性等特点，也决定了他们接受社会思潮的必然。校园文化的开放性、反抗性与乌托邦的特征为社会思潮在大学生中间的传播提供了理性容器。① 还有学者认为，大学生在思考问题的时候，追求理性思维，注重实践检验，一切理性结论都要经过亲身体验才愿意接受。他们追求在物质和思想层面的结合上解决问题，善于微观体验，不善于宏观把握；善于横向比较，不善于纵向比较；善于局部性观察，不善于全局性观察。而社会思潮在传播的过程中，首先把现实利益作为大学生关注的切入点，更注重争夺大学生话语权并影响现实，社会思潮立体化、平民化的传播使大学生极易接受，社会思潮的样体基础逐渐从教师精英向大学生扩展。②

有学者指出，社会思潮的主体是社会各阶层的成员，但青年作为社会的"晴雨表"，是最开放最活跃最少保守思想的群体，是各种社会思潮积极的参与者、追随者、传播者和实践者。从青年身上能够较准确、

---

① 雍自成. 社会思潮与大学生之关系探析 [J]. 山东省青年管理干部学院学报，2000（3）.

② 李辽宁，闻燕华. 社会思潮与大学生思想政治教育研究 [N]. 教育科学文摘，2009（4）.

较全面地观照出整个社会的思想潮流走向。在社会思潮的演进过程中，青年既有主动的承担又有被动的接受。由于青年正处于世界观形成阶段，可塑性很强，加上情感、意志、自我意识发展的不平衡，极易受社会思潮影响，不管是先进的还是落后的社会思潮，总能在青年中最先赢得市场。社会经验的缺乏，政治上的不够成熟，使青年容易被社会思潮所左右。从这些描述中我们可以发现，青年思想的活跃首先来自于他们对社会现实的不满，他们急于找到解决这些社会问题的钥匙。这样，原来所受的教育被他们怀疑，那些针对这些社会问题而出现的社会思潮就会被他们追捧，引起他们的共鸣，并转化为他们改造社会的冲动。这样，时代背景、社会思潮和青年的苦闷与追求三者之间的互动，就成为理解社会思潮在青年中传播的基本线索。

一些学者则从大学校园的特点分析了社会思潮传播的原因。有学者指出，大学校园是各种社会思潮相互碰撞与激荡的主要场所，是各种社会思潮争夺的阵地。大学生虽然比较容易接受新鲜事物，但还缺乏马克思主义的理论准备，不善于把旧中国和新中国加以比较，对只有社会主义能够救中国和发展中国的道理缺乏切身体验。因此，当错误思潮猛烈袭来时，青年学生可能难以分辨其实质内涵，容易将错误思潮当成新的思想观念来接受。以美国为首的西方国家，在提出"和平演变"战略的时候，正是把希望寄托在青年一代身上。①

在社会思潮对青年学生和大学校园文化的影响上，多数研究者比较关注社会思潮，特别是错误思潮对青年学生的思想产生的消极影响。同时，也有不少学者肯定了社会思潮的积极影响。

有学者认为，当代社会思潮对大学生产生的积极影响主要体现在开阔了学生的眼界，活跃了思维；促进了大学生的理性思考，使学生更加关注现实；唤醒了学生的民族意识，增强了爱国心；帮助学生树立了现代理念，增进了现代意识。从消极的方面看，社会思潮的传播使青年学生的理想信念淡漠，价值取向功利化，消费主义倾向呈现，民族意识狭隘。当然，并非所有的社会思潮都会产生所有这些影响。社会思潮到底

---

① 侯爽. 论社会思潮与高校思想政治教育［J］. 思想教育研究，2009（11）.

会产生什么样的影响，还是要根据思潮的具体内容来判断。也有学者认为，社会思潮一方面唤起了青年学生的思想觉醒，同时也促使青年学生价值观转变，强化了青年学生的逆反心理，引起青年学生人生观、价值观的震荡，造成青年学生社会化的困境。①

有学者认为，即使是多样化社会思潮，在一定条件下也可能促进学生创造力的培养，大学生可以在各种思潮的比较中理解和接受马克思主义，提高思想上的理解力和鉴别能力。如果学生从来就没有接触过各种非马克思主义甚至反马克思主义的社会思潮，他们对马克思主义的认识往往是肤浅的、不坚定的。只有将马克思主义与非马克思主义甚至反马克思主义的思潮进行对比和分析之后，他们对马克思主义的认识才能更加深刻，立场也才能更加坚定。但是要达到这样的效果，前提就是要同时进行马克思主义基本理论的教育。②

也有学者指出，新自由主义思潮否定了公有制，否定了社会主义，否定了国家干预，并极力鼓吹以超级大国为主导的全球经济、政治、文化一体化，即全球资本主义化、西方化和美国化，这种思潮严重妨碍大学生树立正确的建设社会主义国家的观念和理想。消费对于大学生发展而言，不仅仅是单纯地满足吃、穿、用等基本的生活需要，更包含了他们在消费活动中进行的学习和道德塑造。消费主义倾向影响到了大学生正确的世界观、人生观和价值观的树立，使青少年形成爱慕虚荣的人格特征。功利主义思潮使大学生追求理想、渴望知识的目的性变得不再单纯，处处以个人主义、利己主义为中心。③ 经济全球化思潮弱化了大学生的国家意识，削弱了他们的爱国主义热情，同时对传统的国家主权观、安全观也产生了前所未有的冲击；消费主义思潮导致了大学生在消费模式和生活方式上的攀比、竞争和模仿，阻碍了大学生健康人格的形成，引发青年大学生走向犯罪；后现代主义思潮对社会价值多元化的诉

---

① 魏红霞. 当代社会思潮的新特点及其对大学生的影响 [J]. 思想政治教育研究, 2009
(4).

② 李辽宁, 闻燕华. 社会思潮与大学生思想政治教育研究 [N]. 教育科学文摘, 2009
(4).

③ 魏一. 社会思潮对当代大学生的不良影响及对策 [J]. 重庆科技学院学报（社会科学
版）, 2009 (8).

求和对个体情感体验的强化，使大学生放弃了对社会、对他人的责任，放弃了道德原则、真诚原则，奉行极端个人主义、实用利己主义的人生哲学，由此引发大学生价值观失衡、理想失落、政治意识淡化、政治信仰缺乏、政治观念模糊等严重不良后果。① 非理性主义伴随着反对理性主义工具化、机械化、实证化的弊端应运而生。它把情感、意志、欲望作为社会发展的决定力量，强调人的自由、个性解放，肯定人的本能；同时，其过于浪漫化的观点，如萨特的存在主义、叔本华的消极悲观理论、尼采的唯意志论等，又使涉世未深的高校学子陷入非理性主义的泥潭。②

### （三） 正确应对社会思潮，积极推进大学校园文化建设

研究社会思潮对大学生的影响是为了有效地应对社会思潮。很多学者着眼于社会主义核心价值体系建设，把社会主义核心价值体系建设与引领社会思潮和建设大学校园文化结合起来，对如何应对社会思潮、加强大学校园文化建设提出了建议。

有学者对改革开放以来高校引领社会思潮的基本经验作了总结，提出要坚持把引领多样化社会思潮作为高校在意识形态领域的重要责任，坚持把马克思主义作为高校引领多样化社会思潮的指导思想，坚持把与时俱进作为高校引领多样化社会思潮的基本策略，坚持把"尊重差异、包容多样"作为高校引领多样化社会思潮的重要原则，坚持把全员参与、全方位育人作为高校引领多样化社会思潮的有效途径。③

有的学者提出，用社会主义核心价值体系来掌控文化话语权，在校园文化氛围中形成社会主义核心价值体系的舆论强势，统领高校校园文化，对于坚持社会主义的办学方向，具有极其重要的意义。在校园文化建设中，了解师生对各种社会思潮的态度和观点，科学区分正确思潮与

---

① 戴钢书，傅菊梅. 当代社会思潮对高校师生影响的研究现状与思考 [J]. 福建论坛（社科教育版），2009 (6).
② 刘聪，刘宏鑫. 非理性主义思潮对高等教育的影响 [J]. 沈阳师范大学学报（社会科学版），2007 (3).
③ 邓卓明. 高校引领社会思潮的基本经验 [N]. 光明日报，2009 – 12 – 17.

错误思潮，认真分析各类社会思潮的性质、源头、现实影响、形成根源，采取有针对性的措施，加强对校园文化中各种社会思潮的有效疏导，有助于从价值观的层次消除隔阂，提高师生对社会思潮的预判能力和引领社会思潮的鉴别能力。①

有学者提出，正确引领社会思潮，应该积极推进高校马克思主义的大众化，营造良好舆论环境；把理想信念教育作为高校学生思想政治教育的核心内容；充分重视运用信息网络对青年大学生进行教育。青年的成长过程离不开现实世界的一切社会关系，因而在加强大学生思想政治教育过程中，一方面要重视青年思想政治教育理论的学习，不断加强青年的自身修养；另一方面必须注重外部社会环境的建设，为青年的自身发展创造一个良好的社会环境。②

有学者认为，要充分发挥校园文化对大学生价值观念的导向功能，让学生在潜移默化中把它内化为自觉的价值追求，帮助大学生抵制拜金主义、享乐主义、历史虚无主义等错误思潮的侵蚀，这有助于引导大学生形成正确的世界观、人生观和价值观。充分发挥校园文化对大学生行为目标的导向功能，教育者尤其是辅导员和两课教师发挥重要作用，帮助学生系统学习马克思主义理论，培育学生坚持用辩证的观点和方法看问题，帮助学生全面理解并认同社会主义核心价值体系，使大学生能在各种社会思潮的冲击中站稳脚跟，不至于迷失人生的方向。充分发挥校园文化对大学生人格建构的导向功能，积极开展健康文明的校园文化活动，唤起学生的竞争意识，让学生的创造才能得到发挥，通过校园制度建设加强学生的制度规范意识，通过各种社会实践活动唤起学生的社会责任意识，引导学生进行合理消费。③

有学者提出，要用社会主义核心价值体系引导大学生思想政治教育，运用马克思主义的立场、观点和方法引导大学生辩证学习当代社会思潮，对能够促进马克思主义丰富和发展的社会思潮积极吸纳；对敌对

①　李有玉. 以社会主义核心价值体系引领高校校园文化建设 [J]. 当代世界与社会主义, 2009 (4).
②　侯爽. 论社会思潮与高校思想政治教育 [J]. 思想政治教育, 2009 (11).
③　刘华. 浅议多元社会思潮下高校校园文化的导向功能 [J]. 商情, 2009 (28).

的社会思潮，要给学生讲清楚其来龙去脉及其反动本质，引导学生真正
认识和体会到马克思主义理论的科学性和革命性，从而坚定对马克思主
义的信仰和社会主义的信念。要以促进人的自由全面发展的价值取向矫
正功利主义倾向，通过思想政治教育工作者的正确引导，让大学生懂得
人生价值并不只是为了占有物质财富，而在于奉献社会，为人类的自由
全面发展谋福利；通过开展素质教育，使学生树立正确的世界观、人生
观和价值观；通过举办丰富多彩的校园文化活动以及报刊、社团和广播
台的健康宣传，为大学生创造一个思想自由、心情舒畅、宽松和谐、积
极向上的校园文化环境，丰富其精神生活。要弘扬节俭美德，倡导适度
消费，引导大学生树立科学消费观。以全球视野的战略眼光引导大学生
理性审视民族利益，既要继承和发扬爱国主义优良传统，又要具有全球
视野和世界眼光，为民族的发展、国际关系的和谐做出应有贡献。①

有学者提出，加强高校思想文化建设、引领校园社会思潮，必须坚
持马克思主义在意识形态领域的领导地位，充分发挥思想政治理论课的
主渠道、主阵地作用，坚持中国共产党的领导，坚定不移地走中国特色
社会主义道路，理论联系实际，提高思想政治教育的针对性和实效性，
同时尊重校园文化的多样性和差异性，坚持统领，包容多样，形成和
谐、繁荣和先进的大学校园文化氛围。②

有学者提出，针对不良思潮对大学生的不良影响，首先应该认识到
文化平等和承认文化具有多样性。其次，要弘扬民族精神，构筑创新型
主流文化思潮。还要引导大学生加强历史文化学习，利用媒体进行正确
导向。③ 还有学者提出，要用马列主义和中国特色社会主义理论体系武
装大学生的头脑，把理想信念教育作为学习践行社会主义核心价值体系
的重中之重，用社会主义发展的现实成果来加强对大学生的教育。④

---

① 魏红霞. 当代社会思潮的新特点及其对大学生的影响 [J]. 思想政治教育研究, 2009 (4).

② 陈岩. 社会主义核心价值体系之于校园文化建设的价值分析 [J]. 学校党建与思想教育, 2008 (8).

③ 魏一. 社会思潮对当代大学生的不良影响及对策 [J]. 重庆科技学院学报 (社会科学版), 2009 (8).

④ 李超. 社会思潮对大学生的影响及其对策 [J]. 商情, 2009 (25).

还有学者提出，大学校园文化建设，一要建立研究机构，进行理论探讨；二要建立和完善校长选拔机制；三要构建大学校园文化建设的全面运行机制；四要挖掘学校特色，培育特色精神文化；五是要营造学术自由、崇尚科学的文化氛围；六是要持续开展丰富多彩的校园文化活动；七是要建立科学的评价体系。①

## 五、简要评析

十七大以来，理论界对大学校园文化的概念、内涵、价值、功能，建设的基本原则、工作机制等，都进行了广泛研究，取得了如下研究成果：1. 阐述了有关校园文化的基本理论。主要讨论了大学校园文化的本质、内涵、特点等有关问题。学者们普遍认为，大学校园文化是以大学为载体，通过历届师生的传承和创造，为大学所积累的物质成果和精神成果的总和，其核心是大学精神。大学校园文化对大学的建设和发展具有极为重要的意义。2. 进一步明确了校园文化建设的重要意义。大学校园文化建设优化了大学生的教育环境，充实了大学生的教育内容，丰富了大学生的教育形式，能有效促进大学生综合素质的全面提升。大学校园文化因其辐射面广、渗透力强、延续性长、生动活泼、形式多样等特点，使之能在潜移默化中更有效地实现对大学生的教育，引导学生从"被动"到"主动"，从"外化"到"内化"，从"理论"到"实践"，从而成为新形势下大学生思想政治教育的重要载体。3. 探讨了大学校园文化建设的途径和对策。学者们指出了当前大学校园文化建设存在的问题，并提出了相应的建设途径。如在大学精神文化、制度文化、环境文化等方面进行建设，等等。但是从整体看，目前的研究仍然存在不足：一是研究过于零散化、表面化、感性化，深度研究不足。二是在对策研究中意见和建议多，经验总结少，很多建议是否有效，还有待于实践的检验。所有这些不足都有待在今后的研究中加以改进。

---

① 孟凡华. 试论大学校园文化建设 [J]. 南华大学学报，2010 (4).

第一，加强大学校园文化理论研究的深度和系统化。大学校园文化正在和将要成为中国大学持续发展的根本，应该做进一步的深入研究。目前，关于大学校园文化的深入系统的研究成果还不多。不少作者仅仅把对大学校园文化的分析研究归结为提出几种特征，总结几条规律，界定几个范畴，梳理几条观点，澄清几点看法，而不是深入探讨大学校园文化所具有的丰富内涵及其表现方式，没有注意到需要分析活生生的大学生活场景，分析各种有形与无形的规章制度、规范以及潜规则是如何影响教学科研活动的。与此相关，专门论述大学校园文化的著作比较少。今后，应加强大学校园文化理论研究的深度，形成一系列的研究成果，为大学校园文化建设提供强大的理论支撑。

第二，加强社会主义核心价值体系"有效引领"大学校园文化建设的研究。目前的研究成果大多集中于论述社会主义核心价值体系对大学校园文化建设的"必要引领"上。这一问题在党的十六届六中全会的决定以及党的十七大报告中已经有了明确认识。作为对党的重大战略部署的贯彻落实，最为重要的是要解决"引领的有效性"问题。从研究活动本身发展的逻辑来看，从"必然性、重要性"的研究发展到"现实性、可操作性"的研究，是研究活动本身的规律。从这个意义上说，研究伊始学术界大多重视"重要意义"的研究是可以理解的。但进一步探讨"有效引领"的研究，将是一个现实的发展趋势。以"有效引领"为研究重点，学术界应该从选题视野的多方位选择、对有效引领的科学机制探讨、对大学校园文化本身生命力的研究、对大学人自身需求的重视等方面着手，着力研究用社会主义核心价值体系能够"引领什么""大学校园文化需要被引领什么""如何实现引领"等问题，使社会主义核心价值体系引领大学校园文化建设的研究更加科学、更加全面、更加深入。

第三，加强大学校园文化的案例研究和实践研究。学者们对大学校园文化实践课题的研究比较有限，因而指导实践的可操作性不强。不少研究还是停留在比较抽象的认识论上，很少对实践课题进行研究，因而缺乏具体的研究方法，其结果也没有形成可操作的建议。有些研究者对大学文化建设理论不够了解，虽然也做了一些实际工作，但多数是零打碎敲，构不成真正意义上的大学文化建设。有的高校过于从众、模仿他校行为，缺乏学校文化的自主整合与创造，致使学校特色不突出，个性平淡，竞争与开拓力度不足。另外，学校工作应该把大学校园文化建设同学校人才培养、科学研究、社会服务等学校主体活动融为一体、有机结合起来，使得大学校园文化研究具备生长的土壤。因此，应该加强大学校园文化的实践研究。另外，我国很多高校形成了各具特色的大学校园文化，应该重点选取若干所这样的大学来做具体的个案研究，使文化理论研究和文化建设的实践有机结合起来，并以此来推动大学校园文化建设的发展。

第四，加强对大学校园文化建设的基本原则和基本经验的研究。从20世纪80年代起，学术界开始关注大学校园文化建设的研究。随着2004年中央16号文件的颁布，特别是2007年党的十七大召开之后，是大学校园文化理论创新步伐加快、成果丰硕的时期，是建设具有活力、呈现繁荣的时期，也是工作富有创造、颇有建树的时期，大学校园文化建设在不断发展中积累了许多宝贵经验。当前，我们应该对这些年来大学校园文化建设的基本经验加以总结，对大学校园文化建设的基本原则进行提炼，以更好地推动新时期大学校园文化建设工作。

在基本原则研究方面，可从以下方面展开：一是大学校园文化建设要把握好方向。大学校园文化建设一定要反映社会主义核心价值体系和价值观。要始终坚持马克思主义在意识形态领域的指导地位，坚持以中国特色社会主义理论体系为统领。二是大学校园文化建设要把握好根本。大学校园文化的根本是化人，即教化人、塑造人、熏陶人，也就是育人。因此，大学校园文化建设一定要体现育人为本的思想。三是大学校园文化建设要把握好源头。中华优秀文化和人类共有的精神文明都是校园文化的重要来源。因此，大学校园文化建设一定要大力发扬中华文化的优秀传统。同时，要辩证取舍、择善而从，积极吸收借鉴国外文化发展的有益成果。要始终高举社会主义先进文化旗帜，在文化观念上决不照抄照搬，在发展模式上决不简单模仿，坚决防范和抵御各种腐朽落后文化观念侵蚀师生思想，确保校园文化安全和学校稳定。四是大学校园文化建设要把握好动力。大学是先进文化的创新基地，传承文化是高校的基本功能，研究文化是高校的活动基础，创新文化是高校的崇高使命。大学校园文化建设要不断创新，既要成为科学思想萌生的催化剂，又要成为科学思想发展的重要载体；既要从先进文化中汲取营养和力量，又要为发展先进文化提供强大动力和重要支撑。

在基本经验研究方面，可以从建设理念、建设方略、建设方式、建设资源等方面展开。具体来说，一是必须深入贯彻落实科学发展观，以科学发展为主题，推动校园文化又好又快发展。二是必须把建设社会主义核心价值体系作为根本，贯穿和融入大学校园文化建设各方面、全过程，在校园内形成统一的指导思想、共同的理想信念、强大的精神力量和良好的道德风尚，更好地凝魂聚气、强基固本。三是必须坚持以人为本，贴近实际、贴近生活、贴近师生，始终尊重师生的主体地位，把广大师生的潜能和价值充分发挥出来，把广大师生的创造能量充分释放出来，确保校园文化发展成果惠及全体师生，不断满足师生日益增长的精神文化需求。四是必须正确引领校园文化思潮，坚决抵制各种不良文化对师生的侵蚀和影响，决不让错误观点和言论传播，全力维护校园的稳定。五是必须把创新作为强大动力，解放思想、转变观念，创新内容形式、创新方法手段，努力体现时代性、把握规律性、富于创造性，不断开创大学校园文化建设工作新局面。六是必须加强对大学校园文化建设的领导，建立和完善大学校园文化建设管理规章制度，统筹协调大学校园文化建设，加强大学校园文化建设的保障。要通过总结主要成绩，不断认识和把握规律，努力把大学校园文化建设建立在对客观规律的深刻认识和自觉运用的基础之上，进一步振奋精神，再接再厉，乘势而上。

第五，加强对大学校园文化的作用机理及传承创新的研究。大学校园文化存在于大学的行为和产品之中，特别是渗透在教育教学、校风教风学风之中。大学校园文化不是简单地、直接地作用于每个人，而是通过蕴含在教育教学、校风教风学风、学校文化活动中的价值规范、价值准则等来发挥作用的，这种作用往往是多种因素综合的结果。为了充分发挥大学校园文化的功能，我们要深入研究大学校园文化的教育功能是以什么形式存在的，深入研究大学校园文化是用什么形式建构和改变师生价值观念的，深入研究哪些因素起了作用和它们是如何起作用的，全

面地揭示和把握大学校园文化的作用机制，为进一步提高大学校园文化
建设、增强文化自觉提供理论支持。

　　大学是优秀文化传承的重要载体和思想文化创新的重要源泉。推进
大学校园文化建设，基础在传承，关键在创新。传承和创新，是一个民
族文化生生不息的两个重要轮子，也是一个大学校园文化长盛不衰的两
个重要原因。有重大影响的校园文化无一不是善于传承、勇于创新的结
果。不朽的校园文化经典，往往既渗透着历史积淀的体验和哲理，又蕴
含着时代孕育的理想和精神，既延续着传统文化的特点和优势，又创造
着新颖鲜活的内容和形式。不善于传承，就没有创新的基础；不善于创
新，就缺乏传承的活力。在传承基础上的创新，往往是最好的传承。只
有坚持解放思想、实事求是、与时俱进，大力推进观念、内容、风格的
积极创新，大力推进形式、途径、手段的充分发展，才能不断增强大学
校园文化的时代感和吸引力。

# 后　记

　　为深入学习研究和宣传党的十七届六中全会精神，反映十七大以来中国特色社会主义文化建设的研究现状、基本观点及发展趋势，把握其研究的重点热点和难点，进一步深化中国特色社会主义文化建设研究，教育部高等学校社会科学发展研究中心（简称社科中心）设立2012年度基本科研业务经费资助项目——"十七大以来中国特色社会主义文化建设研究述评"研究课题，组织中国人民大学、北京师范大学、武汉大学等高校学者和社科中心相关处室的研究人员，围绕十七大以来中国特色社会主义文化建设展开深入研究。本书是这一研究课题的结项成果。

　　本书紧密联系我国社会主义文化建设的实践历程，系统总结十七大以来理论界关于中国特色社会主义文化建设的研究成果，有针对性地分析了当前文化研究存在的问题与不足，努力探讨进一步推进文化建设研究的对策建议，基本上反映了当前理论界的研究状况。社科中心中国特色社会主义理论研究处负责组织研究、拟定写作提纲。各章的具体分工为：第一章：佟斐、沈壮海、刘水静；第二章：秦宣、颜杰峰；第三章：王易、白洁；第四章：常书红；第五章：郝清杰；第六章：周茂兴；附论一：储新宇；附论二：马建辉、王晓宁。任青、郝清杰承担了文稿的初审和统稿工作。全书由社科中心杨河、张剑、杨海英定稿。郝清杰、储新宇承担了本书研究的组织联系工作。

课题组

二〇一二年十二月